Anselm Schröter

Erdmut

AF191143

Über das Buch

Anselm Schröter hat in vorliegendem Buch das Leben seiner Mutter skizziert. Nach umfangreichen Recherchen und unter Verwendung vielfältiger Quellen hat er die Entwicklung einer Frau dargestellt, die in einem Schicksal voller bizarrer Wendungen durch das 20. Jahrhundert geschritten ist. Der Werdegang der Protagonistin ist eingebettet in die historischen Phänomene der Zeit. Hatte die Frau noch eine einigermaßen unbeschwerte Jugend in einer Pfarrersfamilie während der Zwischenkriegszeit erlebt, so wurde sie durch ihre Entscheidung, sich an einen von der nationalsozialistischen Ideologie begeisterten Junglehrer zu binden, ziemlich schroff aus ihren Träumen gerissen. Aus einer Lehrerfrau wurde eine Offiziersfrau, eine Mutter, später eine ausharrende Ehegattin eines Kriegsgefangenen. Der Autor ordnet die Flucht aus Schlesien in Etappen ein. Auch die erschütternden Versuche, die Familie im Nachkriegsdeutschland am Leben zu erhalten, sind eindrücklich zu verfolgen. Viele Illustrationen veranschaulichen Erdmuts Leben.

Anselm Schröter wurde 1954 in Hessen geboren. Nach dem Studium in Gießen zog er 1982 mit Familie nach Lesotho, um fünf Jahre lang für den Deutschen Entwicklungsdienst als Lehrer, später auch als Dozent zu arbeiten. Nach seiner Rückkehr und etlichen Wirren in der alten Heimat landete er schließlich an einer Privatschule in Annweiler in der Pfalz. Bis zu seiner Pensionierung unterrichtete er dort Biologie und Chemie. Diese Zeit wurde von einem dreijährigen Tätigkeit an der Deutschen Schule in Mexico City, sowie von ausgedehnten Reisen unterbrochen. Seit 2016 lebt und arbeitet er im beruflichen Ruhestand.

Anselm Schröter

Erdmut

Ein schlesisches Frauenschicksal
des 20. Jahrhunderts

mit 48 Abbildungen
2. veränderte Auflage

FSC
www.fsc.org
MIX
Papier aus ver-
antwortungsvollen
Quellen
Paper from
responsible sources
FSC® C105338

Impressum

Bibliographische Information der Deutschen Nationalbibliothek
Die Deutsche Nationalbibliothek verzeichnet diese Publikation in
der Deutschen Nationalbibliographie; detaillierte Daten sind im
Internet über dnb.dnb.de abrufbar

Die automatisierte Analyse des Werkes, um daraus Informationen
insbesondere über Muster, Trends und Korrelationen gemäß §44 b
UrhG („Text und Data Mining") zu gewinnen, ist untersagt.

© 2025 Anselm Schröter
Verlag: BoD · Books on Demand GmbH, In de Tarpen 42,
22848 Norderstedt, bod@bod.de
Druck: Libri Plureos GmbH, Friedensallee 273, 22763 Hamburg

ISBN: 978-3-7693-2381-8

Vorderer Umschlag: Erdmut, 1948. Das Bild wurde von einem
Fotografen hergestellt. Erdmut schickte es ihrem Mann in die
Gefangenschaft als „herzlichen Gedenkgruß". Auf der Rückseite
erkennt man einen französischen Zensur-Stempel.

Hinterer Umschlag: Erdmuts Wanderroute zwischen 1915 und 1952
(Erläuterungen im Buch: Orte der Handlung)

Inhalt

Figuren der Handlung

Generation der Großeltern

Alexander Klinkert, geb. 1875, gestorben 4.10.1940, genannt **Opi**
Gertrud, geb. Schammer, geb. 1886, gestorben 27.12.1985, genannt **Omi**
Friedrich Schröter, geb. 1886, gestorben 8.2.1948, genannt **Opa** oder **Vater**
Erna, geb. Arnold, geb. 1888, gestorben 1976, genannt **Oma**

Generation der Eltern

Erdmut, geb.1915, gestorben Neujahr 2008, genannt **Mutti**, Protagonistin des Buches
Schwester *Ruth*, geb. 1912
Schwester *Benigna*, geb. 1914, früh gestorben 1931
Schwester *Maja* oder *Maya*, geb. 1917, sowie ihr verschollener Mann *Helmut Gruhl*
Bruder *Manfred*, geb. 1922, gefallen in Libyen
Bruder *Cord-Berend*, geb. 1925, gestorben 1952

Johannes Schröter, geb. 1913, gestorben 7.1.1994, genannt **Vati**
Schwester *Hanna*, geb. 1914, sowie ihr Mann *Felix Eisele*
Bruder *Gerhard*, geb. 1916
Schwester *Christa*, geb. 1919 (?)
Bruder *Siegfried*, geb. 1921
Bruder *Gottfried*, geb. 1925; ein Nutznießer der „späten Geburt", wie Helmut Kohl es einmal so treffend ausdrückte. Durch Vermittlung von Bruder Borngräber ließ er sich nach dem Krieg als angehender Lehrer im Spessart nieder und diente den Flüchtlingen seiner Familie als erste Anlaufstelle. Zeitweise wohnten mit ihm seine Mutter, seine Schwester Christa, sein Bruder Siegfried und sein Bruder Johannes mit Sohn Volker, in sehr beengten und finanziell kaum erträglichen Verhältnissen...

Meine Generation

Bruder *Volker*, geb. 1940 in Deutscheck (Alt-Strunz) gestorben 2022
Schwester *Bettina*, geb. 1941 in Herrnhut, genannt Tia
Bruder *Knut*, geb. 1944 in Herrnhut, genannt Knüti
Bruder *Rainer*, geb. 1950 in Hintersteinau
Anselm, geb. 1954 im Krankenhaus in Kirberg bei Linter, der Verfasser

Kordula, Tochter von Maya, Erdmuts Schwester
Beni, Tochter von Ruth, Erdmuts Schwester

Weitere Personen:

Berend und Ellen Roosen, Verwandte mütterlicherseits, bei denen Erdmut
ein Hausarbeitsjahr absolvierte
Bruder *Borngräber*, genannt *BMW*, ein Bibliothekar aus Neuhof bei
Fulda. Durch seine evangelikale Gesinnung beeinflusste er die Familie Schröter schon in der Jugend von Johannes. Er wurde für alle
moralischen Fragen eingeschaltet, gab aber auch, ohne gefragt zu
sein, gerne seine gewichtigen Meinungen zu allen Lebensfragen.
Einer nationalsozialistischen Gesinnung unverdächtig konnte er
direkt nach dem Krieg wichtige Verbindungen zum Roten Kreuz
knüpfen. Durch ihn fand der erste Kontakt von Johannes aus der
Gefangenschaft zu seiner Frau statt. Er war auch erster Anlauf-
punkt nach der Entlassung von Johannes.
Siegfried Beyer, Pfarrer, Bettgenosse von Johannes während der Gefangenschaft, guter Freund der Familie
Familie *Simon* und Familie *Riep*, Bauersleute, bei denen Erdmut
arbeitete
Klinger, Henninger, Eufinger, Belling, Wingelberg, Nagel, weitere Bauern
in Polkau, bei denen Erdmut arbeitete
Ehepaar *Niehus*, Lehrer, Nachfolger von Johannes und Mitbewoh-
ner in Polkau
Herr *Görling*, Bürgermeister von Polkau, ein eher sympathischer
Mann

Orte der Handlung

Die Ziffern vor den Ortsnamen beziehen sich auf die Karte auf dem hinteren Umschlag!

1. Gnadenfrei. Geburtsort von Erdmut. 1742 als Herrnhuter Kolonie gegründet. 1928 als politische Gemeinde mit Ober-Peilau und Mittel-Peilau zusammengeschlossen. Hier arbeitete Opi als Pfarrer, wuchs Mutti auf. 1945 wurde es umbenannt in Zagórze, 1947 in den heutigen Namen Piława Górna. Die deutschen Anwohner wurden vertrieben und durch meist Zwangsausgesiedelte aus der damaligen Ukraine, dem heutigen Ostpolen ersetzt. Der berühmte Missionar und Tibetologe August Hermann Francke wurde hier geboren!

2. Alt-Strunz. Der Name hat wohl slawische Wurzeln. Im Rahmen der nationalsozialistischen Germanisierung wurde er um 1937 in Deutscheck umbenannt. Ab 1945 dann polnisch (Stare Strącze). Etwa sechs Kilometer südöstlich Schlawa (Sława), zwölf Kilometer nordwestlich liegt Fraustadt (Wschowa). In Deutscheck wurde Volker geboren.

2. Rädchen (Radzyń). Nachbardorf von Schlawa. Hier arbeitete Opa als Lehrer, wuchsen mein Vater und seine Familie im Lehrerhaus auf.

2. Fraustadt (Wschowa). Meine Eltern besuchten das Gymnasium in dieser Kreisstadt.

3. Herrnhut. Stadt in der Oberlausitz, am Rand des Zittauer Gebirges, Sachsen. 1727 gegründet von Graf Zinzendorf als Zentrum der pietistischen Brüdergemeine. Omis Familie stammt von hier. Für einige Jahre lebte Mutti hier. Bettina und Knut kamen in Herrnhut zur Welt. Herrnhut diente vorübergehend auch als

Fluchtstützpunkt vor dem Vormarsch der Russen zu Ende des 2. Weltkriegs. Noch heute ist unsere Familie sehr stark mit diesem Ort verbunden, etliche Verwandte lebten und leben hier.

4. Polkau. Kreis Osterburg, Bezirk Stendal, Sachsen-Anhalt. Bauerndorf. In diesem Ort erhielt Vati seine erste Stelle als Dorfschullehrer. Später, während und nach dem Krieg hauste meine Familie hier, bevor die Übersiedlung in den Westen gelang.

5. Neuengronau. Kreis Schlüchtern. Vatis jüngster Bruder Gottfried arbeitete hier als Junglehrer. Sein Lehrerhaus diente als Anlaufstelle für Flüchtlinge und Heimkehrer der Familie Schröter. Vati lebte hier mit Volker, später auch der Rest der Familie.

5. Hintersteinau. Kreis Schlüchtern. Vati erhielt 1949 hier seine erste Arbeitsstelle als Lehrer nach dem Krieg. Bruder Rainer wurde hier 1950 geboren.

6. Linter. Kreis Limburg. Vati wurde 1952 hierher versetzt. Ich wurde als letztes Kind der Famillie 1954 im nahegelegenen Krankenhaus von Kirberg geboren.

6. Limburg. Letzter Aufenthaltsort und Lebensmittelpunkt der Familie. Vati erhielt eine Stelle als Rektor einer Grund- und Hauptschule.

Vorwort

Seit vielen Jahren beschäftige ich mich mit der Vergangenheit meiner Familie. In gewisser Hinsicht bedrücken, aber auch faszinieren die komplizierten, verschlungenen Wege, auf denen sich die Menschen der Kriegsgeneration bewegt haben. Die großen Brüche, Abgründe während den Jahren des nationalsozialistischen Terrors, die jeden damals zwangen, sein Leben nachhaltig zu verändern, können wir heute nur schwer nachempfinden. Mein Ansatz, diese Zeit anhand des Lebens meiner Mutter zu veranschaulichen, liegt nun vor dem geneigten Leser.

Wenn ich mir meine umfangreichen Vorarbeiten in Erinnerung rufe, dann stoße ich immer wieder mit Unmut auf den von mir gewählten Zeitpunkt. Warum habe ich mich nicht schon früher, zu Lebzeiten meiner Eltern, mit deren Lebensgeschichte befasst? Warum erst jetzt? Das kollektive Gedächtnis der Zeitgenossen, die ich zu dem Projekt kontaktiert habe, ist im Begriff zu schwinden. Die Erinnerungen erodieren, es bleiben nur Bruchstücke übrig, die sich allzu oft an alten Fotos entlang hangeln oder an den wenigen im Familienkreise kursierenden „Stories". Diejenigen Personen, auf die es ankommt, die Verwandten, liegen meist schon seit vielen Jahren unter der Erde, ihre Zahl schrumpft im Sauseschritt. Einer der Letzten, aus denen ich noch das eine oder andere Detail „herauskitzeln" konnte, mein ältester Bruder Volker, ist auch schon vor mehr als einem Jahr, viel zu früh verstorben.

Schon jetzt möchte ich alle diejenigen ermahnen, die spüren, das eigene Leben hätte ausreichenden Wert, für die Nachwelt konserviert zu werden: Führt eine Chronik, rechtzeitig, noch bevor die Müdigkeit, die Lahmheit des Alters euch bremst!

Etliche Quellen standen mir zur Verfügung: Doch zunächst einmal sollte ich die Triebfeder erwähnen, die alles ins Rollen gebracht hat. Schon immer haben mich die historischen Zusammenhänge interessiert, in denen meine Vorfahren sich bewegt haben. Als meine Mutter noch lebte, habe ich in einer Art neugieriger Beschäftigungstherapie mit ihr in mühevoller, akribischer Kleinarbeit einen großen Stapel grauer Zettelchen durchgearbeitet. Ihr verstorbener Ehemann hatte diesen Haufen hinterlassen, irgendwann tauchte er auf (s. Abb. 25). Wir beide entzifferten – immer wieder half eine Lupe - die mikroskopisch kleinen Schriftzüge, die der Vater während seiner Kriegsgefangenschaft mit einem grauen Bleistift auf dem ebenso grauen Papier hinterlassen hatte. In zackiger Sütterlin-Schrift hatte er zwischen 1945 und 1948 in Frankreich hinter Gittern sein Tagebuch niedergeschrieben, grau auf grau. Ich saß nun an vielen Wochenenden neben meiner Mutter und tippte Wort für Wort die Chronik, die sie mir diktierte, in den Computer. Damit begann meine Beschäftigung mit der Vergangenheit der Familie.

Allmählich vertiefte ich mich immer stärker in die erhaltenen Dokumente. Die meisten tauchten allerdings erst nach dem Tod meiner Mutter auf. So fiel sie leider als Quelle für Erklärungen aus. Sie führte ihr ganzes Leben ein mehr oder weniger lückenloses Tagebuch, über das später noch zu reden sein wird. Erst nach ihrem Tod erhielt ich Zugriff darauf.

In den folgenden Jahren grub ich Zug um Zug einen Schatz aus: Meine Eltern waren während ihrer Ehe immer wieder über lange Zeiträume getrennt. Der Kontakt während dieser Epochen bestand in einem oft unglaublich intensiven Briefverkehr. Für mich als Nachkomme bildet die riesenhafte Korrespondenz, die weitgehend erhalten blieb, ein bequemes Guckloch in das Innenleben meiner Eltern während des Krieges, in der Nachkriegszeit, bis hin zur „Wiedervereinigung" der Eheleute und abschließender Familienformation.

Darüber hinaus haben viele Telefonate mit meinen Geschwistern, meiner Cousine Beni in Herrnhut, Cousine Rosmarie Peper und anderen Verwandten Detailwissen hervorgezaubert. Besagte Rosmarie hat in ihrer Freizeit ein Ahnenbuch erstellt, das meine Verwandtschaft mütterlicherseits tatsächlich bis zu Wilhelm den Eroberer, ins 11. Jahrhundert zurück verfolgt. Natürlich verfügt sie auch über präzises Wissen, wenn wir über die Vorfahren der Familie Schammer gesprochen haben.

Ohne historische und politische Recherche hätte ich viele Bemerkungen, die in den Briefen auftauchten, nicht recht einordnen können. Das Internet hilft sehr, wenn Mutti von einem Film aus dem Jahr 1932 schwärmt oder Johannes seiner Frau in Kriegszeiten das Buch eines Autors empfiehlt, der längst aus dem kollektiven Gedächtnis verschwunden ist…

Gottfried, der jüngste Bruder meines Vaters hat seine Lebenserinnerungen in einem Buch dargelegt, das zum besseren Verständnis der damaligen Zustände beitragen konnte (Gottfried Schröter, 1993, Leben läßt sich nicht zensieren, Wuppertal und Zürich).

Vor mir steht eine veritable Aktentasche. In ihr stecken die Tagebücher meiner Mutter, jedes Jahr in einem kleinen orts- und zeitüblichen Notizkalender aufnotiert. In den Vorkriegskalendern findet man nationalsozialistische Werbung, dazu Feiertage, wie wir sie heute wohl nicht mehr feiern. Ab 1946 lernen wir dann die Errungenschaften der sozialistischen Welt kennen, auch ändert sich das Vokabular! In den 50er Jahren übernimmt dann die westdeutsche Wirtschaft, Autohäuser oder Sparkassen die Gestaltung der Büchlein.

Meine Mutter vermied es, nach ihren Erfahrungen mit Bespitzelung und dem Öffnen von Briefen, in ihren Tagebüchern allzu private Details preiszugeben. Tief hatte sich nach 1945 die Furcht in ihr Gemüt eingegraben, alles verbergen zu müssen, was mit der Nazi-Vergangenheit unseres Vaters zu tun haben könnte. Sie verbrannte damals viele Dokumente, beseitigte alle Spuren! Seitenweise füllt sie die Rubriken mit Zustandsberichten über ihre Wäsche. Besonders erfreut es sie, wenn das Wetter eine schnelle Trocknung noch am gleichen Tag ermöglicht. Woche für Woche lesen wir, wie sie ihr Tagewerk erledigt. Sie weicht die Wäsche ein, wäscht, trocknet, legt zusammen, freut sich über das gute Wetter, beklagt regen und Kälte; sie stopft, näht, strickt; sie kocht, putzt, sammelt, arbeitet. Sie erledigt Unmengen von Korrespondenz, nicht nur an ihren Mann, auch an einen großen Kreis von Verwandten. Diese Beschreibungen langweilen auf Dauer; insgesamt geriet es mir doch manchmal zu einem zähen Vergnügen, die Seiten durchzuarbeiten. Nur selten schimmern ihre Gefühle, Ängste, Abenteuer, ihre Schmerzen und Sorgen zwischen den Zeilen hervor, Momente, die den geduldigen Chronisten belohnen.

Viel intensiver nahm ich an Erdmuts Leben teil, als ich ihre Brief-Korrespondenz durcharbeitete. Die Texte sind durchtränkt von Emotionen, mit unerfüllter Liebe, mit Freude an den Kindern, mit einem bunten Strauß an Sorgen über die Gegenwart, die Zukunft, ihre Existenz. Man findet aber auch Hinweise auf ihre Interessen, ihre Tätigkeiten der Existenzsicherung, ihre Kirchenarbeit, ihre Bemühungen, über ein bloßes „Funktionieren-Müssen" hinaus zu leben.

So entfaltete sich in ihrem Schriftverkehr noch einmal das Leben einer Frau, die stets versuchte, zu gestalten, aber von Kindesbeinen an durch mancherlei Zwänge daran gehindert wurde. Dies alles versuche ich in dem Buch darzustellen, wobei der Fokus in der Schilderung der Lebensumstände vor, während und direkt nach dem Krieg liegt. Ich, hoffe, dem historisch interessierten Leser mit dem vorliegenden Buch einen lebendigen Einblick in das Leben einer schlesischen Familie des 20. Jahrhunderts zu geben.

Die Original-Zitate im Buch sind in einem erkennbar veränderten Schrifttyp gehalten. Ich habe mich bemüht, aus Gründen der Authentizität die zeitgenössische Orthographie und auch die Abkürzungen weitgehend zu erhalten. Kurze Abschnitte sollen dem Leser die Möglichkeit geben, die Geschehnisse historisch-politisch einzuordnen.

1. Kapitel: Kindheit und Jugend

Am 22. Juni 1915 erblickte Erdmut das Licht der Welt. Der Erste Weltkrieg tobte seit wenigen Monaten, weit weg von Gnadenfrei im Eulengebirge, das irgendwo im Osten des Deutschen Reichs liegt (s. hinterer Umschlag). Wenn überhaupt, hatte man zu dieser Zeit vaterländische Gefühle – das Heer drang butterweich nach Osten vor. Kriegsnot herrschte – noch – nicht.

Die Eltern werden gedacht haben: Schon wieder ein Mädchen! Nach Ruth und Benigna nun das dritte Töchterchen! Was die Eltern Klinkert dazu getrieben haben mag, ihr Kind mit dem Namen Erdmut zu beehren, ist leider in keinem Dokument überliefert. Die Frau des Fürsten von Zinzendorf hieß Erdmuthe Dorothea. Ihr Mann hatte im 18. Jahrhundert die Brüdergemeine in Herrnhut, im Zittauer Land, gegründet (s. hinterer Umschlag). Den Namen Erdmuthe kann man noch als weiblich ausmachen. Allerdings wurde „Erdmut" bis ins hohe Alter meiner Mutter häufig fälschlicherweise als Männername identifiziert. Post war regelmäßig an Herrn Erdmut Schröter gerichtet (oder Edmund, oder Hartmut...), ein Umstand, der meine Mutter zeit ihres Lebens ein wenig provozierte.

Der Vater, Alexander Klinkert, arbeitete als Prediger in der Kolonie der Brüdergemeine, das Einkommen reichte kaum zum Überleben. Er stammte aus einfachen Verhältnissen; sein Vater war Gerber, auch seine Mutter stammte aus einem Gerberhaus.

Seine Frau Gertrud dagegen, aus gutem Hause, drängte auf eine sicherere Stellung. Gertruds Vorfahren stammten aus Norddeutschland; Reeder und Fabrikbesitzer kann man im Stammbuch entdecken. Ihr Vater, Oskar Schammer, wirkte zu dieser Zeit in Herrnhut, dem Stammsitz der Brüdergemeine, als Missionsdirektor. Er starb erst 1932. Noch heute findet man in Herrnhut das „Schammer-Haus", das an diesen Herrn, meinen Urgroßvater, erinnert! Meine Omi hatte mit ihrer Gattenwahl eher einen gesellschaftlichen Abstieg vollzogen. Dementsprechend wurde sie immer als eine gebildete Frau aus gutem Hause beschrieben, die ihre Familie und den Haushalt regierte. Auch wir Enkel sollten später immer wieder Kostproben ihrer Großbürgerlichkeit genießen: Die Teestündchen nachmittags, selbst verfasste Gedichte, eine gepflegte Kommunikation und eine dominante Ausstrahlung verbinde ich in der Erinnerung mit meiner Großmutter.

Erdmuts Vater bewarb sich in den nächsten Jahren auf eine Stelle als Pfarrer in der Landeskirche. Dazu musste er sich im Konsistorium in Breslau einem Kolloquium unterziehen, da seine Ausbildung als Brüdergemeine-Pfarrer wohl nicht mit einem akademischen Studium vergleichbar war. Zwischen 1917 und 1925 wurden meiner Omi drei weitere Kinder geschenkt. Der Platz und das Geld reichten einfach nicht mehr (s. Abb. 2 und 3).

Erdmut hat gemischte Erinnerungen an den Ort ihrer Kindheit. Üblicherweise verfügten die Pfarrhäuser damals über viel Platz, ein Pfarrbüro, Räume für Frauenhilfe und andere gemeindliche Aktivitäten. Das Haus war eingerahmt von einem großen Garten mit vielen Apfelbäumen, die die Kinder auch zum Klettern nutzten. Die ältere Schwester brachte ihr das Fahrradfahren bei. Es hätte sich alles so schön entwickeln können.

Mit 10 Jahren erkrankte unsere Mutter schwer an einer typhusartigen Infektion. Sie hatte sich an einem Grashalm geschnitten, und die Wunde am Finger eiterte. Eine Krankenschwester im Krankenhaus reinigte und verband ihr den Schnitt. Unglücklicherweise pflegte die Schwester gleichzeitig Typhus-Patienten. Erdmut erkrankte in der Folge so schwer, dass Vater Alexander eines Abends seinen Kindern sagte: „Der liebe Heiland wird wohl euer Schwesterchen zu sich nehmen." Doch nach langem Ringen erholte sie sich. Weil das Herz durch die Infektion ernsthaft angegriffen war, erhielt sie für ihre gesamte Schulzeit ein Attest und musste nie am Sport teilnehmen. So wurde sie eher unsportlich, blieb aber zäh!

1928 zog die Familie Klinkert endlich nach Alt-Strunz, Niederschlesien (heute polnisch: Stare Stracze. Zwischen 1937 und 1945 wurde das Dorf in „Deutscheck" umbenannt. Siehe auch den hinteren Umschlag) Die Pfarrersleute bewohnten dort in den nächsten Jahren ein geräumiges Pfarrhaus mit herrlichem Garten. Auf Bildern aus dieser Zeit erkennt man auch einen hochherrschaftlichen Dobermann, der die großbürgerlichen Ansprüche meiner Omi noch unterstreicht.

Vor etlichen Jahren fuhr ich mit meiner Familie im Wohnmobil durch Polen, auf der Spur meiner Vorfahren. Wir besuchten die Orte, wo meine Eltern ihre Jugend verbrachten, konnten uns so ein lebendigen Eindruck von der Atmosphäre verschaffen, in der sie damals groß geworden sind: Alt-Strunz, wo Erdmut im Pfarrhaus groß wurde, und Rädchen, wo Johannes im Lehrerhaus aufwuchs. Beide Dörfer liegen in einem der vielen Urstromtäler, die sich recht einförmig von Mecklenburg bis nach Sibirien ziehen. Sie sind gekennzeichnet durch einen eher unfruchtbaren sandigen Boden, Birkenwälder, Seenplatten und nur geringfügige Erhebungen. Das Klima ist kontinental, mit kalten Wintern und heißen Sommern, die Dörfer stehen weit auseinander. Im Sommer sammelt man Beeren und Pilze, erfrischt sich in einem der vielen Seen.

Die Dörfer verband damals eine Bahnlinie, die inzwischen längst stillgelegt ist, mit der Kreisstadt Fraustadt (heute: Wschowa). Beide Eltern besuchten hier das Gymnasium. Morgens wurden die Waggons von Fahrschülern geflutet, das bildete wahrscheinlich einen Höhepunkt im Tagesablauf der Schüler. In jener Bahn haben sich meine Eltern kennengelernt.

1918 erkrankte die ältere Schwester Benigna an einer Rippenfellentzündung, die sie nie mehr aus ihren Fängen entließ. Ihr früher Tod im Jahr 1932 legte einen ersten Schatten auf das fröhliche Haus (s. Abb. 4).

Erdmut absolvierte das Gymnasium in Fraustadt mit gutem Erfolg und legte 1934 ihr Abitur ab (s. Abb. 6). Aus heutiger Sicht frage ich mich, wie stark die Schule die Weltanschauung unserer Mutter beeinflussen konnte. Nachweislich gab es eingefleischte Nazis unter den Lehrern. Diejenigen, die dem Regime kritisch gegenüber standen, hielten sich „weise" zurück. Einige jüdische Mitschüler verschwanden in den Jahren nach 1933, viel geredet wurde jedoch darüber nicht. Erdmut wuchs in einer Familie auf, die sich mit der neuen nationalsozialistischen Ideologie arrangierte. Man funktionierte, half bei der Erfassung von Ariernachweisen mit: Der Pfarrer musste aus verschiedenen Kirchenbüchern die Familiendaten vier, fünf Generationen zurück recherchieren, um dann erleichtert festzustellen, dass kein Mitglied jüdischer Abstammung dazwischen steckte. Dazu mussten Pfarrbüros quer durch Deutschland angeschrieben werden, um die Lücken der Stammbücher aufzufüllen. Es kamen immer wieder kuriose Dinge zum Vorschein. Zu Lebzeiten meines Vaters blieb in seinem Stammbuch ein „schmutziger" Fleck: Der Pfarrer Klinkert hatte bei der Erstellung des Schröterschen Stammbuchs herausgefunden, dass Vatis Großmutter väterlicherseits, also eine meiner Urgroßmütter, aus einer unverheirateten Beziehung hervorgegangen war. Ihr Name „Rosina Stritzke" wurde in Gegenwart unseres Vaters besser nicht in den Mund genommen, da konnte er ziemlich unberechenbar reagieren. Rosina Stritzke – das Synonym für Unmoral in meiner Kindheit!

Wahrscheinlich werden die Eltern Klinkert mit gemischten Gefühlen beobachtet haben, dass ihr ältester Sohn Manfred zum fanatischen Hitlerjungen heranwuchs (s. Abb. 5). Die Eltern hatten zwar eine reservierte Haltung dem neuen Regime gegenüber, fügten sich aber ins Unvermeidliche. Die evangelische Kirche und auch die Brüdergemeine erfanden sich in dieser Zeit immer wieder aufs Neue, um Wunsch und eskalierende Realität in Einklang zu bringen. Dass Erdmuts Mutter dem neuen menschenverachtenden Regime gegenüber eine ziemlich kritische Einstellung hatte, zeigt folgender Brief an ihre Tochter, die sie bis ins hohe Alter gern „Dudelkind" oder „Dudelchen" nannte:

„Altstrunz, am 21.11.35

Mein Dudelchen,

... Also vor einigen Wochen kommen Fletchers mit ihrem Auto in Glogau an, da steht schon ein Wachtmeister und überreicht dem Herrn Major einen Zettel. Er reicht ihn seiner Frau, nach dem Lesen, und sagt ihr: „Ich werde verhaftet!" Sie fragen noch weshalb, aber das weiss der Beamte nicht, es sei von Liegnitz so verfügt worden. Also er kommt in eine Zelle, wo er endlich erfährt, dass es wegen eines Briefes sei, den er an Blaul geschrieben hat in dem Sinne, dass er nicht noch Kartoffeln fürs

Winterhilfswerk geben könne, da die Abgaben auf Kartoffeln und Rüben
schon so hoch seien, dass das schon ein großer Beitrag der Landwirte fürs
W.H.W. wäre. Und wie er haben auch hier im Kreis viele Landwirte ge-
schrieben, nur vielleicht in verbindlicherer Form und nicht an solche Leu-
te wie unseren Blaul, der sich auf kein Verhandeln einlässt, sondern gleich
die Sachen anzeigt. Fletcher musste früh mit den Landstreichern zusam-
men in den Hof zum Waschen, ein altes Polenweib war auch dabei, und
die fragten nun alle, was er denn verbrochen habe, und einer der Vagabun-
den erzählte, er habe im Dusel nur mal „Heil Moskau" gesagt. Die Beam-
ten, die ihn zum Teil kannten, seien sehr nett gewesen, und nach seiner
politischen Stellung befragt, hat er immer nur geantwortet, sie sollen sich
da bei seinem Freunde, dem General, erkundigen, der kenne seine politi-
sche Stellung ganz genau. Und Frau Fletcher hat zu den Beamten gesagt,
also dies sei wohl der Dank des Vaterlandes an einen alten Soldaten, der
sein Leben eingesetzt habe für seine Volksgenossen. Sie durfte nur unter
Bewachung mit ihrem Mann sprechen und er sollte in ein Konzentrati-
onslager kommen, als plötzlich ein Telegramm aus Berlin kam: „Fletcher
sofort freilassen." Sind das nicht himmelschreiende Zustände? Frage doch
mal Onkel Berend, ob es denn Mittel gibt, einen solchen Mann wie Blaul
aus seinem Amt zu bringen. Er richtet ja nichts wie Unheil an und macht
vor allem das 3. Reich nur lächerlich, denn jeder freute sich natürlich die-
bisch, als Fletcher am Sonntag wieder in der Kirche sass. Eine Parteige-
nossin, Rittergutsbesitzerin aus dem Kreis, war auch empört und ist für
Fletcher zum Landrat gegangen und hat ihrer Empörung über die Verhaf-
tung sehr energisch Luft gemacht. Der Kommandant von Glogau hat sich
ebenfalls für ihn verwandt und sehr unverhohlen sich über den Fall geäu-
ßert. Sind das nicht unglaubliche Zustände? ..."

Was 1934/1935 geschah: Ein Nichtangriffspakt wird zwischen
Polen und Deutschland geschlossen; SA-Chef Röhm wird erschossen; Hindenburg stirbt; Himmler wird Chef der Gestapo; Hitler wird nach
„Volksabstimmung" mit 90% Zustimmung Führer und Reichskanzler; im
März 1935 erfolgt die Wiedereinführung der allgemeinen Wehrpflicht;
antisemitische „Nürnberger Gesetze" werden erlassen. Die Hakenkreuz-
flagge wird zur alleinigen deutschen Reichsflagge erklärt.

Was konnte, was durfte eine Tochter aus „gutem" Hause damals mit ihrem tadellosen Abitur anfangen (s. Abb. 8)? Heute würde man zwangsläufig an ein Studium denken. Bei Klinkerts jedoch war für die ältesten Töchter eine Heirat vorgesehen. Erst Maja, als dritte Tochter, durfte ab 1937 ein Lehrerstudium absolvieren. Unsere Mutter schreibt an einer Stelle, die Eltern hätten es wohl Maja nicht recht zugetraut einen Mann zu finden. Also gab es für sie die zweitbeste Lösung: Eine Berufsausbildung!

Eigentlich sollte unsere Mutter zumindest ein Jahr zuhause bleiben, im Pfarrbetrieb aushelfen. Glücklicherweise schrieb schon bald eine gute Bekannte der Familie aus Winterthur in der Schweiz, ob eine der Klinkert-Töchter zur Verfügung stände. Familie Reinhart fragte nach einer Gesellschafterin für Helen, ihr Töchterlein, für ungefähr ein Jahr. Am Ende wurde es ein halbes Jahr. Hoch erfreut und aufgeregt packte Erdmut und fuhr schon im April 1934 nach Aarau. Sie besuchte mit ihrer neuen Freundin, S´Helenli, die Haushaltsschule. In einem Brief an die Eltern schreibt sie:

„...Wir haben immer allerhand für die Schule zu tun. Zuerst werde ich noch kurz den Stundenplan schreiben: Montag von 8-11: Kochen. Dienstag von 8-11: Nähen. Mittwoch von 8-11: Haushaltungskunde, von 14-17: Flicken. Donnerstag von 8-11: Nähen. Freitag von 8-11: Sticken und Sonnabend von 8-11: Nähen. Kochen haben wir morgen das 1. Mal. Wir freuen uns beide nicht sehr darauf, weil wir da mit so jungen und schrecklich albernen Mädchen zusammen sind. Außerdem spricht die Lehrerin da meist Schweizer Deutsch, sodaß ich sie kaum verstehe..."

Allmählich erlernt sie den neuen Dialekt. Sie genießt den Wohlstand ihrer Umgebung. Auf der anderen Seite empfindet sie deutlich die politische Spannung, die in diesen Jahren zwischen den beiden Ländern herrscht. So schildert sie am 22. April ihren Eltern:

„...Die größten Deutschenfreunde sind sie auch nicht gerade. Besonders Walter liebt es, sich über allerhand lustig zu machen, so z.B. auch über die 1-Pfennig-Marke. Ein Bruder von Herr Reinhart, der in Alexandria ist, besuchte einmal Hitler in München, und er hatte einen sehr guten Eindruck von ihm. Über die innere Politik Deutschlands denkt man hier sehr gut, nur nicht über die äußere. Sie glauben, daß die äußere Politik

einmal für Deutschland noch recht gefährlich werden könnte. In unseren Briefen müssen wir recht vorsichtig sein. Es ist mir von allen Seiten geraten worden. Gertli sagte, daß eine Zeitlang alle Briefe von ihr nach Hause (Schweiz) geöffnet wurden..."

Und weiter unten erzählt sie von der Spannung, die sie beim Übertritt von Deutschland in die Schweiz empfand:
„...Mit meinem Koffer ist soweit alles gut gegangen. Sehr angenehm war die Zollbehörde nicht. Der Jüngling am Zoll fragte mich, ob ich Geschenke habe. Da ich nicht in Verlegenheit kommen wollte, sagte ich, daß ich eine Vase habe. Ich sollte sie nun vorführen, konnte sie aber nicht finden. Erst als ich ihm vorführte, daß sie klein und aus Glas sei, beruhigte er sich. Zoll- und Paßkontrolle ist ja viel strenger als an der tschechischen Grenze. Nach dem 1. Mai soll man ja nicht mehr als 50,- M über die Grenze nehmen dürfen, allerhand..."

Am 6. Mai schreibt sie interessiert über die politische Entwicklung in Deutschland aus Schweizer Sicht:
„...Über den 1. Mai in Deutschland wurde hier in den Zeitungen recht gut kritisiert. Große Sachen wurden darüber geschrieben, daß Göring nicht mehr preußischer Innenminister ist. Was für eine Rede hat Hitler am 1. Mai gehalten? Radio haben Reinharts nicht. Herr Reinhart stört das Radio..."

Man versteht auch das Folgende besser, wenn man sich in die 19-jährige Erdmut hinein versetzt, die in ihrer neuen Aarauer Umgebung Menschen recht unverblümt und ohne Achtung über das herauf dämmernde Tausendjährige Reich spekulieren hört: Auf der einen Seite ist sie ja stolz, eine Deutsche zu sein. Auf der anderen Seite verliert sie vorübergehend jegliche Ehrfurcht vor den Nazis:
„...Ich habe sonst wirklich zu leiden, daß ich ein deutsches Mädchen aus dem 3. Reich bin. Herr Achtnich-Wehrli fragte gleich, wo ich meine braune Bluse hätte etc. Die Zeitungen sind auch zum größten Teil nicht sehr deutschfreundlich. Heute stand z.B. darin, daß das Vertrauen und die Begeisterung für Hitler immer mehr zunehme, aber die Gegensätze zwischen unteren Parteiorganen und Volk immer schärfer werden. Die Rich-

tigkeit dieser Behauptung werdet ihr ja sicher am besten beurteilen können..."

Am 15. Juni schreibt sie fast abfällig:

„...Dann stand auch mal in der Zeitung, daß ... Hitler sich augenblicklich in Italien rum drückt. Die Zeitungen sind voll davon, voll Tatsachen und Vermutungen. Heute las ich, daß Hindenburg nicht mehr lange machen wird und sein Nachfolger natürlich Hitler wird und der Kanzler dann Göring, dessen Gesundheitszustand viel zu wünschen übrig ließe. Hitler würde als Präsident natürlich nicht nur eine Dekorationsfigur werden, sondern die Verfassung würde geändert, nach der Hitler dann eine ähnliche Stellung wie Roosevelt inne hätte. Mal sehen, was wird..."

Im Oktober fand das lustige Leben ein frühes Ende. Erdmut kehrte anlässlich der Silbernen Hochzeit der Eltern in ihre Heimat zurück (s. Abb. 7). Sie war noch nicht lang zuhause, so erhielt ihre Mutter eine neuerliche Anfrage: Im Haushalt eines Onkels solle eine Klinkert-Tochter doch bitte aushelfen. Man besprach sich und sagte für den Oktober 1935 zu. Der Onkel, Berend Roosen, ein Nachfahre der bekannten Reeder-Dynastie, lebte mit seiner Frau kinderlos in Halle und tat als Polizeipräsident Dienst. In diesem Jahr wurde er pensioniert und plante eine Luftveränderung aufs Land nach Brandenburg, in eine wunderschöne Villa am Werbellinsee, nach Altenhof in der Schorfheide. Erdmut würde ihnen beim Umzug helfen.

Bis es so weit war, half meine Mutter zu Hause aus. Sie leitete die Jungmädchenstunde, half bei Bibelstunde und Nähstunde. Montags kam die Frauenhilfe dazu. Auch assistierte sie bei der Konfirmandenprüfung. Täglich suchte sie im Pfarrbüro Arier-Nachweise zusammen und stellte die Urkunden aus.

Ihrem sehr knappen Tagebuch 1935 entnehmen wir nur wenige politische Äußerungen:

25.Februar: „Mein Kampf" in der Frauenhilfe vorgelesen.
1. März: Heimkehr der Saar. Große Feiern in Saarbrücken.
*16. März: **allgemeine Wehrpflicht!***
21. Mai: Große Reichstagsrede von Hitler.

Privat – der Leser wird sich an den geplanten „Beruf" unserer Mutter erinnern, nämlich einen Mann zu angeln! – schwebt Erdmut 1935 zwischen zwei interessierten Kandidaten. Ein gewisser Helmut hat zuerst seinen Fuß in der Tür. Am 17. März vertraut sie ihrem Tagebuch an: *„Helmut schreibt und schreibt nicht"*. Am 1. April: *„Liebe ich Helmut noch?"*

Das Pendel neigt sich zum zweiten Jüngling, einem Johannes Schröter. Der unternimmt offensichtlich einige Anstrengungen, sich ihr näher zu bringen. Um Ostern 1935 bahnt sich eine Freundschaft zwischen meinen Eltern an. Denn am 23. April, am Osterdienstag, lädt er sie zu einer großen Radtour ein. Im Anhang des Tagebuch 1935 schreibt Erdmut ihr Gefühl zum 23. April auf: *„Es war ein kurzer, stiller Abschied. Ein Händedruck, ein letzter, lieber Blick in die getrübten Augen."*

Im Anschluss daran zitiert sie handschriftlich aus einem Rundbrief, den Johannes verfasst hat. Der Ton im Brief muss ihr wohl imponiert haben. Der Autor des Schreibens war zu diesem Zeitpunkt 22 Jahre alt und tat Dienst beim Militär, nahm an einem Manöver teil. Die Notation ist ideologisch aufgebläht und bietet ein gutes Beispiel der NS-Sprache und sozialdarwinistischer Terminologie; man findet kaum noch Fremdwörter, ein Wort wie Sympathie sticht schon heraus; Viktor Klemperers Sprach-Analyse LTI (Lingua Tertii Imperii) lässt grüßen. Beispielsweise kommt das Wort „schnarrend" mit Bezug auf die Stimme mehrfach vor, viele Sätze haben einen militaristischen oder Blut-und-Boden-Bezug:

„Früh zwischen 5 und 6 wecken. Die schnarrende Stimme des U.v.D. (Unteroffizier vom Dienst) schreit: „Aufstehen!" Der Waschraum füllt sich mit halbnackten, sehnigen Leibern. Kaltes Wasser rieselt und spritzt, einige freundliche Worte flattern umher und bald steht man im grauen Rock. Viel zu tun hat der Stuben- und Flurdiensthabende... . Wenn die anderen gemütlich ihr Kommissbrot futtern (Verzeihung, man spricht hier etwas gröber), dazu den schwarzen Kaffee saufen, müssen wir drei zuerst besorgen, den langen Flur fegen, andere wieder den Waschraum ... usw. aufwischen, die Stube von allerhand Unrat reinigen, alles sehr gründlich. Diese Menschen, zu denen ich auch gehöre, sind sehr bedauernswert. Oftmals treten sie mit leerem Magen zum Kampf an. Aber

auch von diesen gibt's … …, zu den letzteren gehöre ich auch. Ich meine die, die raffiniert genug sind, den U.v.D. zu hintergehen. Niemals ist das Wetter maßgebend. Es gibt immer noch niemanden, der den Krieg im Saal stattfinden lässt.

Vor Burgau hatten wir einen Kampf. Durch die schneidige Luft schob sich die Marschkolonne westwärts. Große Flocken trieben an Helm und Gesicht. Vorne ritt der Hauptmann, dann und wann vorziehend zu gehen, denn es war nicht so warm. In Jakobsburg (?) „Halt". Tornister abgelegt. Biwak. Befehl: „Schröter, bauen Sie mit ihrer Abteilung ein Zugzelt." Als alter Fahrtenbulle kannte ich mich ja ein wenig aus unter den Zelttüchern. Bald stand's auf, das Zelt, kriegsmäßig am dunklen Waldrand und war auch vom angenommenen Luftgegner nicht einsehbar. Am hohen Feuer standen und saßen wir und aßen hinterher aus der Gulaschkanone … Da hättet ihr femininen Wesen von damals euch bestimmt eine Scheibe abschneiden können. Gut, dass ihr jetzt auch das lernt und wichtiger ist's, dem Manne etwas Schmackhaftes zuzubereiten, als ihm geistige Abhandlungen über die Willensfreiheit, den kategorischen Imperativ, oder über das Für und Wider des absoluten Pessimismus zu geben. Jeder von den jüngeren Menschen sehnt sich nach der Frau, die das Heim liebevoll gestaltet und Rat und Kraft und Liebe genug besitzt, dem Mann im Kampf ums Dasein damit zu beglücken, Frauen, die praktisch denken und nicht solche, die durch Lesen von Romanen sich der oftmals mühsamen Wirklichkeit entziehen, im Ernstfall, wenn's ums Ganze geht, völlig resigniert versagten…

Sorgen sind da, den Menschen ins Gleichgewicht zu bringen, wie die Chausseebäume das Auto zwingen, den rechten Hang zu fahren. Denke dir die „Bäume" in deinem Leben nicht weg, täusche dich nicht über ihren Zweck und ihre Daseinsberechtigung hinweg, du könntest sonst verunglücken. Du warst immer nett und gut in der Schule, aber nicht wahr, gefaßt und stille zu wandern ist etwas Großes und Erhabenes. Daß sich die Mädels so verleugnen, ist doch allerhand. Trotzdem ich weiß, daß ihre Sympathien mehr den Jungens gelten und über deren Leben mehr grübeln und träumen, als über ihre Genossinnen, so bringen sie's nicht fertig, die Bengels bei der Anrede zuerst zu begrüßen und dann die Mädels. Typisch die Emma! (Ein Spitzname von Erdmut!) Sie bringt es einfach nicht fertig, einmal nicht zu schauspielern. Sie tut so, als könnte kein

Junge ihr jemals verliebte Blicke entlocken. Alle lassen dich, verstanden?
Oder sind euch Mädels lieber und wertvoller als die Kategorie Mann, die
sich für euch in die Brust werfen? Lacht bloß nicht!..."

Darunter notiert Erdmut ein wenig spöttisch, aber beeindruckt und mit mädchenhafter Phantasie:

„Der Hannes hätte lieber Prediger werden sollen. Ich habe gehört –
Rädchener Urwaldmensch, der jetzt unter die Menschen gegangen ist –
Du willst Offizier werden? „Melde gehorsamst mein größtes Erstaunen,
Herr Leutnant, da es dem Herrn Leutnant doch zuerst gar nicht gefallen
haben soll?" Trotzdem mein Glückwunsch!! Wenn ich mal dann dir be-
gegne, wirst du dann im schnarrenden Ton zu deinen Kollegen sagen: „
Ja, Gott, da die Kleine, die war auch mal in meiner Klasse, na über die Zei-
ten ist man ja weg, Gott sei Dank" und wirst sporenklirrend vorbeirau-
schen. Mensch, fauch nicht zu sehr, so´n schlechtes Herz hast du wohl
auch nicht, was?"

Bis in den Oktober hinein lebt Erdmut im Pfarrhaus in Alt-
Strunz. Am 3. Oktober 1935 beginnt ihr nächster Lebensabschnitt.
Sie reist nach Halle, um das Gewerbe einer Hausfrau zu erlernen.
Ihr Onkel Berend Roosen holt sie in seiner Uniform des Polizeiprä-
sidenten mit einem Dienstwagen am Bahnhof ab – ziemlich Respekt
einflößend. Im Verlauf der nächsten Wochen entwickelt sie zum
Onkel eine sehr herzliche Beziehung. Ständig genießt sie Sinfonie-
konzerte, Opern, Operette - die ganze Palette der Großstadt-Kultur.
Man bietet dem Mädel vom Lande einiges! Allerdings verlangt
Tante Ellen zunehmend ihre Mitarbeit. Zwar wird im Haushalt ein
Mädchen beschäftigt, meist aus „den alten Ostgebieten", wie Erd-
mut nach Hause schreibt. Sie ist für das „Grobe" zuständig, wäh-
rend Erdmut als Tantes Assistentin arbeitet. Sie erlernt die feine
Küche, ist für das Kochen verantwortlich, für die Wäsche und das
Bügeln.

Sie hilft beim Packen des Hausstands, als der Umzug nach
Brandenburg ansteht. Tante Ellen kann schon mal garstig zu ihr
werden. Die ältere Dame spürt eine gewisse Eifersucht ihrem Mann
gegenüber, der gern mit Erdmut herum turtelt, ihr des Abends vorliest, sogar mit ihr tanzt. Er führt sie beispielsweise, natürlich in

Uniform, zum BDM-Fest aus. Erdmut notiert des öfteren: „Onkel Berend ist entzückend!" Um Weihnachten klopft das Heimweh an die Türe ihres Herzens. Im Tagebuch bekennt sie: *„25. Dezember. Trauriger Weihnachtstag. Zweimal geheult."*

Was 1936 geschah: Der Locarno-Vertrag wird gekündigt und das entmilitarisierte Rheinland wieder ins Reich eingegliedert; Olympiade in Berlin; die Wehrpflicht wird zweijährig; Antikominternpakt zwischen Deutschem Reich und Japan; das faschistische Italien tritt bei (Achsenmächte); der spanische Bürgerkrieg beginnt, nachdem die Volksfront Wahlen gewonnen hat, Franco wird faschistischer Caudillo.

Roosens, die jetzt nahe Berlin wohnen, verlassen immer wieder für einige Tage ihr Haus. Dann vertritt sie Erdmut. In der geräumigen Villa verkehren in dieser Zeit häufig bis zu sechs Hausgäste, die von ihr betreut werden müssen. Sie hat ein Faible für schneidige junge Offiziere. Lobend erwähnen die Gäste häufig Roosens gegenüber die nette aufmerksame junge Dame. Wöchentlich besucht Erdmut das Kino in Eberswalde, notiert die Filme in ihrem Tagebuch. Dank ihres Onkels lernt sie die Berliner Kulturszene intensiv kennen, verkehrt in militärischen Kreisen, verbringt einen Abend sogar in Gegenwart von Göring.

Im August 1936 fiebert sie mit ihren Landsleuten auf dem Olympia-Gelände, notiert:

„Zum Reichssportfeld gefahren. Beginn der olympischen Spiele. Mit Manfred (ihr Bruder besucht sie zu dieser Zeit!) *den Führer sehen!! Luftschiff Hindenburg. Olympiagedanke. Fackelläufer. Berlin ganz zur Olympiade geschmückt."* Und sie vermerkt stolz: *„16.8. Wir haben 33 Goldmedaillen. Die meisten der Welt."*

Beim Lesen erschreckt mich die Eintragung schon eine Woche später, am 24.8.: *„Hitler hat eine allgemeine zweijährige Wehrpflicht verkündet."* Wie ahnungslos tappte das deutsche Volk in sein Verderben!

Im September 1936 besucht sie für einige Wochen ihr Elternhaus in Alt-Strunz, trifft sich mit ihren beiden Kandidaten, Helmut und Johannes. Richtig klar liegen die Verhältnisse noch nicht, als sie im Oktober in die Schorfheide zu Roosens zurückkehrt, ihre Arbeit dort wieder aufnimmt. Weder die jungen Männer noch Erdmut sind sich so richtig sicher, was auf sie zukommt, wenn die Absichten ernst werden sollten. Im Dezember beschreibt sie einen Brief von Johannes als *„Vernichtend. Er versteht mich einfach nicht. Furchtbar."* Allerdings folgen dann im Januar 1937 Brief auf Brief, ein wahres Bombardement von ihrem Zukünftigen.

Die Monate plätschern in zunehmender Routine vor sich hin. Im April begeben sich Roosens auf eine Italien-Reise. Das Ziel ist gut gewählt, erfreut sich doch das faschistische Italien bei den Deutschen neuerdings großer Zuneigung. Nur wenige Tage später wendet sich Erdmuts Leben. Ganz unerwartet erhält sie Post von ihrem Vater. Der verlangt, ziemlich gefühlskalt und direkt, die umgehende Heimkehr seiner Tochter. Die ältere Schwester Ruth, die bis dahin ihrem Vater im Pfarramt den Rücken frei gehalten hat, zieht aus, zu ihrem Mann nach Herrnhut (s. Abb. 9). Erdmut wird zuhause gebraucht. Meine Mutter fällt aus allen Wolken, protestiert. Aber alles Bitten hilft nichts. Sie übergibt ihren Gastgebern den Haushalt, als sie von ihrer Reise heimkehren. Schließlich kehrt sie wieder in die schlesische Provinz zurück.

Roosens trauriges Schicksal erfüllt sich zum Kriegsende: Am 11. September 1945 erhält unsere Mutter eine Karte von einer zutiefst erschütterten Tante Ellen aus Altenhof, wo sie unter unwürdigen Zuständen haust:

„Mein liebstes Erdmuthchen, Wie sehr freute ich mich über Deine liebe Karte und die guten Nachrichten von euch allen, besonders, daß Ihr gesund seid. Gott gebe, daß ihr auch bald eure Männer wiedersehen könnt und mit ihnen vereint leben könnt, besser, als wir es jetzt hatten. Von mir kann ich leider nur sehr sehr Trauriges berichten. Der liebe Onkel Berend ist seit dem 5. Mai zu meinem unsäglichen Schmerz nicht mehr am Leben. Er wurde in Dammerau von feindlichen Panzerspitzen überfallen, als er sich morgens im Schlafzimmer des Gutes anzog, und erschossen. Alles geschah in kaum 5 Minuten. Ich war nicht dabei und weiß daher nicht, wie alles kam. Sie haben ihn für einen SS-Mann gehalten, sicher durch polnischen Verrat. Es war furchtbar. Dann wurde alles geraubt und geplündert, ebenso wie hier in Altenhof. Unser Haus ist völlig leer und ich

darf auch nicht drin wohnen. Ich habe auch nichts mehr und wohne jetzt bei Fräulein Schober im Waldhaus. Aber was soll ich noch hier?! Ohne meinen Mann, ohne Haus, ohne Garten! Daß auch ihr alles verloren habt, tut mir unendlich leid. Wie ist alles traurig! Mit herzlichen Grüßen an euch alle deine Tante Ellen."

Für Erdmut hat das neue Leben einen Vorteil: Sie findet genügend Zeit, ihren zukünftigen Ehemann näher kennenzulernen. So lässt sie sich häufig in Rädchen, dem Wohnort von Johannes, sehen. Es wird nun Zeit, das Umfeld von Johannes ein wenig näher zu betrachten.

Abb. 1: Die siebzehnjährige Gertrud Schammer, Erdmuts Mutter, 1903

Abb. 2: Gertrud Klinkert, geb. Schammer mit ihren vier Töchtern, 1917;
v.l.n.r: Ruth, Mutter Gertrud, Maya, Erdmut, Benigna

Abb. 3: Der stolze Vater (Alexander Klinkert) mit seinen vier Töchtern, 1930
v.l: Vater, Benigna, Maya, Erdmut, Ruth

Abb. 4: Grabplatte von Erdmuts
Schwester Benigna, 1931

Abb. 5: Fünf Geschwister, August
1933
v.l.n.r: Maya, Cord-Berend, Ruth,
Manfred, Erdmut

Abb. 6: Klassenfoto, Advent 1930;
Erdmut sitzt in der 1. Reihe, 3.v.r.

Abb. 7: Silberhochzeit bei Klinkerts, 1934; vorn die beiden Brüder Cord-Berend und Manfred; zwischen dem Brautpaar Omis Mutter, meine Uroma; hinten 2.v.l Ruth; 3. v.l. Erdmut; rechts neben dem Bräutigam Maya

Abb. 8: Erdmut, 1935

Abb. 9: Mit Monika, ihrer ersten Nichte, 1937

2. Kapitel: Die Herkunft von Johannes Schröter

Aus der Jugendzeit meines Vaters in Niederschlesien ist wenig überliefert. Die Familie lebte im Lehrerhaus des kleinen Dörfchens Rädchen, das am Schlawaer See, damals Schlesiersee lag (heute polnisch: Radzyń). Den Memoiren des jüngsten Bruders, meines Onkels Gottfried, entnehme ich, dass am Ortseingang des Dorfes ein Schild hing, auf dem man lesen konnte: „In diesem Dorf sind Juden unerwünscht!" Darüber machte sich bis zum bitteren Ende niemand Gedanken.

Johannes' Eltern hatten sich in Westfalen kennengelernt. Dort hatte Fritz Schröter als Junglehrer einen Fortbildungskurs besucht, weit her aus Schlesien war er nach Hagen angereist. In der Bibelstunde des Blauen Kreuzes (einer Anti-Alkoholiker-Bewegung) hatte er seine künftige Frau zum ersten Mal getroffen. Über einen regen Briefverkehr vertiefte sich sein Verhältnis zu dem „Hochwohlgeborenen Fräulein Erna Arnold", wie mein Großvater die ersten Briefe adressierte. Nach einem angemessenen Zeitraum war dann der erste Besuch bei den künftigen Schwiegereltern angesagt. Eine Anekdote aus dieser Zeit ist überliefert: Erna ging zur Begrüßung arglos an den Schrank, holte kleine Gläschen und eine Flasche Likör und füllte die Gläser. Fritz nahm die Flasche zur Hand, schaute auf die Inhaltsangabe und sagte nur: „Ach Erna!" Da erst merkte unsere Oma, dass es ja wohl nicht statthaft sei, einem Blaukreuzler Likör anzubieten. Im Hause Schröter war später alles Alkoholische verpönt. Sogar die Hochzeit meiner Eltern im Jahre 1939 wurde noch überschattet durch eine Auseinandersetzung darüber, ob man ein Glas Wein zum Essen servieren dürfe oder nicht. Johannes, stark von seinem Vater geprägt, riskierte darüber einen offenen Streit mit seiner Verlobten!

Damals heiratete man eher selten über eine große Entfernung; so musste Oma Erna nicht ohne bange Gefühle so weit weg gezogen sein, vom Bergischen Land nach Schlesien, jenseits der Oder!

Mein Vater wuchs in einem nagelneuen Schulhaus auf, das für die 250 Bauern des Dorfes gebaut worden war. Bis zum Kriegsende lehrte dort der strenge Schulmeister Friedrich Schröter, etwas klein geraten zwar, doch mit einem Spitzbärtchen und einem patriarchalischen Anspruch, typisch für die Weimarer Zeit. Er herrschte über ein einklassiges Schülervolk.

Johannes wurde 1913 als erstes Kind geboren. Weitere Kinder folgten ziemlich schnell, bis 1925 waren es insgesamt vier Söhne und zwei Töchter. Mein Vater besuchte das gleiche Gymnasium wie Erdmut, schloss mit einem - eher mühsamen - Abitur ab. Bilder aus dieser Zeit zeigen ihn als einen drahtigen, blonden Mann, wohl ein Traum für jedes heiratswillige Mädchen.

Um dem Arbeitsdienst zu entgehen, wählte er die Option Wehrmacht. Nach zwei Jahren abgeleistetem Dienst war er inzwischen zum Feldwebel der Reserve befördert worden. Danach plante er ab 1936 ein Lehrerstudium in Hirschberg (Oberschlesien), schloss es auch 1938 mit Erfolg ab. Allerdings warfen massive Aufrüstung und der drohende Krieg schon seine Schatten voraus. Johannes ging zu Wehrübungen, absolvierte Manöver.

Was 1937 geschah: Die Deutsche Legion Condor unterstützt Franco in Spanien; im November enthüllt Hitler in der „Führerkonferenz" seine Kriegspläne; Höhepunkt der stalinistischen Säuberungsprozesse in der Sowjetunion.

In dieser Zeit entwickelte Johannes seine gespaltene Einstellung zu Gott und Vaterland. Auf der einen Seite spielte er Orgel in der Kirche, verkehrte bei der Pfarrersfamilie Klinkert, nahm an Bibelkreisen teil. Seine Abschlussarbeit verfasste er sogar im Fach Religion, über den Historiker Ernst Moritz Arndt und seine Einstellung zum Christentum. Auf der anderen Seite faszinierte ihn schon früh der Nationalsozialismus, führte ihn in die Partei und ließ ihn zu einem überzeugten Nazi werden. Diese Widersprüche konnten in dieser Zeit offensichtlich problemlos gelöst werden.

In späteren Jahren entstand der eine oder andere Konflikt: Johannes wurde beispielsweise von der Kreisleitung der NSDAP aufgefordert, als Parteigenosse doch bitte das Orgelspiel im Gottesdienst zu unterlassen. Doch schon damals war es einfach, Dinge, die nicht in das Gesamtkonzept passten, einfach zu übersehen. Ihm war wohl nicht entgangen, dass entsetzliche, die Persönlichkeitsrechte der Menschen verletzende Veränderungen in der Gesellschaft vorgenommen worden waren. Doch zauberte er etwaige Zweifel immer wieder fort, bis das Elend des Krieges, der Niederlage und der Gefangenschaft ihn eines Besseren belehrten.

Sowohl Johannes als auch Erdmut gingen sehenden Blickes in die Vorkriegszeit. Ich kann leider keinem Dokument entnehmen, dass sie oder er es bedauerten, dass das Regime einen Krieg vorbereitete. Die Folgen waren absehbar, doch überraschte die Dauer des Weltkrieges meine Eltern. Interessanterweise entwickelten sich die Einsichten des sich nach heroischem Kampf sehnenden Mannes und der um die behütete Familie sich sorgenden Frau in den nächsten Jahren äußerst unterschiedlich, ja geradezu diametral. Während unser Vater bis in die letzten Kriegstage hinein vom Auftrag, die Welt zu erobern, überzeugt war, bröckelte eben diese Überzeugung bei unserer Mutter. Nur laut äußern sollte sie es besser nicht!

Im nationalsozialistischen Bildungswesen war es üblich, Junglehrer weit weg von ihrer Heimat in unterstrukturierte Gebiete zu verschicken. Sie konnten ihre ersten Lorbeeren verdienen in Dörfern, die sonst kein Pädagoge freiwillig ausgewählt hätte. Die armen Berufsanfänger lernten mit neuen sozialen Verhältnissen umzugehen, man sprach unbekannte Dialekte. Gleichzeitig waren die Behörden die Sorge los, jemanden für diese abgelegenen Schulen zu finden. Bei Johannes fiel das Los auf Polkau, einem gottverlassenen Kaff in der Magedeburger Börde, nicht weit von Stendal entfernt (s. Abb. 14 und 15; siehe auch den hinteren Umschlag). Da er nicht verheiratet war, wurde das junge Glück erst einmal getrennt. Der Briefverkehr war das Mittel der Wahl, um sich 1938 auf den Hochzeitstermin zu verständigen und gemeinsam zu träumen (s. Abb. 10).

Was 1938 geschah: Hitler besucht Italien; der Anschluss Österreichs an das Deutsche Reich; Chamberlain versucht durch Verhandlungen mit Hitler den Frieden zu bewahren; im Münchner Abkommen stimmen Frankreich und England zu, die Sudetengebiete von der Tschechoslowakei abzutrennen und Deutschland anzugliedern; deutsche Truppen marschieren ein. Es folgt der Geheimbefehl am 21.10. „Zur Erledigung der Rest-Tschechei". Am 9. und 10. November findet die Reichspogromnacht statt – der Höhepunkt der NS-Judenpolitik vor dem Zweiten Weltkrieg.

Herr Lehrer Schröter bewohnte also das Schulhaus in einer Siedlung von Bauernhöfen. Pfarrer, Doktor, Bürgermeister und Lehrer galten als Respekt-Personen. So musste Johannes sich in Vereinen und politischen Gruppen orientieren, um ein nützliches Ansehen zu gewinnen.

Leider war seiner Arbeit kein allzu nachhaltiger Erfolg beschieden, da schon im September 1939 der zweite Weltkrieg begann und unser Vater sich der Wehrmacht zuwandte.

Abb. 10: Verlobung von Erdmut und Johannes, 1938;
das junge Paar wird von den jüngsten Brüdern Cord-Berend und
Gottfried flankiert. Davor ein unbekanntes Mädchen.
2. Reihe v.l.: Ruth mit ihrem ersten Kind Moni, Hanna, Opa und
Oma Schröter, Omi und Opi Klinkert

Abb. 11: Hochzeit, 4. August 1939

3. Kapitel: 1939 – Wirren

Was 1939 geschah: Deutschland besetzt das Memelgebiet, gründet das „Protektorat Böhmen und Mähren"; schließt einen Nichtangriffspakt mit Dänemark und der Sowjetunion; Deutschland kündigt am 1. April den Freundschaftspakt mit Polen, beginnt am 1. September den Zweiten Weltkrieg, indem es Polen überfällt. Die „Endlösung" in der Judenfrage wird vorangetrieben. Die Faschisten gewinnen den Bürgerkrieg in Spanien. Italien überfällt Albanien.

Zu Beginn des Jahres stellte sich Johannes Schröters Situation folgendermaßen dar: Seit einem halben Jahr war der junge Mann als Junglehrer weit weg von der Heimat tätig - zum ersten Mal ganz allein in eigener Verantwortung! Nur mühsam gewöhnte er sich an den ihm fremden Dialekt der Polkauer Landwirte, an die ihm ungewohnte Art miteinander umzugehen. Die Mitmenschen beäugten ihn argwöhnisch. Das fühlte er jeden Tag. Einen Fehler würden sie ihm nicht verzeihen. Jeden Moment konnte der Schulrat unangemeldet vorbeikommen und seine Arbeit kontrollieren.

Seine Bleibe, das Haus der einklassigen Schule, genoss er, stellte es sich insgeheim schon ausgebaut, mit brandneuer Einrichtung vor. Wenn er doch erst mit Erdmut zusammen wohnen würde! In innigen Briefen hatte er schon versucht, ihr einen Umzug ins Paradies schmackhaft zu machen, sobald sie erst einmal verheiratet wären. Doch in letzter Zeit spürte er zunehmend, dass seine Verlobte dem Vorhaben reserviert gegenüber stand. Daran war wohl nicht nur die Ferne schuld. Auch sein Verhalten und der Ton in den Briefen hatten sich verändert. Erdmut war eine junge Frau, die sich dem Stil der Brüdergemeine verschrieben hatte, die keinen Fanatismus kannte und von ihrem eigenen Vater her ein mildes Wesen, einen angenehmen Umgang untereinander gewohnt war.

Da kam nun mit Johannes ein anderer Wind in ihr Leben. Das Schröter-Haus war geprägt von evangelikaler Strenge. Herr

Borngräber, ein Prediger, der später noch wichtige Fäden ziehen würde, bestimmte über die Moral und die Art und Weise, den glauben zu leben. Die Zugehörigkeit zu Blaukreuzler-Kreisen, die vehement den Alkohol ablehnten, tat ein übriges. Mit dieser Art kam Erdmut nicht so gut zurecht. Bis Ende Januar war auf dem Schriftweg eine unschöne Auseinandersetzung entbrannt, ob bei der Hochzeit Wein ausgeschenkt werden dürfe oder nicht. Johannes knüpfte an die Durchsetzung seiner „Bitte", wie er die Forderung nannte, die Zukunft ihrer Beziehung. In diesen Briefen – wir lesen es mit Bestürzung – agiert Johannes ziemlich aggressiv und mit erheblichem moralischen Druck. Kleine Kostproben sollen das erläutern. Am 9.1.39 schreibt Johannes an seine Verlobte:

„...Ich will und soll Dir ja nichts verschweigen. Also ich bin wieder mal in Stendal trotz Regenwetters. Bloß, weil ich heute keine Post von Dir hatte. Gestern nachmittag fuhr ich extra nach Osterburg, um bei der Post nachzufragen. Vergebens. Aber morgen wirst Du mir doch schreiben? Weißt Du, solche Verzögerungen nähren kleinlichen Gedankenkram und blasen ihn unliebsam auf. Ich bin gespannt, weshalb ich erst morgen Nachricht bekomme. Eigentlich glaube ich, gäbe es nichts, was Dich daran hätte hindern können, schon Montag zu schreiben, mindestens Dienstag. Und wenns ein Opfer gewesen wäre. Du hättest es mir gebracht!..."

Am zwölften Februar fährt er schwülstig und mit Attacke fort:

„...Wo war die Liebe? Ich habe Dich darum gebeten, am Hochzeitstage keinen Wein zu trinken und ich bitte weiter. O nein, so unedel kann der liebste Mensch oft sein! Ich lasse mich nicht immer von Dir an die Wand drücken, sondern darf auch einmal verwirklichen. Mir ist „Enge" lieber als „Weite", die so gefährlich ist! Im übrigen heißt es ja doch: Folge mir auf dem Weg oder verkauf mich um eines Tropfen Weins. Es ist ja nur Angst vor den anderen, die mehr gelten als ich..."

Nur wenig später schäumt er seiner Verlobten gegenüber, holt mit allen Moralkeulen aus, die ihm zur Verfügung stehen. Hoffentlich kann er ihr schlechtes Gewissen ausreichend plagen, damit das alles noch zu einem für ihn guten Ende kommt! Zum ersten Mal überhaupt gesteht er ihr, dass er in seiner Einsamkeit

verbotenerweise zum Alkohol greift. Aber er verkauft ihr diese
Schwäche so, dass sie die moralische Schuld für diese Missetat
trägt.

„...Deine Briefe klagen Dich an. Bald bist Du nicht mehr wert ge-
liebt zu werden. Restlos glücklich bist Du in anderen Bestimmungen. Und
ich, ich quäle mich ab mit allem und darf von Liebe nichts spüren. Ich hal-
te diese Nachlässigkeit nicht mehr länger aus. - Dir gehts gut, ja, ja, und
ich habe nichts zu melden. Dein Verhalten aber ist entsetzlich schnöde und
bitter hart. Du tust so, als ob Du seitenlang über Deine Meinung schriebst
und dabei ist es nicht einmal der Fall. Bitte, wende Dich ganz ab, denn
Liebe, wo ist die noch! Fordern, ja, verzehren kannst Du viel, geben aber,
o, Du könntest Dich vergeben. Ich will nicht mehr Bettler sein! Ich wars
zu oft! Nichts mehr sage ich von meinem Begehren. Nichts von Befürch-
tungen Dritter, garnichts, weil Du kühl bleibst. Der letzte Brief aber, der
mich zu diesem trieb, wird Dich verklagen, bis Du Deinen Platz erkennst;
Du bist härter als hart und ich werde Dich nicht der Fraulichkeit zeihen!
Es verletzt mich sehr... Du bist ja so undankbar! Hast Du ein Bild von
mir bei Dir? Die Antwort könnte ein Zeichen sein.

Ich will dir noch etwas für mich Geheimes offenbaren: Solange Du
(fünfmal unterstrichen!) Dich während der Verlobungszeit nicht
bezüglich Alkohols an meine Seite stellen konntest, solange verleugnete
ich und stellte mich an Deine Seite. Ich trinke mehr als Du meinst! Hier
im Dorf und woanders! Du hast mich dazu gebracht! Trotzdem ich Schuld
habe, hast Du sie. Ich wäre fest geblieben. Nun nicht mehr. Du hättest
Dich von mir leiten lassen sollen. Darin sahst Du Bevormundung. Nun
lass ich mich leiten, wie einen Waschlappen, bis Du erkennst, was Deine
Pflicht ist. Mach nur weiter das Leben zur Qual, und Du wirst merken,
ich tue Dinge, die ich verheimlichen muß. Ich gab Dir alles rein und offen,
Du triebst mich zu anderem... Treibe mich nicht in Nöte, die du später
erleben müßtest und finde zurück zu mir. Du lädst sonst eine Schuld auf,
die Dir Dein Leben vergrämt. Wie wenig kann ich schreiben. Du drängst
mich aus der Liebe, bis ich das Übergewicht verliere und fallen muß..."

Sogar die Ränder hat er voll gekritzelt, in ohnmächtiger Wut:
„...Wenn Du das Glas Wein über mein Mühen und Schaffen
stellst, dann hast Du keinen Platz an meiner Seite. Nicht meiner Arbeit

zollst Du ein wenig Anerkennung. Das überlege. Ich beschwor dies alles
nicht herauf. Ein Kleines bat ich, und ein Riese wird ausgebracht! Das ist
gemein! Ich verüble es Dir, daß Du gar nichts Liebes zu sagen hast und
nur mißachtest, was ich bin…"

Liest man einen solchen Text Jahrzehnte später, so kann man
kaum noch daran glauben, dass aus der Beziehung zwischen Erdmut und Johannes fünf Kinder entstanden! Glücklicherweise rea-
gierten beiden nach der Devise: Pack schlägt sich, Pack verträgt
sich.

Ein Besuch in der schlesischen Heimat, den er mit „Pony",
seinem tapferen Motorrad absolvierte, half, die vielen Problem-
punkte zu klären, die Wogen zu glätten. Er muss an einer Mili-
tärübung in Glogau (heute polnisch: Glogow) teilnehmen und kann
auf diesem Weg bei seiner Verlobten vorbeischauen. Im April, wieder zurück in Polkau, säuselt Johannes plötzlich in seinen Briefen.
Er greift zu romantischen Tricks, poetischen Verirrungen, um die
Atmosphäre für die nächsten Wochen zu optimieren. Gewaltige
Veränderungen liegen vor den beiden: Die Hochzeit kommt näher
– da muss man sich einfach benehmen. Nun rücken andere Themen
in den Vordergrund!

„Mein geliebtes Mädel!
Dein gestriger Brief gab mir das Bewußtsein eines großen Glückes
zurück. Hab Dank, Du mein geliebtes Mädchen Du! Ja, ich glaube fest an
Deine große Liebe und ihre Fähigkeit, sich nicht mehr in anderem zu ver-
lieren, sondern stark und gesund ein Leben lang mich zu begleiten. Ich
brauche Dich so, Du ahnst es vielleicht kaum. Einmal wirst Du ja mich
auch brauchen für immer. Das wird mir einst hohes Glück und Sicherheit
bedeuten. Gott schenkte Geduld und fröhliches Hoffen in den letzten Ta-
gen, und ich will immer für diese Deine Neuzuwendung Ihm von Herzen
dankbar bleiben. Wieviel erhabene Gnade birgt doch die letzte herbe Zeit,
nicht, Erdmut? Heute will ich aber noch einmal vor Dich treten und Dich
fragen: Willst Du alles mit mir teilen, Freud u. Leid, Sonnenschein u.
schwere Regenböen? Beides ist für die Folgezeit aufbewahrt? Wirst Du zu
mir stehen, auch wenn mich eine Welt verläßt, weil verkennt; willst Du
mein liebes Weib bleiben, wenn ich durch Sorgen schwach bin und nach
Deiner alles heilenden Liebe verlange? Erdmut, ich habe Dich erwählt,

weil ich alles weiblich Schöne und Zarte u. Edle und Sinnigste in Dir zu einem gewissen Wohlmaß gebracht, ahnend erschaut habe… Nun mußt Du bis August noch ganz stark werden in allem! Ich will Dir nichts in den Weg legen dabei! Hab Dank für Deinen Entscheid! Ich freu mich ja sehr! Jetzt wo ihr einen direkten Termin angegeben habt, komme ich mir doch reichlich dumm vor! Schimpf nicht, Du wirst mich schon da leiten, ich vertrau Dir ganz!

Vorgestern wars noch so: Der Bürgermeister, sehr überlastet, sagte, daß der Baumeister keine Arbeiter habe. Somit sei das Bauen fraglich. Darauf protestierte ich bei dem Bürgermeister. Er sagte: Schreiben Sie den Wohnungsbau ab und heiraten Sie, ich sorge dafür, daß das Wohnhaus Ende Juli fertig ist! In der Tat sind die meisten Maurer an der Westfront. Dielen bekommen wir nicht in der Küche, weil wir keine Bretter bekommen. Dann aber Terrazzo. Wir legen dann einfach ein paar Matten hinein, gelt? Und wenn das Stallgebäude auch nicht ganz fertig ist, so ist die Hauptsache die Wohnung. Davon brauchst Du aber den Eltern nichts zu sagen…

Mit der Hochzeit dachte ichs so: Am 4.7. Hochzeit, am 5.7. Start zu einer großen 7-tägigen Reise in die Alpen (Sonderfahrt des Reisebüros 5.7 – 12.7.). Zum 13.7. Einrichten der Wohnung, am 15. Ferienende. Sag, wärs nicht schön so? Soll ich Dir den Reiseplan schicken? Ich wollte ja alles geheim halten, aber nun habe ich Dirs geoffenbart. Mit dem Gelde wirds reichen! Ich bekam noch etwas nachgezahlt. Ach, das Denken an unser schönstes Glück macht mich so ehrfürchtig, aber auch so mutig und sonnig. „Du bist und sollst es sein!" möchte ich Dir entgegen jubeln, bald, bald! Du, mein geliebtes gutes Mädel, Du! - Morgen Kirche, SS-Dienst am Nachmittag in Lückstedt…"

Der aufmerksame Leser wird den Zeilen entnommen haben, dass nur ein blinder Zeitgenosse Anfang 1939 die intensiven Kriegsvorbereitungen übersehen hätte, die das Land bereits seit längerer Zeit umtrieben. Verständlicherweise fehlten in der Heimat Handwerker, weil sie ja die Westfront bereits verstärken mussten. Und Johannes hat sich schon gut arrangiert, tut in der Kirche Dienst als Organist. Wöchentlich muss er Verwaltungsaufgaben für die SS erledigen. So lernt man Leute kennen und macht sich einen Namen in der dörflichen Umgebung. Seine Schüler erzieht er im neuen deutschen Geist, man findet ihn sympathisch.

Leider kann ich aus dieser Zeit nichts aus dem Innenleben von Erdmut rekonstruieren, Erdmuts Briefe aus dieser Zeit sind verschollen. Sie muss sich einer vorehelichen Untersuchung unterziehen, damit sie als Ehefrau eines SS-Angehörigen bedenkenlos auftreten kann. Darauf legt Johannes schon großen Wert.

An seinem Geburtstag, nur ein Tag vor des Führers Geburtstag, wird der Lehrer Schröter groß gefeiert. Davon berichtet der stolze Lehrer seiner Geliebten in der Ferne, wieder mal in zeitgenössisch geschwollener Sprache:

„…War gestern das Wetter noch recht ungemütlich, so begann am Geburtstagstag eine strahlende Sonne. Damit war von vornherein eine glückliche Stimmung in meinem Herzen gewährleistet. Sie wurde erhöht durch den Gedanken an Deine wiedergewonnene Treue und Liebe, vertieft durch die emsige Arbeit der Kinder, um ihren Lehrer zu beglücken. Bis ½ 20 Uhr hatten sie gestern abend geschuftet von 15 Uhr an, schon zwei Tage. Über der Tür hing eine Girlande aus Buchsbaum, der Tisch war mit einem grünen Hakenkreuz und SS-Abzeichen geschmückt. Die ganze Klasse war geschmückt. Ein Landsknechtslied sangen sie darauf und gratulierten im Sprechchor. Jeder durfte dann in die große Tüte greifen zu aller Freude. Ich las dann einiges Heiteres aus Jürn Jakob Sween vor und mußte immer noch einmal Episoden aus der Militärzeit erzählen. - Die Kinder sind politisch so geschult, daß sie die Nachrichten und großen Reden <u>*nie*</u> *versäumen…"*

In seiner Freizeit gräbt Johannes jetzt den Garten um und pflanzt, was das Zeug hält. Schon seit Jahren ist hier nichts mehr getan worden. Wurzeln, Brennnesseln und Löwenzahn müssen ausgerissen werden. Ganz glücklich schreibt er seiner Frau am Tag nach seinem Geburtstag: *„Heute ist Führers Geburtstag. Am Morgen pflanzte ich Gladiolen und säte Tomaten!"* Führers Geburtstag war in dieser Zeit immer eine Notiz wert!

Ende Mai kann Johannes sich während der Pfingstferien noch einmal auf sein braves „Pony" setzen und seiner Verlobten im fernen Niederschlesien einen Besuch abstatten. Natürlich wohnt er bei seinen Eltern. Er bittet seinen Schwiegervater in spe um ein Stammbuch, das dieser auch für ihn erstellt.

Erdmut muss sich in den nächsten Wochen einigen unbequemen Fragen stellen. Man berät, wie man sie vor dem Arbeitsdienst bewahren kann. Immerhin hat die junge Frau ohne Steuererklärung zu Hause ausgeholfen. Das hat jetzt bei der Einstufung als Braut eines SS-Manns gewisse unangenehme Nachfragen zur Folge, die alle geklärt werden müssen. Erdmut benötigt eine Heiratsgenehmigung der SS. Wird sie kriegswichtig sein als Ehefrau eines Lehrers? Wahrscheinlich wird die beste Lösung darin bestehen, so schnell wie möglich schwanger zu werden.

Erdmut erbittet einige Dinge von ihrem Künftigen, die für diesen eher unangenehm zu bearbeiten sind. Sie fordert eine Krankenversicherung für beide, hat bei der Wohnungseinrichtung schon die eine oder andere konkrete Vorstellung, was für Johannes neu ist. Ihre Eltern sind nicht gerade begeistert, dass das Klo im Lehrerhaus nur über den Hof zu erreichen ist. Die Toilette sollte aber so oder so gestaltet werden; die Fenster brauchen Vorhänge. In der Küche möge wenigstens ein Waschkessel eingebaut werden. All diese Details werden in den vielen Briefen erörtert, die jetzt zwischen dem turtelnden Paar hin und her fliegen.

Wieder spürt man die bohrende Unsicherheit, ob die Liebesbeschwörungen, die Johannes in fast allen Briefen äußert, auch ihr Ziel erreichen. Eine unbestimmte Eifersucht rumort in seinen Gedärmen, sein Besitzanspruch lässt sich über eine solche Entfernung nicht realisieren.

Am 11. Juni schreibt Johannes an Erdmut; hier bietet er uns die typische Blaupause für seine Gefühle im Frühsommer:

„...Es ist kurz vor 10 Uhr. Gleich nach dem Gottesdienst fuhr ich nach Osterburg zum SS-Dienst. (Man beachte die Ähnlichkeit zwischen Gottes- und SS-Dienst, beides am Sonntag!) Am Mittwoch bin ich zur Parteiversammlung in Wollenrade. Ich freu mich so Dich zu haben und ich will Dir mal ein starker, zielbewußter Führer sein. Und Du wirst mir durch Deine Zuneigung und Liebe die Kräfte geben, die ich fürs Lebenswerk benötige. So wird es auch ein Stück von Dir sein!..."

Und eine Woche später setzt er seine Schilderung und Gedanken fort:

„...Heut Vormittag hatte ich Schießen. Gestern war ich in Stendal. Dort bin ich so gern. Stundenlang kann ich mir dort die Auslagen anschauen. Wie steht's mit dem Aufgebot, Ehestandsdarlehen, Untersuchung? Ich träume öfters von Dir. Heut nicht so schön. Wir gingen zum Arzt. Er war mir so widerlich. Mich fuhr er an, und mir zum Possen sagte er, Dich untersuchend zu mir: Schreiben Sie 3, ein Zucker, TB" u. noch anderes. Ich war wild. Dann wachte ich auf. Aber Du siehst, Du bist der Mittelpunkt selbst der Träume! Geh lieber noch nicht baden, Kleine, damit Du gesund bleibst..."

Erdmut feiert ihren 24. Geburtstag im Kreis ihrer Lieben. Sie erhält von ihrem Verlobten aus der Ferne einen Brief. So richtig freuen mag sie sich nicht, was sie da liest. Der Inhalt entspricht so gar nicht ihrer Lebensauffassung, denn er wirkt nicht aufheiternd, eher bedrückend.

„Mein geliebtes Geburtstagskind!

Wenn Du heute das vergangene Jahr überschaust und ganz still bist vor Dir und Deinem Gott, so wirst Du in Demut sagen müssen: Ich bins nicht wert! Woran Du Dich bislang nicht mehr erinnern wolltest, es wird erscheinen, aber nicht mehr als Verwirrendes, sondern als Weises fürs neue Jahr, so Du still bist. Du wirst heute so ganz besonders dankbar sein für all das Geführtwerden nach Seinem Plan, für alles gründliche Beherzigen, für alle Liebe, die Dich umgab, auch wenn Du sie nicht liebtest oder verkanntest. Du sagst gewiß auch, wie alles schön und glücklich war, wenn Du liebtest von ganzem Herzen... kann ich Dir kein bedeutungsvolleres Wort mitgeben als 1. Kor. 13, 7 – 8a. Sind wir Christen der Tat, so muß uns beide täglich erneut auffordern und machen: 1. Kor. 14, 1a, sodaß man stets echt bei uns bewahrheitet findet das Pauluswort an die Philipper 2, 14 – 15. Das wünscht uns beiden so sehr Dein Johannes..."

Moralische Anweisungen fürs künftige Leben folgen, eine weitere Seite lang – das soll ein *„sonniger Brief zum 24. Geburtstag"* sein! Auf der letzten Seite geht es weiter; jetzt ist Johannes in seinem - anderen - Element:

„...Willst Du nun noch ein wenig von mir hören? Gestern, am Sonntag, machte ich mit den Jungen ein fabelhaftes Kriegsspiel mit Schleudern. Ein Nachbardorf griff uns an. Natürlich wurden wir die Sieger. Leider sprang mir ein feindliches Geschoß an die Kniescheibe, sodaß ich heute noch tüchtig Schmerzen hatte. Ich humple ein bißchen. Die vom Nachbardorf sagten: Ja, wenn wir doch auch einen solchen Lehrer hätten! - In der nächsten Woche werde ich mit meinen Kindern den Flughafen der Luftwaffe besichtigen und einen Flug bis Polkau unternehmen. Ich freu mich mit den Kindern! Ob Du später auch noch den Mut hättest, mit mir zu fliegen? Gelt ja?!..."

Das möge reichen, um sich in die Gefühlslage hinein zu versetzen, der Erdmut zu diesem Zeitpunkt ihres Lebens, den letzten Wochen ihrer Unabhängigkeit ausgeliefert war: Zusätzlich erreichte sie eine unangenehme Nachricht aus Polkau: Johannes hatte von der Kreisleitung der Partei ein Schreiben erhalten, das ihn unmissverständlich anwies, ab dem 1. Oktober das Organistenamt niederzulegen. Allenfalls drohe ein Parteiausschluss. Johannes versteigt sich immerhin zu einem bedauernden Kommentar: Das sei der verkehrteste Weg. Aber er sei getrost, weil es alles in Gottes Ratschluss liege. Erdmut tröstet ihn, bietet an, an seiner Statt zukünftig zu orgeln.

Wenige Wochen vor der Hochzeit besuchen die Brüder Gottfried und Siegfried ihren Johannes auf einer Spritztour durch Deutschland. Was sie auf ihrer Ansichtskarte Erdmut berichten, macht sie neugierig!

„Liebe Erdmut!

Aus Deiner baldigen Heimat senden wir Dir die herzlichsten Grüße. Gottfried und ich kamen gestern abend gegen ½ 10 hier an. Wir hatten uns vorher mit dem Motorrad verfahren und versäumten ungefähr 1 ½ Stunden. Es regnete aber auf ungefähr 100km ununterbrochen. Als der Regen aufhörte, erhob sich ein mächtiger Sturm. Der hinderte natürlich. Auch eine Schlauchpanne hatten wir. Als wir in Polkau landeten, hatte Johannes gerade SS-Dienst. - Nun erst seine Schule. Nach alledem, was wir gehört hatten, mußten wir darum nicht sonderlich erbaut sein. Doch wir wurden angenehm überrascht. Das Gebäude ist prima, wenn zwar nicht außen, so doch innen. Fünf hübsche Zimmer und eine geräumige

Küche. Ist doch ganz nett für den Anfang. Es wird ja noch vieles verbessert. Den Garten hat Johannes mit viel Mühe und Liebe wiederhergestellt. Eine Menge Obst hat´s drin. Nu, alles prima.

Nun sitzen wir in der Schule. Johannes arbeitet. Gottfried und ich schreiben. Morgen geht's weiter nach Essen. - Herzliche Grüße von Siegfried und Gottfried."

Im letzten Brief vor der Hochzeit schwärmt er: *„Denk Dir, in einer Woche bin ich bei Dir!! Ganz für immer und nie mehr gehe ich von Dir!"* Programmatisch schreibt er es, doch glücklicherweise kann er nicht in die Zukunft schauen. Dass die Trennung viel näher liegt als einkalkuliert, ist beiden nicht klar. Doch hätte man aus den vielen Anzeichen schon herauslesen können, dass Erdmut ihren Mann bald für viele Jahre dem existentiellen Wahnsinn opfern wird.

Man spürt regelrecht: „Dem Führer zu Ehren" heiratet das Paar am 4. August (s. Abb. 11 und 12). Erdmuts Vater lässt es sich nicht nehmen, die liebe Tochter zu trauen. Ein Auszug aus der uns erhaltenen Trau-Predigt, in gestochener Sütterlinschrift, gibt die Gedanken des sorgenden Vaters wieder:

„...Vor Gottes Angesicht sind wir hier versammelt, um seinen Segen herabzuflehen auf dies liebe Paar, das nun in seinem Namen den Bund fürs Leben schließen will. Mit Lob und Dank steht ihr heute, meine lieben Kinder, vor Gott, und auch wir, eure Eltern und Geschwister, die liebe Großmutter, eure Anverwandten, die Herzen durchwogt von mancherlei Gedanken, froher und wehmütiger, wir finden uns alle zusammen in dem Dankbekenntnis: „Dies ist der Tag, den der Herr gemacht hat, lasset uns freuen und fröhlich darinnen sein."...

Und wenn ihr nun heute diese Gemeinschaft eingeht, so hört auf die Stimme dessen, der einst in Kana die Hochzeitsfreude verklärt und geheiligt hat. Es war euer Wunsch, daß über dieser Stunde und damit über eurem Ehebunde das Wort Jesu aus dem 15. Kapitel des Johannesevangeliums, Vers 5 und 7, stehen sollte: Ich bin der Weinstock, ihr seid die Reben, wer in mir bleibt und ich in ihm, der bringt viele Frucht; denn ohne mich könnt ihr nichts tun. So ihr in mir bleibet und meine Worte in euch bleiben, werdet ihr bitten, was ihr wollt, und es wird euch widerfahren.

Weinstock und Rebe, sie gehören fest zusammen, vom Weinstock strömt in die Rebe Saft und Kraft und gibt Wachstum und Gedeihen, das ist ein selbständiger Naturvorgang. Das ist das schöne Bild für die Verbindung der gläubigen Menschenseele mit Christus. Ist das nicht auch die Erfahrung eures bisherigen Lebens? Euer bisheriges Leben! Wie freundlich hat euch der Herr in seiner Liebe und Treue geführt! Ein sonniges Kinder- und Jugendland liegt hinter euch. Ihr habt gute Schulen besuchen dürfen, habt reiche und schöne Kenntnisse erwerben dürfen. Wie viel von Gottes schöner Welt habt ihr kennen lernen dürfen, mit wieviel wertvollen Menschen Beziehungen anknüpfen dürfen. Und wenn es auch nicht fehlte an Schatten, die auf euren sonnigen Weg fielen, dunkel erst, es war nur ein Wölkchen, bald zog's vorüber. Wie habt ihr genommen Gnade um Gnade, Kraft um Kraft aus seiner Fülle!

Und nun heißt es für euren gemeinsamen Lebensweg: Bleibt in ihm… Was heißt in ihm bleiben? Wir können antworten mit dem Liede, das vor neun Jahren, mein liebes Kind, bei Deiner Konfirmation gesungen wurde: „Mit dir alles tun und alles lassen." Wenn Sein Wort eures Fußes Leuchte ist, wenn ihr Seine Hand in den euren spürt, dann strömt Seines Lebens Kraft in eure Herzen und in euer Leben und bringt Frucht. Viel Frucht, sagt der Herr… (Es folgt eine Auslegung paulinischer Verse)

Ihr Lieben gehört nun zusammen, jeder mit eigenem, stark ausgeprägtem Willen. Denkt daran, daß bei euch die Frucht der Geduld reifen soll. Wo sie aber da ist, dann ist sie auch selbstverständlich umgeben von den Früchten Freundlichkeit, Gütigkeit, Sanftmut. Euer Heim wird das Dorfschulhaus sein, auf das die Leute sehen, möchte über ihm ein Hauch edler Reinheit ausgebreitet sein, es gibt so viele Häuser, wo die Unreinheit wohnt.

Und dann die Verheißung: Was ihr bitten werdet, wird euch widerfahren. Ich weiß, daß ihr euren Tageslauf beginnt unter seinen Augen und ihn beschließt vor seinem Angesicht, daß euch das Gebet ist das Atemholen der Seele: Was ihr bitten werdet, es wird euch widerfahren. Ganz gewiß nicht immer so, wie ihr es euch dachtet und erwartetet; aber immer wie es euch heilsam ist.

Die Zukunft liegt licht und freundlich vor euch. Ihr dürft erst in Gottes schöne Bergwelt fahren, dann grüßt euch das eigene Heim, das es nun gilt auszustatten und wohnlich zu machen. Aber dann kommen unbe-

kannte Wege, unbeantwortete Fragen. Er, der euch vorangeht, der Dritte in eurem Bunde, will sie euch ebnen, euch beantworten. Darum getrost, mag Leid euch bedrücken, mag Freude euch beglücken, den Kindern Gottes muß alles zum Besten dienen. Licht aus dem oberen Heiligtum fällt auf euren Pfad.

So zieht, meine lieben Kinder, in Frieden eure Pfade mit euch des großen Gottes Gnade und seiner heilgen Macht. Kann euch Jesu Hände schirmen, geht's unter Sonnenschein und Stürmen getrost und froh bei Tag und Kraft.

Amen."

Eine wahrhaft programmatische Rede, die Pfarrer Alexander Klinkert dort gehalten hat. Nur ein Jahr später starb er vergleichsweise früh. Während einer Dienstreise brach er auf einem Bahnsteig zusammen. Jede Hilfe kam zu spät. Wahrscheinlich fiel er einem Herzinfarkt zum Opfer. Das Pfarrhaus in Alt-Strunz musste geräumt werden, und der Rest der Familie Klinkert zog westwärts, zurück zu den Wurzeln – nach Herrnhut.-

Eine Woche lang genoss das junge Paar die Gastronomie und Hotellerie in ihnen völlig unbekannter Alpenromantik in Ruhpolding (s. Abb. 13). Dann aber musste der Hausstand gepackt werden. Erdmut zog zu ihrem Mann, in eine neue, ungewisse Zukunft. Zu diesem Zeitpunkt spürten alle Menschen in Deutschland den bevorstehenden Krieg. Am 1. September marschierten die Deutschen in Polen ein. Erdmut war ein bisschen froh, weit weg von dem Kriegsgeschehen zu leben. Jedoch hatten beide wohl verdrängt, dass der Krieg Soldaten erforderte. Feldwebel Johannes wurde nach wenigen Wochen gemeinsamen Lebens im Lehrerhaus in Polkau zur Wehrmacht eingezogen. Man stelle sich vor: Das Paar heiratet stolz im August, fährt glücklich in die Flitterwochen, zieht erwartungsfroh um – das alles bis Ende August. Und genau vier Wochen später, am 1. Oktober, wird das Eheglück auseinandergerissen: Johannes wird eingezogen. Was die beiden glücklicherweise nicht wissen: Ein Eheleben, das ersehnte Familienleben wird es für die nächsten dreizehn Jahre nicht mehr geben!

Was den beiden als ein Unglück widerfährt, bietet mir als Chronisten einen Vorteil: Man verkehrt schriftlich; und diese Korrespondenz ist der Nachwelt in weiten Zügen erhalten. Wenn die beiden zusammen gelebt hätten, wären die meisten Ereignisse sicher nicht schriftlich festgehalten worden.

Johannes wird der Garnison in Zerbst zugewiesen, er tut dort als Feldwebel seinen Dienst. Als Jungvermählter hat man für ihn eine Dienststelle auserkoren, die noch für den Ehepartner zu Besuchszwecken erreichbar ist.

Oh, der arme Johannes! Er muss sich erst einmal an die mangelnde Privatsphäre im Mehrbettzimmer gewöhnen. Der ständige Drill ermüdet, und nicht alle Kameraden sind auf seiner Wellenlänge – das wird er noch schmerzlich erfahren!

Derweil haust Erdmut im wildfremden Polkau, unter Bauersleuten. Mühsam erarbeitet sie sich einen Bekanntenkreis; zumeist hat der Junglehrer sie in den vergangenen Wochen dort noch eingeführt, den wichtigen Menschen vorgestellt.

Wie glücklich sind sie beide, als Johannes nach ein paar Wochen Eheurlaub erhält, für ein Wochenende. In der euphorischen Stimmung des Gatten – immerhin wohnt jetzt seine Frau in Polkau, in seinem Lehrerhaus; der Vaterlandskrieg mit herrlichen Triumphen liegt vor ihm, bietet vielerlei Möglichkeiten, seine Tapferkeit zu beweisen, sich auszuzeichnen – wird wahrscheinlich in diesen Tagen mein ältester Bruder Volker gezeugt. Denn anschließend setzt es erst einmal Urlaubssperre. Die Heeresleitung muss die momentane Eroberungslage sorgsam einordnen. Immerhin haben sich ja Frankreich und England mit dem überfallenen Polen solidarisch erklärt; es droht eine Eskalation; da müssen trainierte Soldaten bereit gehalten werden. Inzwischen wird Johannes als Offizier vom Dienst eingesetzt, streift nachts als Militärpolizist durch die Spelunken von Zerbst, um Kameraden, die sich schlecht benehmen, festzunehmen. Jetzt verfügt er über einen Burschen, den Debberkau, der ihm die Stiefel putzt und auch sonst assistiert. Die Typhusimpfung, die in die Brust verabreicht wird, schmerzt gehörig. Es folgen mehrere Pockenimpfungen. Die Führung sieht schon darauf, ihre Soldaten vor Infektionen zu bewahren. Intensive

Schießübungen im Feld, die vielen Bataillonsübungen gefallen Johannes besonders gut, wie er seiner Frau gegenüber schwärmt. Mitte Oktober kehrt das glorreiche 33. Regiment vom Polenfeldzug zurück. Die Garnison steht Spalier, und Johannes schreibt allen Ernstes: *„Ich möchte heulen, dass ich nicht dabei war!"*

Allmählich manifestiert sich bei den beiden Jungvermählten Heimweh, bei Johannes eher ein Heimweh zur Geborgenheit der Ehe, bei Erdmut eher eine Sehnsucht nach ihrer Familie in Niederschlesien, die geprägt ist von der beginnenden Schwangerschaft! Da fühlt sie sich noch einsamer in dieser fremden Umgebung! Außerdem drückt ein verregneter Herbst mächtig auf die Stimmung. Am 18. Oktober schreibt Johannes seiner Frau:

„Mein gutes, liebes Frauchen!

Heut nachmittag schrieb ich Dir aus einem Café. Als ich in der Kaserne war, erfuhr ich, daß wir ab morgen in Halberstadt zugeteilt wären. Der Zug geht um 7.13 Uhr morgens. - Weil die Leute in der Stube so „schweinigeln", bin ich auf einer andern. Inzwischen habe ich alle Sachen gepackt und auch die Zivilsachen abgeschickt. Debberkau putzte mir noch rührend die Stiefel und Schuhe. So sieht es jetzt aus. Manchmal muß man sich festhalten, um nicht zu verzweifeln. Und denk Dir, weil ich mich so um Urlaub bemühe, lästert selbst der Feldwebel-Pfarrer. Das ist so traurig. Man ist so wahr und aufrecht, und gemein und niedrig sind sie, die begreifen müßten. Erdmut fahr bitte nicht eher nach Hause, als bis wir uns noch einmal gesehen und gestärkt haben. Ich hoffe für 2-3 Wochen in Halberstadt zu sein. In dieser Zeit kann ich Dich oder Du mich besuchen. Auch alltags kannst Du ja kommen. Aber ich muß doch noch zu Dir u. hoffe immer noch auf Sonntag. Gelt, Erdel, Du bleibst noch ein wenig in Polkau? Angst brauchst Du noch nicht zu haben. Erdelein, ich bin zuversichtlich. Bloß ist es so unendlich schwer, Dich so allein zu wissen. Ich bin kein richtiger Soldat. So weich ist mein Herz..."

Ihn zieht es zu seiner schwangeren Frau, er sucht jede Gelegenheit zu einem Besuch. Inzwischen spielt das Thema Alkohol überhaupt keine Rolle mehr, wie folgender Brief aus Halberstadt zeigt. Er ist datiert vom 30. Oktober 1939:

„M. lb. F.! Es ist 11 Uhr und Du sollst noch einen kz. Gruß erhalten. Freust Du Dich? Ich bin ja unheimlich müde. Die Bahnfahrt bis hierher war fein. Im Abteil waren nur Flieger. Später, nach nettem Gespräch, stellte sich heraus, daß sie Fallschirmjäger waren. Es stieg noch 1 Feldw. und 2 Offz. zu. Letztere waren von meiner Kompanie in Zerbst, hatten Fronturlaub u. wußten nichts von dem Fortzug der Kameraden. Der eine, ein Förster, ein lieber Mensch, hatte viel zu berichten… Er versprach uns Neujahr den üblichen Hasen zu schicken. Nett, nicht? Der Feldw., zackige Hosen (55 RM) war Kollege. Wir hatten ein fließendes Gespräch. Ich behielt, was mir sonst nicht so liegt, die Oberhand darin. Der Abteilbelegschaft spendierte ich je 1 Apfel. Die Flieger waren bes. dankbar u. halfen mir auch in den Mantel. Kleine Freuden! - Ja, Erdel, es war so schön <u>alles</u>. Hab Dank für alles. Hoffentlich stehst Du das Alleinsein durch. Vielleicht geht's besser als Du denkst!! Du kennst meine Gedanken.

P.S.: Wie ist euch der Most noch bekommen? Schade, hätte gern noch mal angestoßen!!!"

Johannes hat inzwischen arg mit seiner Stimmung zu kämpfen. Am 6. November schreibt er:

„...Erdel, hier unter den Soldaten gibt es keinen, der seine Frau so liebt, wie ich. Es ist 8 Uhr abends u. ich sitze allein in der Stube. Die Kameraden sind alle in der Stadt, um zu trinken, der Pastor als Anstifter. Wie wird man wohl über mein Verhalten lästern!? Keiner der Verheirateten schrieb nach Haus. Andres ging vor. Trotz Müdigkeit gilt die erste besinnliche Minute meinem kleinen Frauchen da in der Ferne. Was hab ich denn auch Lieberes auf der Welt. Wer sorgt denn so für mich, wer betet so ernst u. heiß für mich, wer denkt meiner so oft u. herzlich? Nur Du, Du mein einziger Trost, Du meine Sehnsucht, die macht mich kräftig u. getrost. Alles aber wieder tut Er durch Dich! Und wir drei sind eins, unzertrennbar… "

So geht das natürlich nicht weiter. Insgeheim plant Erdmut schon jetzt ihren Umzug vor, schonend deutet sie es ihrem Mann gegenüber an. Am 14. November schreibt er ihr:

„M. kl. lb. Frau! Heut schrieb ich an Deine Eltern einen Brief. Schrieb von unserm Glück u. dem Plan, daß Du noch Ende des Monats bei ihnen bist. Du bist doch jetzt damit einverstanden, gelt? Erdel, ich

halts auch fürs Beste u. weiß, wie schwer es Dir in Polkau wird. Aber das ist´s gerade, was mir alles erleichtert, daß Du bitter schwer genug Dich von hier abwendest. Denn das ist Treue bis zum Letzten. Gott segne Dich in Deinem großen Alleinsein, kleine Frau. "

Erdmuts Mutter erwartet ihre Tochter schon mit Sehnsucht. Sie hatte mit Grausen das ungewohnte Leben ihrer Tochter in der Einsamkeit Sachsen-Anhalts verfolgt. Sie schreibt ihr am 19. November:

„...Das war so eine Freudenpost gestern. Und da will ich Dir sagen, dass ich Gertrud von Bülow zur Mitfürbitte auch Euren Fall mitteilte, sie ist ja ganz verschwiegen, und sie schrieb, dass sie es als so eine Gottesfügung ansehe, denn unser Heer brauche so nötig christliche Offiziere. Nun wollen wir sehen, wie Gott es weiter fügt... Ja, wie wird´s politisch weiter sich entwickeln? Man denkt jetzt auch, dass England einfach durch die ganzen Verhältnisse, Indien etc, bezwungen wird und klein beigeben muss ohne großen Krieg. Ach wäre das schön! Wolfgang (Erdmuts Schwager) ist jetzt k.v. Reserve eins für Pack, Aufklärung oder Nachrichten eingeschrieben worden. Aber wann sie drankommen, konnte ihnen niemand sagen. Wir haben hier immer noch den Hauptmann Käse, der weiss auch nicht, was mit ihm wird, sie lebten augenblicklich nur im Papierkrieg hier.
Und nun werden wir uns bald sehen, mein Dudelkind! Ja, wer hätte gedacht, dass es unter solchen Verhältnissen sein würde! Aber doch wollen wir danken, dass es noch so ohne Kriegsgefahr für Johannes im Augenblick ist. Aber hart ist es bestimmt für ein junges Ehepaar, das soeben erst sein Heim aufgeschlagen hat. Wir empfinden das <u>so sehr</u> mit Euch beiden Lieben. Die Heimat freut sich jetzt schon so sehr aufs Dudelkind, und die Mutti wohl am meisten. "

Anfang November muss Johannes zum Ernstfall-Training. Er reist zum Truppenübungsplatz Fallingbostel. In seinem Brief vom 3. Dezember wird er geradezu lyrisch vor Begeisterung:

„...Um 4 Uhr Wecken. Um 5.45 Uhr übernahm ich den Zug u. teilte ihn auf für 3 Kompanien. Für uns Feldwebel reservierte ich 2. Kl.! Man freute sich darüber. Gleich gehts ab von Zerbst, hoffentlich ohne hierher zurückzukehren. Es geht in die Heide, die ich unbedingt mit Dir später erleben u. bewundern möchte. Jetzt wird sie mir wenig Heiterkeit u.

Freude spenden können. Trostlos mag sie jetzt ausschauen. Aber das nur
den nassen Spätherbst hindurch. Besser wirds schon, wenn die Heide
verweht u. der Wacholder schwer sich demütig beugt unter schimmern-
den Schneewolken. - Wenn ich nur Weihnachten bei Dir sein könnte.
Alles wollte ich tun. Aber ich bin jetzt Soldat und werde gebraucht. Muß
viel und gern an Dich denken. Das tut wohl und ist so schön. Leb wohl,
der Zug fährt gleich ab. Nur Dir noch den letzten Gruß aus Zerbst. Dein
Hannes."

Nun ist die Zeit gekommen, wo die Soldaten auf den Krieg
vorbereitet werden. Tapferkeit, Heldenmut und Opferbereitschaft
sind gefragt. Die Frauen daheim müssen den Männern die Rücken
freihalten, sie lieben und ständig ihrer mit Bewunderung gedenken. Wenn Erdmut nicht spurt und alle Tage schreibt, kann er
schon mal etwas garstig reagieren:

„...Ach, wie gar sehnsuchtsvoll schaue ich am Abend dieses Tages
nach einem Gruß von Dir aus. Viele grüßten mich bereits, nur ein Zei-
chen von Dir fehlte. Warum nur? Post, die am 3. Zerbst erreichte, war
heute am 6. bei mir. 4 Tage also braucht die Post von Schlesien nach hier.
Dein letzter Brief datiert vom 30.11.39. Sechs Tage ohne Post von der
geliebten Frau, wer könnte das so gleichgültig ertragen? Ich kann mir
doch nicht vorstellen, daß Du erst auf die neue Anschrift wartest, anstatt
gleich die alte Adresse zu benutzen. Oder hast Du nicht die Zeit? Erdel,
ich schrieb Dir doch so oft. Und ich brauche jetzt Deine Briefe so, auch
wenn Du´s nicht verstehst. Ich hänge an ihnen u. finde in ihnen Deine
Gedanken, Deine Schriftzüge, Deine Liebe u. Mühe sichtbar gemacht u.
spüre fast Deinen Hauch, der beim Schreiben über dem Bogen gelegen
hat. Bitte, bitte schreib doch oft u. hilf damit mir das Leben hier leichter
zu gestalten. Ob ich wohl morgen Post erhalte? Ach ich glaubte täglich
daran u. der Glaube wurde jedesmal zuschanden... Du hast nicht daran
gedacht, daß ich so unter diesem leide..."

Zunehmend leidet er unter Nahrungsmangel. Das überrascht mich, wenn ich mir ein kriegsgieriges Heer vorstelle. Da
müsste doch zuerst einmal der Magen gefüllt sein. Johannes schielt
voller Neid auf die Kameraden, die im Zivilleben Bauernsöhne
sind und von zu Hause mit jeder Menge Proviant versorgt werden.

Ihm bleibt dann manchmal nur ein trockenes Stück Brot für den Abend.

Verzweiflung erfüllt Johannes, wenn er an seine Stellung als Lehrer zurück denkt. Wann wird er wohl noch einmal sein trautes Heim wiedersehen, jetzt, wo seine Frau Polkau den Rücken kehrt. Inständig bittet er sie, regelmäßig in Polkau nach dem rechten zu sehen, den Garten zu pflegen, Kontakt zu den Menschen dort zu halten. Er hätte es vorgezogen, wenn seine Frau in der Fremde ausgeharrt hätte – allein, nur ihm, dem Oberhaupt verbunden, der doch so präzise Vorstellungen hat, sie nach seinem Bilde zu formen...

Kritisch wird die Situation in der Weihnachtszeit 1939. Immer wieder bearbeitet er den Kompaniechef, wenigstens übers Jahresende seine Frau besuchen zu dürfen. Aber die höheren Militärkreise lassen sich nicht in die Karten schauen. Immerhin erhalten alle Soldaten Geschenkpakete von der SS, die mit Likör, Wurst, Pfeffernüssen und Rauchwaren gefüllt sind.

Die Weihnachtsfeier in der Kaserne gestaltet Johannes mit. Er hätte sie gern ein wenig christlicher, aber die Grundstimmung in der Kompanie führt in eine naheliegendere Richtung. Im Brief an seine Frau, die Pfarrerstochter, führt er den grundlegenden Konflikt mit dem „neuen" System aus:

„...Gestern nachmittag fuhr ich zur Christnacht nach Meinerdingen. Allein! Zu schön in diesem alten Kirchlein... Trotz Regen erreichte ich dann wohlbehalten auf glitschigen Waldwegen im Dunkeln die Baracken. Schon um 6 Uhr begann die Weihnachtsfeier, die ich angeordnet hatte. Ein Mundharmoniker spielte zuerst: Am Weihnachtsbaum dann sprach Kamerad Lange etwa 15 Minuten. Ich bat ihn, unter allen Umständen ein klares Zeugnis zu bringen mit allem Ernst der Verantwortung. Es war wirklich gepredigtes Christentum, auch wenn er eine Verbindung zur Frontweihnacht von 1918 unterließ. Letzteres bedauerte ich. Alles sang darauf: Stille Nacht...! Sehr fein und sinnig. Dann kam eine „Taufe". Die Weinflaschen wurden entkorkt und der Leutnant hielt eine etwas unbedarfte Ansprache (der Stellvertreter des Kompanie-Chefs!), die mit einem Trunk auf Volk und Führer auslief. Sie leitete zu dem 2. Teil über. Es folgte das Vorlesen der Weihnachtszeitung, deren Inhalt durchaus geistvoll anzusprechen ist. Dazwischen tobte die Kapelle. Da wir laut Befehl von 18

– 23 Uhr bereit sein sollten, kannst du Dir etwa denken, welch gräuliche Formen der Abend fand. Nie wurde wohl so viel Alkohol getrunken als gestern. Von <u>Weih</u>nacht keine Spur. Alles echte Besinnliche verweht durch Glas und Inhalt. Um 10 Uhr bat ich den Leutnant Schluß zu machen. Ein Umzug beschloß das Ganze. Daß bereits um 10 Uhr 6 Mann einen Uffz. in meine Stube reingetragen brachten, unfähig auch nur zu lallen, daß ich wachte u. die Nacht nicht schlafen konnte, daß noch um 3 Uhr die Leute soffen u. kotzten, das sind typische Schreckensbilder für Welt u. Sünde u. Finsternis. - Über eins bin ich glücklich. Jeder in der Kompanie weiß, daß ich ein Christ bin. Erst seit <u>heute</u>! Wie das kam, erzähle ich Dir. Es hängt mit einem Uffz. von der Ordensburg zusammen, der mich Leutnant Klerer melden will, weil ich Kamerad Lange zu einer deutschen Weihnacht hab sprechen lassen. Ich könnte kein Nationalsozialist sein, wie es jeder Christ nicht sein kann. Die Mehrzahl der Kompanie hätte an dem 1. Teil Anstoß genommen. Christentum wäre überlebt! - Eine Anfrage an den Stuben erbrachte: Entrüstung in wütender Form, und niemand hätte im Geringsten etwas an der Feier zu beanstanden gehabt. Man riete ihm, dem Unkameradschaftlichsten, das nächste Mal sein Julfest für sich zu begehen!…"

Wie froh ist Johannes, als er schließlich die Erlaubnis erhält, seine Familie übers Jahresende in Niederschlesien zu besuchen. Selbstverständlich existieren von dieser glücklichen Zeit, etwa einer Woche, keine Briefe; denn man redete miteinander, genoss zusammen. Manchmal bin ich geneigt zu denken, dass diese kurze Phase gemeinsamen Lebens zum glücklichsten gehört, was das Ehepaar Schröter in seinem ganzen Leben zustande brachte!

Abb. 12: Das Brautpaar, 1939

Abb. 13: Auf der Hochzeitsreise in die bayrischen Alpen, 1939

4. Kapitel: In froher Erwartung

Was 1940 geschah: Der Weltkrieg wütet: Der finnisch-sowjetische Winterkrieg endet im März; die UdSSR gliedert die baltischen Staaten ein; am 9. April besetzt Deutschland Dänemark und bis Juni auch Norwegen („Weserübung"); im Westen wird bis Juni das halbe Frankreich besetzt; die deutsche Luftwaffe verliert die Luftschlacht um England; der Dreimächtepakt zwischen Deutschland, Japan und Italien wird abgeschlossen - ein Beitritt der UdSSR wird offen gehalten; Italien fällt in Nordafrika und im Balkan ein.

Die Kapitelüberschrift wirkt ein wenig sarkastisch. So ist sie aber nicht gemeint; denn Erdmut lebte der Geburt ihres ersten Kindes entgegen. Und ihr Mann erwartete den Marschbefehl in unbekannte Weltgegenden. Zunächst einmal wird Johannes gleich zu Beginn des Jahres in den Norden verlegt. Der Truppenübungsplatz Fallingbostel eignet sich gut zum Schießtraining der Artillerie. Hier bleibt er auf Abruf. Ein Kamerad verschafft ihm eine neue Pistole, für 42,50 RM. Ganz stolz berichtet er seiner Frau davon. Sie antwortet ihm:

„...Ich freue mich mit Dir über Deine Pistole, weil ich eine Soldatenfrau bin. Ruth würde sich vielleicht schütteln beim Anblick dieses Mordinstruments. Aber ich glaube, bissel Angst und unheimliches Gefühl werde ich auch haben, wenn Du sie mir einmal in die Hand geben wirst und ich damit schießen soll. Cord-Berend interessiert sich ja mächtig dafür. Er studiert eingehend den Katalog und sagte zur Pistole: Ein prima Ding!..."

Geheimnisvolles geht vor im Hause Klinkert. Was niemand glauben wollte, das geschieht tatsächlich: Die jüngere Schwester Maya verliebt sich beim Studieren, sogar in einen jungen Pfarrer. Und wenn sie erst einmal verheiratet ist, dann braucht sie ja auch nicht weiter zu studieren. Das soll alles noch geheim gehalten werden. Zum Glück ahnt noch niemand, dass dieses junge Glück, mit einer Tochter gesegnet, nur wenige Jahre dauern wird. Mayas Mann wird nie mehr aus dem Krieg heimkehren, fällt wahrscheinlich an der russischen Front.

Der Winter ist überaus hart; lange zieht sich ein strenger Frost bis in den Januar hinein. Die Hühner im Stall müssen ständig mit warmem Wasser und warmem Futter versorgt werden, letzte Woche ist sogar eine Henne erfroren. Man spricht davon, noch nie eine so lang anhaltende Kälte erlebt zu haben. Bei einem Außeneinsatz erfriert sich Johannes sogar die Nase, eine ernsthafte Verletzung!

Zusätzlich verspüren die Menschen schon jetzt erste Kriegsfolgen. Kohlen werden knapp, die Zuteilungen gekürzt. Vieles wird rationiert, manches ist gar nicht mehr erhältlich. Mir bleibt völlig unklar, wie die Menschen angesichts solcher Aussichten noch so enthusiastisch über den Krieg denken konnten.

Erdmut fühlt sich auch noch gedrängt, ihrem Mann zu erklären, warum sie nicht in Polkau bleiben mochte, sondern zu ihrer Familie zurückkehrte. Sie rechtfertigt sich im Januar:

„...Ich glaube nicht, daß Du mich sonntäglich besuchen könntest, wenn ich in Polkau wäre. Von Polkau bis Fallingbostel ist doch auch kein Katzensprung. Und Liebling, wenn Du Dich in meine jetzige Lage versetzen könntest, würdest Du verstehen, daß ich froh bin, nicht die ganze lange Woche allein in Polkau zu sitzen und dann jeden Sonntag Abend auf's Neue bitterschweren Abschied zu nehmen, und dann wieder keinen Menschen zu haben, dem man mal etwas anvertrauen kann und Du bist dann wieder so fern. Es ist vielleicht egoistisch von mir, aber mein Lieb, ich hoffe, Du verstehst mich einfach darin. Und wenn Du es mir auch nie vergessen wirst, daß ich aus Liebe zu Dir noch einige Zeit in Polkau aushielt, so rechne es mir auch nicht zu tief an, daß ich scheinbar auf die Dauer dieser großen Einsamkeit auswich. - Ja, was noch werden wird, ich weiß es nicht, es ist mir alles so problematisch, so daß ich lieber erst gar nicht an die Zukunft denke..."

Im Februar 1940 klagt sie zu verschiedenen Anlässen ihrem Mann gegenüber:

„...Mit Marmelade sind wir augenblicklich sehr knapp. Bisher bekommen wir immer noch Rübensaft ohne Scheine, das hört nun auch auf. Dann gibt´s z.B. auch nirgends Hautkreme mehr zu kaufen. Wie glücklich bin ich über das Glyzerin, das Schwester Maria mir aus Glogau mitbrachte. Überall merkt man noch den Mangel sonst. Ich möchte nur wissen, ob wir für unser Babylein noch einmal genügend Wäsche und Windeln bekommen. Mutti hat alles nur irgendmögliche in Gnadenfrei erstanden, worüber ich natürlich glücklich bin. Aber bis jetzt haben wir noch nirgends ein Hemdchen bekommen. Ruth will so freundlich sein, und mir dann aus ihrem Bestand aushelfen...

...Ich habe solches Verlangen nach Obst. Und weder in Glogau noch in Schlawa gibt´s welches zu kaufen. Ruth schickte mir heute 2 Apfelsinen, denn erstaunlicherweise gibt´s in Gnadenfrei ab und zu mal welche zu kaufen...Mir fehlt das oft so für meine Verdauung, etwas hilft mir ja die Tasse Buttermilch, die ich abends trinke und lauwarmes Wasser am Morgen. Letzteres ist zwar das reinste Brechmittel..."

Eine fast tragisch zu nennende Episode widerfährt meinen Eltern zu Beginn des Jahres 1940. Der jüngere Bruder Gerhard schreibt an Johannes. Er fährt zur See, leidet aber unter den harten Arbeitsbedingungen auf dem Kohledampfer. Ihn plagt ein moralisches Problem; er hofft, sein seelisch gefestigter älterer Bruder kann ihm helfen:

„...Am 27. fuhr ich wieder an Bord zurück, mußte von Berlin bis Cuxhaven stehen, und am nächsten Morgen liefen wir wieder aus. Silvester verlebten wir in schwerer See, sodaß viele seekrank ins neue Jahr fuhren. Jetzt haben wir für einige Tage Ruhe und darum werde ich in nächster Zeit zu Hanna nach Heidelberg fahren. -

Lieber Johannes, ich möchte mich mal zu Dir ausreden, denn Du wirst mich verstehen und ich habe Vertrauen zu Dir. Hier, unter all den Matrosen, die meisten früher schon zur See gefahren sind, steht man in der Gefahr, leicht zu verkommen. Und leider spielt hier das Mädchen eine große Rolle. Du wirst ja dasselbe auch erlebt haben und immer wieder erleben, aber ich glaube, daß das hier bei der Marine noch schlimmer ist, als irgendwo. Auch bei mir spielt eben das Problem „Mädchen" eine große Rolle und ich fürchte, daß ich daran einmal scheitern könnte. Solange ich zur Schule ging, war das Mädchen für mich etwas hohes, Unantastbares,

aber das hat sich seitdem geändert, daß ich vor kaum einem Mädchen noch
Achtung haben kann. Zuerst wollte ich das, was alles darüber erzählt
wurde, nicht glauben, bis ich das alles mit eigenen Augen sehen mußte.
Bei mir ist es eben so, daß ich ein Mädchen haben muß, an das ich denken
kann und auf das ich mich verlassen kann. Besonders jetzt, wo man immer
in See ist, sehnt man sich danach, und wenn man dann wieder an Land
kommt, sieht man natürlich drauf. So kam ich von einem Mädel zum an-
dern und auch ich hatte öfters Schuld daran, wenn es … kam. Ist man,
wenn man ein Mädchen geküßt hat, diesem gegenüber schon verpflichtet,
oder ist man ihr sogar schon damit zu weit gegangen? Ich weiß tatsächlich
nicht mehr, womit ich zu rechnen habe. Ich habe Dir allerlei zu sagen, und
Du möchtest mir die Fragen nicht übelnehmen, denn ich komme allein
tatsächlich nicht mehr klar! Gibt es tatsächlich die „große Liebe", ohne mit
dem Mädchen in geschlechtlichen Verkehr zu treten, oder kann man
<u>dadurch</u> nur ein Mädchen halten?…"

Johannes berät seinen Bruder, indem er eine ordentliche Mo-
ralkeule schwingt, ihm vorehelichen Geschlechtsverkehr, Alkohol-
und Tabakkonsum als Sünden schildert, ihn beschwört, den vielen
guten Beispielen nachzueifern, die um ihn herum vorgelebt werden. Darauf antwortet ihm der zerknirschte Gerhard einen Monat
später im Februar:

…Aber obwohl ich weiß, daß Du recht hast, kann ich doch nicht
den Weg einschlagen, den Du gegangen bist. Ich kann nicht an Christus
glauben, und das ist der Unterschied zwischen uns beiden. Ich verlor da-
mals den Glauben, als ich auf dem Kohlendampfer fahren mußte und es
mir, obwohl ich betete, immer schlimmer ging. Ich stand oft vor dem Zu-
sammenbruch und wußte nicht mehr was ich tun sollte. Da sagte ich mir,
ich muß mich auf mich selbst verlassen, denn beten hilft nicht mehr. Von
da ab ging es mir langsam besser, ich gewöhnte mich an die Arbeit und
fühlte mich ganz wohl an Bord.
Auf See, wo man soviel Zeit zum Nachdenken hat, tauchen auch
immer wieder Glaubensfragen auf, aber zu Christus konnte ich nicht mehr
zurückfinden, ich habe ihn ja nie fest gehabt. Ich weiß, ihr werdet mich
wieder zurückbringen wollen, aber ich werde nicht können, ich kann ja
nicht glauben! Du darfst aber deshalb nicht denken, daß ich schlecht bin.

Hier haben wir viel Arbeit. Dadurch vergeht die Zeit schnell, und das ist gut so. Bald werden wir wieder zur See fahren, und dann ist die Reifezeit vorbei. Aber wir sind ja zum Kämpfen da, nicht zum Ausruhn.

Ich danke Dir nochmals, daß Du mir geschrieben hast. Ich wünsche dir alles Gute und grüße Dich herzlich

Dein Bruder Gerhard"

Sogar an seine Schwägerin Erdmut denkt Gerhard und schreibt ihr ganz offen. Erdmut berichtet ihrem Mann davon:

„...Von Gerhard bekam ich übrigens einen sehr lieben Brief. Er hat jetzt wahrscheinlich noch Urlaub, den letzten für lange Zeit, den er in Heidelberg verbringen will. - Zum Schluß wünschte er mir noch von Herzen, daß Du gesund wieder heimkehrst. Denn das ist doch das Wichtigste, daß die Verheirateten und im Beruf stehenden Männer den Krieg überleben, schreibt er. Was klingt da alles aus diesen Zeilen! Da kommen einem die Tränen, wenn man diese Worte eines so jungen Menschen liest. Er ist so ernst geworden, dieser früher stets so humorvolle Junge. Er ist ein richtiger Fatalist geworden, so ganz anders, als Du jemals, auch im ärgsten Kugelregen, sein würdest. Um den Gerhard könnte man direkt Angst haben, während ich in dieser Hinsicht um Dich nie etwas fürchten werde, weil ich weiß, auch in der größten Lebensgefahr bleibst Du derselbe, bleibst Dir treu, stets mit einem bejahenden Glauben an das Leben hier und einst. Das ist mein unerschütterlicher Glaube von Dir und an Dich und der kann mir stets in Gedanken an Dich Trost geben..."

Als Johannes dann 1946 in der Gefangenschaft dahin vegetiert, von seiner Familie getrennt, schreibt eben dieser Gerhard einen Brief an den örtlichen Militärkommandanten in Frankreich, in dem er sich anbietet, im Austausch mit seinem älteren Bruder die restliche Dauer seiner Gefangenschaft abzuleisten. Johannes' Familie brauche den Vater und Ehemann doch dringend in der Heimat. Leider wird sein wirklich ehrenhaftes Angebot von der Behörde nicht erhört.

Völlig unerwartet erhält Johannes eine Einladung zum Offizierskurs. Auf dem Programm stehen Reiten, Schießen, Gefechtsplanung, Verhaltensregeln. Am 24.3. ist es so weit! Freudig erregt schreibt er seiner Frau:

„...Bereits im Gelände sagte der Ltn.: „<u>Herr</u> Schröter, Sie machen ja so ein betrübtes Gesicht!" Doch ich ahnte ja gar nicht, weil ich ja alles stoisch erwartete. Dann nahm mich Leutnant Kleres beiseite u. gratulierte mir...

...Eben kam einer an mein Lager: Bitte Herrn Leutnant gratulieren zu dürfen! – Nun weiter. Mit Fieber fuhr ich dann morgens nach F., um Schulterstücke, Mütze u. Spiegel zu kaufen. 20 RM weg. Dann sollte ich mit 3 anderen nach Hannover fahren um mir Stiefel, Regenmantel, Mützen u. Uniform zu kaufen. Aber ich schaffte es nicht, so elend fühlte ich mich. Werde also die Feiertage im Bett zubringen. - Urlaub gibt's wegen der gekannten Lage nicht. Gut, daß ich erst jetzt befördert wurde. Hätte sonst gewiß nicht Dich in Polkau treffen können. Und mit Wirkung vom 1.2. befördert! Da erhalte ich noch nachgezahlt. Ich werde jetzt ein Gesuch ans Reg. richten u. mir das Gehalt eines verheirateten Leutnants zahlen lassen u. auf mein kleines Gehalt verzichten. Wir stehen uns doch besser dabei! Denn der Offizier kostet allerhand. Wenn ich dann mal bei Dir sein darf, das wird Dir großen Spaß u. Freude bereiten. Da seh ich bestimmt schneidig aus..."

Allerdings empfindet Johannes nicht nur Freude bei der Beförderung. Ihm graut vor dem erzwungenen täglichen Aufenthalt im Kasino, dem Small Talk mit den Kollegen, dem ständigen Trinken und dem fehlenden Niveau des Miteinanders!

Ende März berichtet Johannes seiner Frau, dass er sich für den April zur Zweiten Lehrerprüfung beim Schulrat in Osterburg angemeldet habe. Mir scheint dies eine Finte zu sein, um zu verschleiern, dass der Fronteinsatz unmittelbar bevorsteht. Denn schon am 5. April kündigt er seiner Frau eine drohende Postsperre an. Sie ist ganz erschüttert, ahnt, dass der Kontakt zu ihrem Ehemann schwieriger werden könnte. Wie der Historiker weiß, marschiert das Heer des Deutschen Reichs am 9. April in Dänemark ein, später auch nach Norwegen. Die „Weserübung" hat begonnen.

Erdmut plagt in dieser Zeit ihre schlechte Verfassung, ständig übergibt sie sich. Der einstige Trost ist die liebevolle Behandlung, die sie vor allem durch ihre Eltern erfährt. Vor allem ihr Vater hängt sehr an ihr, vermisst sie, wenn sie mal nicht zu Hause ist! In vorgeburtlicher Aufregung schreibt sie am 27. Februar an ihren Mann:

„...Am Sonntag kam unser Babywäschepaket aus Gnadenfrei. Ach sind die Sachen alle süß! Wie gern hätte ich doch alles so ganz allein mit Dir ausgepackt... Obgleich die „kleine" Ausstattung, inkl. Federbettchen und Kopfkissen, nicht so reichhaltig ist, wie wir sie in Friedenszeiten angeschafft hätten, so beträgt doch die Rechnung schon, falle nicht auf den Rücken, rund 70,- RM. Ich war auch ein wenig platt. Mein Lieb, Du bist nicht böse, daß unser Kind uns so viel kostet?...Da sagte Vati später: „Wir profitieren ja auch davon, daß Du hier bist". Und da ich das ein wenig bezweifelte, meinte er: „Du fehltest ja schon so die 3 Tage, in denen Du in Rädchen warst. Ich sagte es schon nach Eurer Hochzeit, daß Du mir sehr fehlen wirst." Daß mich diese väterlichen Worte ein wenig freuten, kannst du vielleicht verstehen..."

Familie Klinkert leidet darunter, dass Erdmuts älterer Bruder Manfred im Februar an die Front versetzt wird. Erdmut hofft für ihre Mutter, dass sie doch „eine echte Soldatenmutter" werden möchte. Aber Gertrud Klinkert, meiner Omi, steht eine Passionszeit bevor: In wenigen Monaten würde ihr Mann sterben, und Manfred würde Ende 1941 in Nordafrika fallen; im libyschen Tobruk ist sein Name im Kriegerdenkmal verewigt. Mayas Ehemann würde nicht mehr aus dem Krieg heimkehren. Und um das Maß voll zu machen, würde ihr letzter Sohn, Cord-Berend, 1952 an Kriegsfolgen sterben. Zurück bleiben lediglich ihre Töchter und ein paar Schwiegersöhne, darunter auch mein Vater! Kurioser Zufall: Oma Schröter verlor keinen einzigen ihrer vier Söhne und zwei Töchter durch den Krieg, alle überlebten und erreichten ein annehmbares Alter. Oma Klinkert hatte nur zwei Söhne und vier Töchter, musste aber den vorzeitigen Tod beider Söhne verkraften!

Von seinen Heldentaten schreibt der Kriegsberichterstatter Johannes in regelmäßigen Bulletins an seine Frau. Sie sind es wert, wenigstens auszugsweise gelesen zu werden. Beschreibungen der herrlichen Natur Norwegens wechseln sich mit erschreckenden Einblicken in die ideologische Verblendung eines Soldaten unter dem Hakenkreuz. Am 14. April beginnt die Norwegen-Korrespondenz. Da ist das Heer schon in das fast wehrlose Skandinavien einmarschiert.

„...Schnell noch einen ganz herzlichen Gedenkgruß Dir mein liebes Weibl in der weiten Ferne. Mir geht es ausgezeichnet. Wenn Du lange nun keine Post erhältst, sei dann ohne Sorge. Du kleine Frau, einmal gibt´s wieder ein Begegnen. Die Schlüssel gab ich zurück. Die Verpflegung wie üblich prima u. damit auch die Verdauung. Das schöne Wetter macht natürlich auch lustig..."

Brief vom 25. April: Man erkennt, dass er sich als Besatzer zunehmend wohl fühlt und sich redlich durchfuttert. Über die Dauer des Weltkriegs spekuliert er zunehmend:

„...Nun geht es morgen endgültig auf die andere Seite rüber. Die Leute, mit denen wir so nett zusammenlebten, sind tieftraurig. Aber wir sind Soldaten u. kennen Befehl u. unverzügliche Durchführung. Gestern Nacht 24 Uhr saß ich auf einer 291 m hohen Höhe am Fjord, sah die Mitternachtssonne, die winzigen Schifflein, das breite Meer. Das wird mein neuer Wirkungsort sein. - Nun geht es nur noch gegen England u. ich hoffe, daß in Kürze auch dieser Machtfaktor ausgeschaltet ist. Es wird noch Blut kosten u. ich werde vielleicht mit hinaufziehen..."

Am 30. April schwärmt er:

„...Bei herrlichstem Sonnenschein, im Kreis schneebedeckter Berge u. rauschender Wasser sende ich Dir, meinem guten Weibl in die weite weite Ferne so besonders herzliche Gedenkgrüße. Seit Beginn nahm ich an den Kämpfen hier teil. Gestern bestand ich mit Gottes Hilfe ein gefahrvolles Unternehmen. Der Tommy wird aber auf der ganzen Linie geschlagen. Seine Verluste sind sehr hoch. Ich habe den Krieg erlebt. Er ist schrecklich aber notwendig. Nein, wie gar unvernünftig ist doch der Norweger. Es hätte eine lustige Omnibusfahrt werden können. So ist es ein Vorstoßen. Ja, Erdelkind, so Gott will, werde ich Dir einst unendlich viele Eindrücke schildern. Dann wollen wir das Leben recht ausfüllen, da wir wissen, wie leicht es verloren gehen kann. Bei allem aber bin ich, trotz größter Strapazen wohlgemut u. fröhlich. Bitte, sei unbesorgt, denn das Sorgen nützt nichts. Grüß unser Liebes. Mögs ein wackerer Soldat werden! Bald ist der Krieg hier aus. Laß Dich küssen von Deinem Getreuen aus dem Land der Mitternachtssonne..."

Am 2. Mai schreibt er schon aus Andalsness in Mittelnorwegen. Immer wieder fällt er bei seinen Vorgesetzten durch eine gewisse unangepasste oder unbeherrschte Art auf. Darunter leidet er:

...Im Geschwindmarsch nach anstrengenden Gefechten bin ich endlich hier an der Küste angelangt. Das Wetter ist immer prima. Hoffentlich kann ich einige schöne Aufnahmen mit nach Haus bringen. Trotzdem ich mich bei einem Nachtgefecht wirklich eingesetzt u. den Zug nach vorn gerissen habe, hat man mir das EK versagt u. es anderen zugebilligt. Weißt Du, der Kompaniechef der neuen Kompanie kann mich nicht leiden. Ebenso nicht der Bataillonskommandeur. Na, mir solls jetzt egal sein...

Gleich geht's weiter. Wie die Hasen haben wir die Engländer getrieben. Alles haben die unerfahrenen Soldaten liegen gelassen. Golfstöcke, Schlittschuhe, Bücher, Cremes, Parfüms, auch die Unterstützung durch Flieger, die aufklärend u. vernichtend tätig waren. - Ich habe mir eine prächtige englische Maschine organisiert. Erst 300km gelaufen. Ganz prima..."

Zwei Tage später verrät er seiner Frau seine neusten Erfahrungen:

...Nach einer schönen Nachtruhe bin ich nun wieder auf verantwortlichem Posten. Ich bin ganz zuversichtlich u. glaube, daß der Krieg in Kürze ein Ende hier haben wird. Die Norweger bedauern jetzt ihr Tun u. sehen den Unfug ein. Mit meinem Englisch habe ich schon öfters aufschlußreiche Gespräche gehabt mit Gefangenen u. Zivilisten. Täglich leuchtet die Sonne über schneeweiße, schroffe Gipfel, wunderschön. Wir werden später eine Reise nach hier machen..."

Sein Brief vom 5. Mai zeigt die Zerrissenheit seines Lebens. Zärtlichkeit und der Bericht grausamer Kriegsrealität liegen nahe zusammmen:

...Heut ist Ruhetag. Da ich im Besitz einer schwarzen englischen Maschine bin, wirst Du Dir denken können, daß ich mir keine Ruhe gönne. Das Wohnen in diesem zerstörten Ort ist primitiv. Aber der Sonnenschein macht fröhlich u. glücklich. Allmählich kehren die Bewohner verängstigt aus den Bergen zurück. Die Engländer haben ihnen mächtig zugesetzt u. sie bedauern im allgemeinen ihr einstiges Vertrauen. Alle Straßen u. Brücken haben die Tommys zerstört. Allein auch diese von der

Angst diktierten Maßnahmen haben unsern Siegeszug in keiner Weise
aufhalten können. Er war beispiellos. Tief beeindruckt hat mich das Ver-
halten des Generals, der stets <u>vorn</u> war, selbst im Feuer. Ach, das will ich
Dir in unsern ersten Tagen u. Nächten alles erzählen.
Vielleicht bringe ich einen Tommy-Stahlhelm mit. Wenn man bloß
Platz hätte! Wir als Infanteristen!…"

Nur zwei Tage später wird ihm sein neu „erworbenes" Motorrad schon wieder gestohlen, eine skurrile Situation: Seine Kriegs-
beute wird ihm „unrechtmäßig" entwendet. Darüber kann er sich
bitter beklagen. Trost findet er in der Musik; immer wieder wird er
von Kollegen, aber auch von den Bauern aufgefordert, in der Kirche kleine Orgelkonzerte zu geben.

„…Vorgestern gab ich in der unzerstörten Kirche ein kleines
Abendkonzert. In dem Haus, in dem ich wohne, muß ich allabendlich auf
Klavier oder Harmonium einige Phantasien zum Besten geben. Der Ober-
ltn. bittet mich darum. Auch Kirchenlieder sind dann gewünscht. Über-
haupt gibt mir die Musik eine Entspannung u. Auftriebskraft, die mich
innerlich befreit von manchen seelischen unschönen Eindrücken. Ich ver-
gesse beim Spielen den Krieg u. die Toten völlig u. bin dann Mensch, ganz
rein u. unbeeindruckt…"

Berichte von der Westfront dringen durch. Johannes freut
sich, dass er hier oben in Sicherheit ist und nicht irgendwo in
Frankreich unter Lebensgefahr kämpfen muss. Beim Lesen der
Briefe muss Erdmut wohl ein manches Mal das Wasser im Munde
zusammen gelaufen sein. Über eine derart reichhaltige Ernährung
verfügen die Daheimgebliebenen schon lange nicht mehr!

„…Ist es nicht Seine Freundlichkeit, daß ich hier oben bin, wo im
Westen das Blutvergießen anhebt? Und ich habe mutig gekämpft u. bin
bewahrt geblieben? Ist das nicht wunderbar? Und Erdel, bald muß das
Ringen beendet sein u. eine glückliche Zeit anheben. Der Führer führt!…
Trotz des unfeinen Wetters bin ich ganz zufrieden in meinem Her-
zen. Eben tranken wir mit See-Offz. einen zackigen Bohnenkaffee u. aßen
dazu Gebäck mit Moltebeeren (hiesige Bergfrucht) u. Sahne. Getaucht in
eine nette Unterhaltungssphäre. Was wissen die jungen wirklichen Front-
toffiziere doch allerlei zu erzählen. Ach Erdel, alles wirst Du dereinst von

mir hören! Wollte Gott, ich sehe Dich wieder!...Die Sehnsucht soll mich
aber nie hart bedrängen; denn ich bin u. muß jetzt Soldat sein.
Vielleicht interessiert Dich die Speisenzusammenstellung hier.
Also am Morgen werden Milch, Spiegeleier, Fleisch, Schinken, Apfelsinen
-Johannisbeermarmelade, Käse, verschiedene Sorten Brot gelandet. Das
genügt vorläufig..."

Über die zunehmenden Spannungen mit seinem Bataillons-Kommandeur klagt er:

„...Nun bin ich Gott sein Dank verantwortlicher Ortskommandant
eines Knotenpunktes, bestimme den Dienst der Sicherungen u.führe Ver-
handlungen. Hier habe ich auch einigermaßen Ruhe u. bin weit ab vom
Schuß.- Das letzte Zusammensein mit dem Bataillons-Kommandeur war
mir unerträglich genug. Eine eigene Meinung darf niemand seiner Um-
welt aussprechen. Selbständigkeit u. Freiheit der Gedanken seiner unter-
stellten Offiziere. sind ihm furchtbar. Und da kam ich nicht mit. Ich lasse
mich nicht versklaven. Ich will Aufgaben, an denen ich wachsen kann,
will Einsatz in irgendeiner Form haben, will selbständig exponieren u.
dafür geradestehen! Ihm gefällt, wie er sich ausdrückte, mein vorlautes
Wesen nicht. Aber es ist so: Weil ich in manchem anderer Meinung bin u.
nicht gegen meine Erkenntnis „jawohl" sagen kann u. weil ich gewisse
Erfahrungen habe, fühlt er sich eingeengt u. bedrängt. Also, er glaubt
mich auf alle nur erdenkliche Art demütigen zu können. Bis ich dann um
meinen Fortgang bat. Dabei betonte er, daß ihn meine „Kinderstube" är-
gere, daß er aber Achtung vor meinen militärischen Leistungen habe. Er
versicherte mir, mich fürs E.K. vorgeschlagen zu haben, einmal, weil ich
als einziger den Fluß im Nebel durchschwamm u. weil ich einen anstren-
genden Feuer-Kampf auf der Höhe geführt hatte..."

Am 19. Mai - inzwischen hat seine Truppe Trondheim erreicht - schildert er in glühender Sprache die Schönheit des von ihm
eroberten Landes. Aber er analysiert auch die Bevölkerung, den
Freiheitsdrang der Norweger:

„...Es ist eine schöne Zeit mit blauem Himmel u. kurzen Nächten.
Finster wirds hier nie. Um 24 Uhr beginnt das Morgenrot im Norden.
Um 11 Uhr kann man noch lesen. Durch die im Sommer veränderte Ach-
senstellung der Erde bleibt die Sonne so lange am Himmel u. verschwin-

det nur ein wenig unter dem Horizont, um gleich wieder aufzutauchen. Vor 1 Jahr hätte ich nicht an einen derart unfreiwillig-freiwilligen Aufenthalt hier oben gedacht. Aber, es ist ein schönes Land mit den entzückenden Tälern u. schneebedeckten Gipfeln im Sonnenschein, mit den typischen Einzelgehöften alle in Holz ausgelegt, sauber in schönen Farben. Meist sind die Häuser dunkelrot angestrichen mit weißen Fensterrahmen. Riesige Mengen Wald gehören dazu u. nur wenig Ackerland u. Weide. Ein wohlhabendes Land mit fabelhaften Wagen meist amerikanischer Herkunft. Allmählich geht den Leuten ein Licht über England auf. Die jüngsten, kraftlosesten Soldaten waren gerade für Norwegen gut genug. Sie können es schwer vergessen, daß die Engländer all die schönen neuen Brücken gesprengt haben. Dennoch sind sie sehr zurückhaltend u. haben größte Sorge um ihre Freiheit. Eigentlich aber verstehe ich mich gut mit ihnen…

Gestern entfernte ich 2 Blindgänger bei einem 8 km entfernten Gehöft. Der Frau stand die Angst noch auf der Stirn geschrieben, trotzdem der Bombenangriff am 29.4. stattfand. Sie lud mich dann zu 6 Glas Milch ein. Übrigens trinke ich täglich 1 l Milch. Gestern streunte ich noch 2 Stunden am benachbarten Hang herum. Ich hatte so seltsame Vögel entdeckt, die ich erlegen wollte. Leider ohne Ergebnis. Dafür schoß ich eben eine Elster, die von unserm Koch nun angerichtet wird. Anbei einige Federn. Traf sie auf 100m Entfernung. Ein guter Schuß. -

Im Westen sind die Erfolge grandios. 1940 das Jahr der Entscheidung! Wenn wir gebraucht werden, dann wollen wir wacker mithelfen am großen Endsieg!…"

Der Abschuss der Elster bleibt nicht ohne Folgen. Der Spaß wird dem Kommandeur gemeldet. Eine Disziplinarstrafe folgt. Johannes erhält – welche eine Blamage – fünf Tage Stubenarrest aufgebrummt. Am 5. Juni wird er seine „Haft" antreten.

„…Diese Zeit der Ruhe, der ungerechten Ruhe, ist mir zur Hölle geworden. Keine Aufgaben, keine Verantwortung, nur Versklavung, unfrei, wie nie zuvor. Wenn ich aus dem Batl. heraus könnte, nach Narvik, den Braven dort helfen oder an die Westfront, ich wäre von Herzen dankbar. Gewiß, die Jungen meiner Kompanie möchte ich nicht missen. Ich fühle mich bei den Soldaten so wohl. Jetzt soll ich eine disziplinarische Bestrafung erhalten, weil ich vorgestern auf eine Wildente mit meiner

Privatpistole geschossen habe. Wärs ein anderer gewesen, er hätte sich an der Jagdfreude gestärkt. So aber war es Schröter mit der nicht guten Kinderstube!..."

Zu Beginn des Monats wird er in Gefechte verwickelt. Nun erhält er endlich sein lang ersehntes Eisernes Kreuz II. In der Folge treffen Glückwünsche aus der Heimat ein. Die Verwandten und Freunde sind stolz auf ihren Johannes.

„...Gegen ¾ 1 weckt mich 1 Unteroffizier. Der Kompaniechef befiehlt, sofort die Leute zum Einsatz zu wecken. Um 1Uhr geht die Fahrt mit Maschinengewehren zur Schärenküste. Eine Gruppe wird noch unterwegs aufgeladen. Der einzige Weg an der Meeresküste ist eng u. holprig, die Fahrt mit dem Zivil-Lastwagen schnell u. gefährlich mit diesem elenden Bretteraufbau. Auf dem Rückweg an einer Kurve hätte es die schläfrige Gesellschaft fast erwischt. 5 Mann fielen runter u. stießen gräßliche Verwünschungen aus. Ging noch mal gut aus. Warum nur waren wir unterwegs? Ein Unteroffizier auf einer weit vorgeschobenen Sicherung hatte beobachtet, daß in etwa 10 km Entfernung mit Leuchtspur geschossen wurde. Außerdem habe er Detonationen gehört. Deshalb also mußten wir starten. Ich war geladen. Als wir dann aber auf der Rückfahrt waren, versöhnte mich das wunderbare Morgenrot. Das war gegen 3 Uhr. Die Küste ist ja so gut gesichert, sodaß der Tommy einen Angriff garnicht wagen kann. Nur keine falsche Hast, sage ich immer.

- Inzwischen hat sich folgendes ergeben: Der Engländer hat in der letzten Nacht Minen gelegt. Ein Transport, gesichert auch durch Minensuchboote ist dabei mit ihnen in Berührung gekommen. 3 Minen wurden durchgeschnitten u. mit Leuchtspurmunition zum Sinken gebracht...

Gestern wurde einem Uffz. meines Zuges ein Granatsplitter von der Größe eines 5 Pf-Stückes aus der Backe geholt. Er wurde neben mir bei Otta verwundet. Warum? Weil er zurücklief. Denk Dir, ich hatte dort nicht mal einen Stahlhelm auf dem Kopf. Viele Tote hüben u. drüben hab ich gesehen, schrecklich Verstümmelte u. friedlich Entschlafene, Jammernde u. Gefaßte u. Ergebene. Ein kräftiger Uffz., der am Ufer während meines Hinüberschwimmens stand, wurde durch Bauch- und Oberschenkelschuß schwer verletzt u. starb kurz darauf..."

In den nächsten Tagen kümmert sich Johannes um den Ausbau der Verteidigungsanlagen am Trondheimfjord. Allerdings kommt er nicht umhin, seinen Stubenarrest abzusitzen.

„...Heute suchten wir Stellungen für Maschinengewehre am Hang aus, die bei Alarm besetzt werden. Alles, was Du jetzt hörst u. später, bezieht sich auf meinen Zug. Dann legten wir Widerstandslinien fest u. kümmerten uns um Deckung vor Fliegerangriffen. Allein, ich kann mir nicht denken, daß der Tommy, einst so unrühmlich bei Otta u. Andalsness auf die Finger geschlagen, es noch einmal riskiert zumal wir in der Abwehr wären u. er schon beim Landen unheimlich mit Feuer bedeckt würde. Aber immer Vorsicht. Besser als Nachsicht! Ein prima Hoheitsabzeichen legten die Landser aus Quarzsteinen aus, riesengroß! Daneben ein E.K. und 1 Wappen schwarz-weiß-rot. Jeden Tag kommt ein Boot mit Post u. Verpflegung. Sonst sind wir von der Welt abgeschnitten.

Ehe ich mich auf meine „fünftägige Reise" begebe, möchte ich Dich noch einmal herzlich grüßen. Heute Abend geht's mit dem Schiff auf die andere Seite, um dort eine gewisse Zeit auszukommen. Da will ich dann viel schreiben u. wenn möglich einen gewissen Bericht zusammenstellen. Jedenfalls empfinde ich diese Sitzungszeit nicht als Strafe, werde auch davon moralisch nicht im positiven Sinn berührt. Meine Jungens stehen genauso zu mir wie bisher! Glaub mir, das macht nur hart u. kriegerisch..."

Der Stubenarrest beginnt! Die Engländer haben Norwegen inzwischen aufgegeben, weil sie sich der Westfront zuwenden müssen. Die deutsche Wehrmacht kann ganz ohne Gegenwehr den Norden des Landes besetzen. Irrtümlicherweise glaubt die Führung und damit auch Johannes, dass die deutsche Tapferkeit den Ausschlag gegeben hätte. Dabei erliegen sie einem Irrtum: Die deutsche Marine war ganz fürchterlich in Narvik besiegt worden, hatte viele Kriegsschiffe verloren! Das wurde vor der Infanterie verheimlicht. Die Fehleinschätzung deutet sich in der Korrespondenz an. Johannes schreibt am 10. Juni:

„...Eben kommen die beiden Kreuzer Scharnhorst u. Gneisenau siegreich hier vorbei. Sie hatten den letzten Flugzeugträger bei Narvik versenkt. Heil den Braven!... (Die beiden Schlachtschiffe werden 1942 und 1943 von den Briten versenkt!)

Über Narvik weht nun die deutsche Kriegsflagge! Was werden die
Braven dort aufatmen. Damit ist ganz Norwegen in unserer Hand, grad 2
Monate nach der Besetzung. Und welch Riesenland, mit den günstigsten
u. natürlichsten Verteidigungsanlagen der Welt! - Nun wäre es möglich,
daß wir bald von Norwegen zurückgenommen werden, um im Westen
Verwendung zu finden. Man wird eine kleine Besatzungstruppe zurück-
lassen. Damit wäre Aussicht auf eine hochsommerliche Begegnung gege-
ben. Anbei englisches Geld, das ich erbeutete..."

Und am 12. Juni schildert er einen Angriff der Engländer:

"... Gestern war nun der Bombenangriff auf Trondheim. Schade,
daß ich nicht dabei war. Ja, da kommen sie wieder mal an die falsche Ad-
resse. 3 wurden von unsern schnellen Jägern abgeknallt. Entweder sind
die Engländer saudumm oder aber sie trinken zuviel. Warum kommen sie
nicht zu uns? Hier wär noch was zu erben! - Diese Nacht wachte ich
durch Geschützdonner auf. Ein 21cm Geschütz feuerte auf ein vorbeifah-
rendes Schiff. Alle Schiffe haben sich nämlich erst hier zu melden. Vor dem
Fjord-Eingang liegen 6 britische U-Boote. Inzwischen ist der bedeutungs-
volle Wehrmachtsbericht eingetroffen. 20Km vor Paris! Heil + Sieg!..."

Erdmut hat ihm von ihrer fortgeschrittenen Schwangerschaft
berichtet. Insbesondere macht ihr Sorgen, dass Klein-Volker sich im
Becken noch nicht gedreht hat. Das Schreckgespenst eines möglichen Kaiserschnitts droht. Das erfüllt den werdenden Vater in der
Ferne mit Sorgen. So drängt er sein Frauchen, Geld in die Hand zu
nehmen und nicht die Mühe zu scheuen, einen Arzt zu konsultie-
ren, in der Klinik Zuflucht zu suchen.

Am 22. Juni, Erdmuts Geburtstag, jubiliert Johannes:

"...Eben kam die Sondermeldung, daß Frankreich die Friedensbe-
dingungen akzeptiert hat. Und draußen singen die Landser. Ich gab ihnen
bis 24 Uhr frei zur Feier des Tages. Es ist Sonnabend. Eine schwere Wo-
che ist zu Ende. Deshalb sind sie lustig. Wie prima wir uns verstehen
trotz aller Anforderungen, die ich stelle! Ja, so verbindet der Krieg Offizie-
re u. Mannschaften. Jedenfalls meine ich das. „Gute Nacht, Herr Ltn!"
brüllten sie spontan, als ich mich verabschiedete. Ja, ich lebe wie ein klei-
ner gefürchteter, aber auch geliebter Graf... Denn ohne Befehl u. Gehor-
sam wäre die Wehrmacht kein Machtinstrument. Ihr erlebt jetzt daheim,

wie wichtig die soldatische Erziehung doch ist!… Ja, einmal sehen wir uns wieder, bald bald. Noch ist England dran! Und dann, dann sind wir so glücklich in unserm Heim in Polkau, könnts woanders noch schöner sein? …"

Nachdenklich werdend spekuliert Johannes mit einer Versetzung. Nur an der Front kann er seine Karriere fortsetzen:

„…Sieh, jetzt fällt Frankreich aus u. wir alle glauben fest, daß Ende Juli – August auch der Vorhang über den letzten Teil des Weltdramas endgültig fällt, dann wenn du eine kleine glückliche Mutti bist. - Ich schreibe das kurz vor unserm Stellungswechsel. Neben mir sitzt Oberfw. Schulz, ein Zugführer aus der alten 10. aus Zerbst, der nun meine Stelle einnimmt. Als ich meinen Soldaten ankündigte, sie bald zu verlassen, um vielleicht nach England zu kommen, da riefen sie: „Da gehen wir mit. Sonst meutern wir das erste Mal!" Das hat mich gefreut. - Ja hier kann man zu nichts mehr kommen, sich nicht auszeichnen, nicht Oberltn. werden, bei dem Kommandeur wenigstens nicht. Eine größere Luftveränderung mit verbesserten Einsatzmöglichkeiten täte wohl…"

In einem Brief am 30. Juni strotzt er nur so vor Stolz und Selbstvertrauen, schildert die Krieger-Romantik in bunten Farben:

„…Oft würdest Du meine herzhafte Kommandosprache hier hören, wenn Du hinter einem Felsen wärst. Und das Schönste: Die Jungens achten mich u. sind bei mir äußerst willig u. diszipliniert, sodaß man seine reine Freude am Dienst haben kann. Mit jedem Landser bin ich im Gespräch, lerne Schach, lasse mir erzählen. Gestern nach 23 Uhr, als ich noch einmal die Stuben durchging, sah ich über einem Bett das Bild der Liebsten. Als ich mich darüber freute, gingen bald überall die Spindtüren u. rauhe braune Männerhände zeigten mir ihre Frauen u. Kinder, Bräute u. Geliebten. Wenn auch manche nicht gerade zum Anbeißen aussahen, so hatte ich für jeden eine Freundlichkeit u. anerkennendes Wort. Und das ermuntert sie u. wie Kinder schlafen sie selig ein. Die Guten! Daß ich hier mal ein warnendes, strafendes oder sehr gestrenges Wort sprechen muß, ist selbstverständlich, doch die Ausnahme. Sie eifern um die Wette, mir Freude zu machen. Und ich kann mich auf alle verlassen…
Gestern Nachmittag rückten wir zu Tal, ans Meer, spielten im Sonnenschein Fußball mit den Marinern, badeten ohne Hose u. stürmten

dann die Festung von Norden her. Steil u. schwierig war der Aufstieg, ich vornweg. Da hab ich doch manche aus der Puste gebracht. Dann durch den Stacheldraht u. wir hatten es geschafft. Als nur 4 badeten, befahl ich, daß in 5 Minuten alles unter 25 Jahren zu baden hätte. Bald saßen nur noch 4 müde Gefreite auf dem Felsen, Alter 26 – 30. Und es war so lustig…

Heute machte ich bei ziemlichem Wellengang eine Bootsfahrt mit 3 Mann über den Fjord nach Örlandet (7km!) (Den Ort kann man googeln, er liegt im Trondheim-Fjord!) Überkreuzten Meerestäler 400 m tief. Hinzu schon hatten sie Blasen an den Händen. Eine Stunde nur ruderten wir hinzu. Drüben spendierte ich Torte, Milch u. Kaffee, denn die salzige Seeluft macht durstig u. hungrig. Ich hatte direkt salzige Lippen. Dann ging ich für mich spazieren zu einem netten Kirchlein. Die Rückfahrt war so stürmisch, daß ich mich entschloß, das Boot auf die „Hitra" (Passagierdampfer) hieven zu lassen. 3 km vor Br. entfernt ließ ich stoppen u. wir stiegen hinab. Die Norweger waren erschrocken ob unseres Mutes. Aber ich griff energisch durch, trotzdem die Wellen einschlugen u. man mich bat, wieder hochziehen zu lassen. Nun waren wir in Gefahr u. ich gab Anweisungen u. fühlte mich glücklich. Wir waren eine Schicksalsgemeinschaft! Klitschnaß aber freudig erregt über das gelungene Wagnis kehrten wir zurück…

Später ließ ich Blaubeeren suchen. Jeder hatte sein Kochgeschirr fast voll. Ich verzehrte zum Abend eine beträchtliche Portion…"

So vergingen die Wochen, bis am 13. Juli in Deutscheck / Alt-Strunz der Stammhalter – ohne Kaiserschnitt - das Licht der Welt erblickte (s. Abb. 16). Die Eltern hatten schon seit längerem beschlossen ihn Volker zu nennen. Ein Telegramm erreichte den glücklichen Vater (s. Abb. 17). Er schreibt fünf Tage später an seine Frau:

„…Ach, wie habe ich gestern Nacht bei Ankunft des Telegramms vor Freude gejauchzt! Mir wars fast peinlich; denn es geschah grad, als ich zweien meiner Leute ins Gewissen redete. Ich war sehr ernst u. die Tränen standen ihnen in den Augen. Da stürzt ein Landser rein u. sagt, nein ruft: „Ich gratuliere!" Wozu? Ein Junge! Ja! Das blanke Telegramm (ohne Umschlag kams) reiße ich ihm aus der Hand u. ich kann vorläufig nur WEDMUT lesen (Druckfehler) vor Aufregung. Nein, das ist ja ein reiner

Mädchenname! Herr Leutnant, lesen sie doch von vorn: Mutter u. Sohn grüßen den Vater in Norwegen! Da stands u. ich plumper Mensch hatte nicht die Besinnung, das Dastehende der Reihe nach aufzunehmen. Dann jagte ich alles raus u. mitten in den stammelnden Dankes- u. Freudengebeten verließ ich spontan ihren Rahmen und rief: „Ach Du gute Erdmut! ..."

Abb. 14: Dorfstraße in Polkau, ca. 1938

Abb. 15: Lehrerhaus in Polkau, ca. 1939

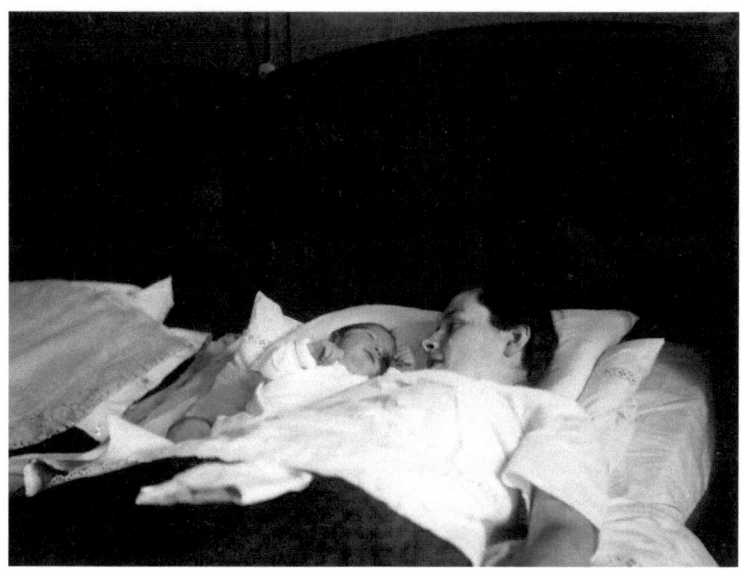

Abb. 16: Mit Volker im Wochenbett, 14. Juli 1940

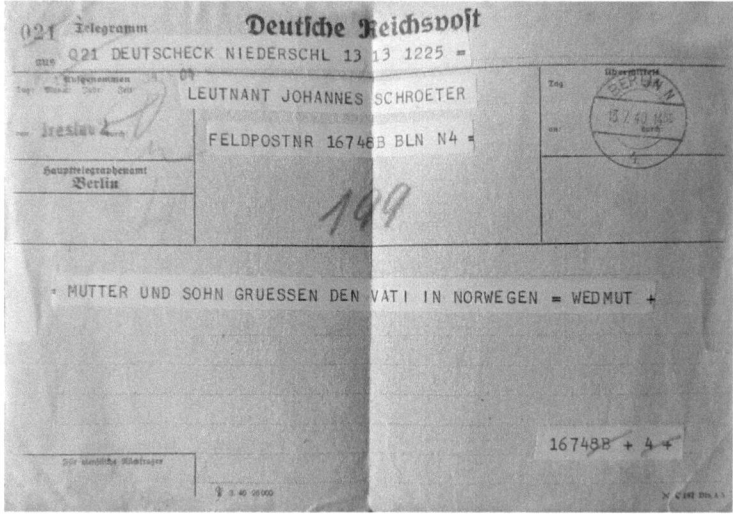

Abb. 17: Freudiges Telegramm nach Norwegen, 1940

5. Kapitel: Kriegszeit

Die Geburt am 13. Juli verlief eher kompliziert; die Hebamme wollte Erdmut noch eine Spritze zur Unterstützung ihrer Wehen geben; doch die Gebärende lehnte ab. Sie sei noch nicht am Ende ihrer Kräfte. So erblickte dann Volker, der Erstgeborene, nach rechter Quälerei wohlbehalten das Licht der Welt. Weil das Köpfchen zu groß für die Mutter war, setzte es nach der Geburt noch ein paar Stiche. Die glückliche Mutter schreibt ihrem Mann:

„...Liebster, bist du auch ein wenig glücklich? Auch Dein geheimster Wunsch ist erfüllt: ein Junge! Ich hab mich tüchtig angestrengt. 7 ½ Pfund schwer und 52cm lang war er bei der Geburt, was für ein erstes Kind viel ist... Wenn die Geburt auch nicht lang dauerte, so habe ich doch an den Schmerzen gemessen viel durchgemacht. Aber weißt Du, ich glaube, ich würde gar nicht diese Freude an unserem Liebling haben können, wenn er so mir nichts Dir nichts, in den Arm gelegt worden wäre...

Inzwischen ist's Nachmittag geworden. Das Mittagessen, das mir Mutti brachte, war bestimmt angetan, in mir Kräfte zu übermitteln: 1. Gang: Täubchen mit Brühe, Reis und Eierstich, 2. Gang: Blumenkohl aus dem Garten u. 3. Gang: Johannisbeerkompott. Immer wieder bringt Mutti irgendetwas Leckeres und Appetitanregendes...“

Nur fünf Tage nach der Geburt schreibt sie, die ungewisse Zukunft erahnend:

„...Was würde ich drum geben, wenn diese Wachträume auch Wirklichkeit wären. Der schreckliche Krieg! Wenn er doch bald zu Ende wäre, noch nie wünschte ich das so brennend wie in diesen Tagen. - Ach, vielleicht bist Du doch bald einmal bei mir. 4 Monate sind es schon wieder her, seit wir uns zuletzt sahen! Welche Zeit...“

Johannes schreibt aus Trondheim begeisterte Briefe, zum Beispiel am 19. Juli folgende Zeilen:

"...Eben ist die Rede des Führers beendet. Ein letztes Mal hat der selbstbeherrschte Sieger die Friedenshand angeboten. Churchill wird ablehnen. Das englische Volk? Gar leicht hätte Hitler den Untergang ohne Einhalt vollenden können. Doch er ist maßvoll, so friedliebend, so gewissensmäßig gebunden. Die Beförderungen waren grandios. Besonders aber das Urteil u. die Auszeichnung der Nordlandfahrer u. Krieger. Wir sind bescheiden, aber es wird sich einst offenbaren, daß es das größte, einsatzmäßig schwerste Wagnis aller Zeit gewesen ist. Und dieser stille Stolz soll mich bis ins hohe Alter, Gott geb's, begleiten u. heben. - Heut stand ich für 1 Stunde auf. Der Artilleriekommandeur beglückwünschte mich u. damit auch Dich zu unserm Sohn Volker. Ich sagte: „Einen Namen, der noch völkischer ist, hätten wir nicht finden können!" Worauf alles mächtig lachte..."

So ein frisch geborenes Wesen erregt natürlich die Aufmerksamkeit aller Verwandten und Bekannten, und so schwelgt Erdmut in einem Gefühl, Großes geleistet zu haben, und wird darob gebührend bewundert. Tatsächlich schaffen es die Ehepartner, dass am 4. August Erdmuts Vater, der Pfarrer Alexander Klinkert, den kleinen Stammhalter taufen darf. Mit vielen Anträgen erreicht Johannes sogar einen Heimaturlaub, reist mit dem Zug aus Norwegen an, steht nun als stolzer Offizier neben seinem Sohn am Taufbecken und könnte die ganze Welt umarmen (s. Abb. 20). Ausgerechnet heute ist auch noch der erste Hochzeitstag des jungen Paares, er fällt zusammen mit dem Tauftag des Sohnes. Mehr geht nicht! Es ist der absolute Höhepunkt der schröterschen Glückseligkeit! Von nun an geht's bergab!

Im Oktober 1940, nur wenige Wochen nach der Taufe, stirbt Erdmuts Vater auf dem Bahnsteig während einer Dienstreise, wahrscheinlich an einem Herzinfarkt. Im September noch hatte er Erdmuts Schwester Maya getraut, mit dem Pfarrer Helmut Gruhl. Der würde auch nicht mehr aus Russland heimkehren, eine trauernde Witwe und eine Halbwaise hinterlassen...

Unmittelbar nach der Beerdigung des Vaters wurde seine Frau aufgefordert, das Pfarrhaus in Altstrunz für den Nachfolger zu räumen. Die Familie fand im weit entfernten Herrnhut in der Oberlausitz, gastliche Aufnahme. Erdmuts Mutter hatte durch ihre familiären Beziehungen zur Brüdergemeine die Möglichkeit, im sogenannten Brüderhaus eine schöne Wohnung zu beziehen. Das Leben in Herrnhut genossen sie bis 1944, soweit man ein Leben im Krieg, mit zwei Kleinkindern, mit einer trauernden Mutter, mit einem Ehemann an der Front genießen kann.

Johannes arbeitet derweil an seiner Karriere als tapferer Kriegsmann. Am 10. August 1940, bereits wieder zurückgekehrt in Trondheim, Mittelnorwegen, berichtet er nach Hause:

„...Plötzlich heut Nachmittag (Sonntag) Besichtigung durch Generaloberst v. Falkenhorst u. General Dietl. Ich hatte die Ehrenkompanie zu kommandieren u. zu melden. Es klappte prima. Bat auch den Herrn vertrauensvoll darum. Er gab mir die Hand, wie auch Kapitän Rose, der Kommandant der Seeverteidigung Drontheim, der noch besonders lobte. Wirklich, für alte Knochen einen derartigen Griff, das ist eine Leistung! Ich bin stolz auf diese Jungens..." (Zur Erläuterung: Die Namen Nikolaus von Falkenhorst und General Dietl sowie der Kapitän Rose erscheinen tatsächlich im Zusammenhang mit der Eroberung Nordnorwegens in den Kriegsberichten. General Dietl tat sich als exzessiver Rassist hervor; von Falkenhorst wurde nach dem Krieg als Kriegsverbrecher angeklagt).

Ende des Monats erzählt er stimmungsvoll von seiner Arbeit oben in Norwegen.

„...Draußen hagelt es wie besessen, die Wolken hasten ohne Unterlaß hinter den Scheiben dem Meere zu. Es ist eine düstere Stimmung. Die nackten Steine u. Felsen glänzen im Regen; selten sieht der Tag die Sonne. Die Wellen jagen sich wutschäumend u. würden kleine Boote vernichten. Warum sind sie so aufgeregt? Sie hassen den Sturm, der sie aus ihrer Ruhe aufstört. So zeigen sie ihre Zähne weiß u. glänzend u. bleiben doch gesetzt, u. ihr Treiben ist doch sinnlos. So ist es auch mit der Völkerwelt. Alle haben die Ruhe, den Frieden gern. Und dann kommt ein Sturm, der sie hetzt bis zur Weißglut, bis sie am Ufer zerbrechen u. vernichtet sind. Woher der Sturm? Gott weiß um die inneren Voraussetzungen u. Zusammenhänge! - Gestern gaben Betty Sedlmayr, Bruno Fritz und zwei weitere Künstler eine Gastrolle. Ich konnte sogar einen Händedruck mit ihnen wechseln, welche Ehre! Bruno Fritz ist doch dieser berührende Rundfunkkomiker. Was haben wir doch zusammen gelacht. Wir lagen und schweb-

ten mehr als daß wir saßen u. wußten nun am besten um den Sinn des Gedankens: Kraft durch Freude. Es ist schön, daß die Heimat in dieser Weise an uns denkt. -

Montag fahre ich nach Oslo als Kurier. Zwei Mann sind mir als Begleitung beigegeben. Ich freute mich über den ehrenvollen Auftrag, der zugleich ein wenig Abwechslung in das graue verregnete Einerlei bringt. Da die Bahnverbindung nicht klappt, werde ich voraussichtlich mit dem Wagen fahren. Ach, das ist die Arbeit Deines Mannes für die nächste Woche..."

Über die anspruchsvollen Zeiten philosophiert er, ziemlich bemerkenswert, am 1. September 1940. Wir können heutzutage nur den Kopf schütteln, spüren sogar eine gewisse Blasphemie hinter den Gedanken, wenn er seinen christlichen Glauben und seine nationalsozialistische Überzeugung wie selbstverständlich miteinander verquickt. Erstaunt nehmen wir die Fähigkeiten der Nazipropaganda zur Kenntnis, auch intelligente Menschen „todsicher" auf dem falschen Weg zu geleiten:

„Am 1. Jahrestag nach Kriegsbeginn

Mein kleines, gutes Weibel!

Ein Jahr Krieg, eisernster Pflichterfüllung, liegt nun hinter uns. Es hat sich gelohnt, u. der Herr hat zu diesen blutigen Auseinandersetzungen seinen Segen nicht zurückgehalten. Welch Ungeheuerliches ist doch geleistet worden in Ost, in West, im Norden! Der Feind auf allen Linien geschlagen, unermeßliche Beute, gefestigte Zuversicht der Heimat in den Sieg der letzten Auseinandersetzung. Und wenn die Luftüberlegenheit über England errungen ist durch den schneidigen Einsatz unserer Schwesterwaffe, dann ist es nur noch ein Bruchteil von Zeit, die der Krieg braucht. Täglich brausen Tausende hinüber u. die Zeit ist nicht fern, wo sie ungestört ihr Vergeltungswerk planmäßig nach dem Willen des Führers fortführen u. bekunden können, zum Entsetzen dieses stolzen, eingebildeten u. verantwortungslosen Briten, dem sein Räuberhandwerk in aller Welt ein für alle Mal gelegt wird. Und dann beginnt ein Leben der Freiheit mit Dir und Volkerlein..."

Am 10. September schreibt er:

„...Nun ist plötzlich eine Art Veränderung für mich eingetreten. In Abwesenheit des Kompanie-Führers führe ich seit gestern die Geschäfte der Kompanie u. zeichne als Kompanie-Führer verantwortlich. Am Sonntag Abend wars, als ich die Nachricht erhielt, u. rasch wurde nun gepackt. So fuhr ich in strömendem Regen morgens vor 7 Uhr vom Bretting (ein Höhenzug am Beginn des Trondheimfjords) *ab... In Selnis verabschiedete ich mich vom Kompanie-Chef, der endlich Urlaub hat. Da die Soldaten unter ihm zu härtestem Dienst gezwungen wurden, beschloß ich, den Vormittag dienstfrei zu machen u. den Dienst im Allgemeinen ruhiger zu gestalten. Ich ließ mich dabei von den Gesichtspunkten leiten, daß die Entbehrungen der Männer hier hart sind, denn ich war erschrocken über ihre Apathie, als ich sie besuchte. Nun will ich in der Zeit meines Aufenthalts hier ein wenig Versäumtes gut machen, und ich weiß, die Landser sind dankbar. Sie freuten sich, als ich kam. Heut besuchte ich sie in den weit verstreuten Quartieren, sah sie bei der Arbeit u. sprach die Unteroffiziere. Gab dann reichlich Unterschriften, ritt zu einer Geschützbedienung hinauf u. galoppierte zur Schule zurück. Schmuck macht den „Smutje"und lernt das Kaffee- u. Eierkochen nach meiner Anleitung. Er ist sehr willig und emsig. Auf dem Tisch stehen Anemonen u. mit besonderer Sorgfalt rückt er Dein Bild u. schmückt es mit Grün u. Rot von Heidekraut u. Preiselbeeren. Im Ofen brennt der Torf, den die Bergner hier sich selbst stechen. Unten tummeln sich die Schulkinder. Das erinnert mich so an Polkau. - Ich staune ja, daß englische Flieger sogar bis Breslau vorgestoßen sind. Nun ja, es sind hin und zurück 2300 km. Ganz schön, aber wir können noch weiter fliegen, brauchen es aber nicht mehr. Frauchen, bald ist London fix u. fertig. Dann brauchst Du keine Sorge mehr haben..."*

Das Leben in Norwegen gestaltet sich für Johannes insgesamt recht angenehm, ein Abenteuerleben, das nur hin und wieder durch kriegerische Aktionen unterbrochen wird. Am 25.9. erlebt er einen englischen Luftangriff:

„...Hier geschah ein Bombenangriff englischer Flieger. Die Bomben trafen nicht. Leider wurde 1 Norweger getötet, 2 andere durch M.G.-Feuer schwer verletzt. 30 Meter von unserm Fisk fiel die Bombe ins Wasser... Die Kompanie macht Arbeitsdienst. Dafür hat sie morgen frei. Es regnet wieder einmal, was ja meistens so..."

An dieser Stelle, Ende 1940, versiegt die bislang so reichhaltige Quelle der Dokumente. Keine Tagebücher und nur wenige Briefe sind aus der Kriegszeit bis Ende 1943 erhalten. Weniges gelang mir zu recherchieren. Beide, Erdmut und Johannes, erlebten die Kriegszeit in relativer Behütung, der eine recht ungefährdet als Besatzer in Trondheim, die andere im dörflichen Herrnhut, weit weg von allen Fronten. Meine Schwester Bettina erblickte in Herrnhut Ende September 1941 das Licht der Welt (s. Abb. 18); das nächste Kind, Bruder Knut, wurde im November 1944 geboren. Subtrahiert man jeweils neun Monate vom Geburtsdatum, so kann man jeweils einen Heimaturlaub ansetzen. Johannes verband diese Heimaturlaube mit allerlei Praktischem, so unter anderem mit einem Besuch des Führerhauptquartiers Wolfsschanze, wo er über die augenblickliche Lage in Spitzbergen berichten musste. In Norwegen nahm er an der einen oder anderen Expedition teil, die ihn bis nach Spitzbergen führte. Ansonsten lebte er recht angenehm, konnte Orgel spielen, wurde von Einheimischen zu Pilzessen eingeladen, sogar zu einer Konfirmation.

Was 1941 geschah: Krieg in Nordafrika unter General Rommel gegen die Engländer; Kreta wird erobert; Rudolph Heß fliegt nach England; im Juni überfällt Hitler die Sowjetunion; die Japaner zerstören Pearl Harbour; Churchill und Roosevelt treffen sich erstmals. Im Winter erleiden die deutschen Truppen in der Sowjetunion große Verluste.

Aus dem Jahr 1942 findet sich ein Testament unseres Vaters. Wahrscheinlich hatte Erdmut ihren Mann anlässlich eines Heimaturlaubes im November des Jahres gebeten, ein solches Dokument zu verfassen. Immerhin war inzwischen Erdmuts Bruder gefallen, von einem Tiefflieger in der libyschen Wüste abgeschossen. Die Selbstverständlichkeit strahlenden Siegeswillen war ein wenig abhanden gekommen. Man konnte nicht mehr ganz sicher sein, dass Deutschland die Welt besiegen würde.

Was 1942 geschah: Im Januar findet die berüchtigte Wannsee-Konferenz zur „industriellen" Vernichtung der Juden statt; die Gegenoffensive der Alliierten erfolgt in Nordafrika; die 6. Armee unter General Paulus wird bei Stalingrad eingeschlossen; Reinhard Heydrich fällt einem

Attentat in Prag zum Opfer; als Vergeltung wird das Dorf Lidice zerstört; die großflächigen Luftangriffe auf deutsche Städte beginnen; Japan erobert Teile von Südostasien; die Schlacht bei den Midway-Inseln läutet den Wendepunkt im pazifischen Krieg ein. Das Schlachtschiff Gneisenau wird zerstört.

Was 1943 geschah: Die Alliierten erobern Sizilien; Mussolini wird gestürzt; die Russen schlagen die Deutschen zurück; der Aufstand im Warschauer Ghetto wird niedergeschlagen (40.000 Tote); Beginn der Tagesangriffe mit Bomberverbänden; die Scharnhorst wird am Nordkap versenkt; die Deutschen kapitulieren in Nordafrika; die Geschwister Scholl werden hingerichtet.

Die spärlich erhaltenen Briefe meines Vaters aus dem Jahr 1943 halten uns ein ziemlich bequemes Besatzerleben eines deutschen Offiziers in einem fast friedlichen Norwegen vor Augen. Seine Karriere hat Johannes inzwischen weiter betrieben, wurde zum Oberleutnant befördert. Am 31. Mai 1943 schreibt er seiner Frau, ein Kriegshetzer bis in die Haarspitzen:

„...Jeder Spatenstich, jede Anweisung, jede Arbeitseinteilung, jeder fertige Bunker sind dazu bestimmt, Euch, unsere Kinder, unser Liebstes zu schützen gegen die Eindringlinge, die hier nichts verloren haben. Mir krampft sich immer das Herz zusammen, wenn ich von dem sich sehr vertiefenden Leid bes. der Weltbevölkerung höre. Diese unmenschlichen Terroristen ersinnen in ihrer eigentlichen Schlauheit immer neue teuflische Mittel, um die Moral der Nation krank und widerstandslos zu machen. Nicht genug, daß sie uns Bomben werfen. Nein, sie arbeiten mit der berechtigten Freude der Kinder an allem Neuen, was sie entdecken, sie beseitigen oder versuchen zumindest die Volkskraft an ihren Wurzeln zu treffen durch Abwerfen von Spielzeug, Zigaretten, Füllhaltern und Handtaschen, bringen die notleidende, innerlich manchmal durch Terrorangriffe schwach gewordene Bevölkerung vor Gericht, weil sie Kleiderkarten und Lebensmittelkarten benutzen, die diese Satane abwarfen. Der Geist dieser Völker, ob Volksrussen oder Anglo-Amerikaner ist so verabscheuungswürdig. Weil sie´s anständig im Kampf Mann gegen Mann nicht können, tun sie´s eben so. Einmal aber dreht sich der Spieß um. Dann gibt es ein höllisches Erwachen, daran glaube ich und daran schaffen wir. Gestern hatten wir wieder einen politischen Zustandsbericht der Kompanie

vermittelt, was mir ja immer so besonders Freude macht u. hoffentlich auch förderlich ist..."

Neben seinem Zorn auf die verhassten Engländer, die wohl doch nicht so leicht wie erhofft besiegt worden sind, findet er aber auch Zeit für Kultur und Vergnügen. In dem Brief steckt viel Material, um Johannes' bizarres Leben zu verstehen: Seine Freude an der Soldateska, seine politische Verstricktheit auf der einen Seite; sein Ringen um eine funktionierende Familie und die Zweifel innerhalb der Ehe auf der anderen Seite; sein Glauben an das Recht der Deutschen, die Welt zu erobern und eng damit verbunden sein tief verwurzelter christlicher Glauben:

„...Am Sonnabend Abend war ich Gast bei den Herren der Flak. Sehr nett. Heut Abend... gehe ich zum Film: Krach im Hinterhaus. Ich glaube Heinrich Spoerl ist der Autor. Gleich gibt es Bratkartoffeln in Lebertran. Gut, man gewöhnt sich an alles!!... Die Tage sind warm u. über Nacht ist alles grüner geworden. Die ersten Kühe sind auf den Weiden u. der Mensch fühlt sich wieder wohl. Ich reite zur Zeit wohl täglich aus, das macht mir unendlich viel Freude. Und wie leicht sich der Sperber dirigieren läßt. Er reagiert auf den leisesten Schenkeldruck oder Zügelhilfe. Ja, der Reitsport ist etwas, was sich ästhetisch und kämpferisch zugleich ausnimmt. Heute hatten wir wieder Schießtag, morgen Offiziers-Schießen und Sonntag ein Unteroffiziers-Schießen mit meinem Unteroffizier-Körper. Tage, die ich liebe...

Also, kleine Frau, sag mir alles, was dich bewegt, auch dann, wenn Du jetzt sagst: Diese Lappalie ist´s nicht wert! Ich jedenfalls werde immer mit einer gewissen Unruhe einhergehen, bis Du sie durch Klarheiten fortnimmst. -

Ich bin gespannt, wann Tia (Bettina) mit dem ordentlichen Sprechen anfängt. Zeit würde es doch nun... Und Volker steht in einer „Los-von-Mutter-Bewegung" jetzt mitten drin und spielt Indianer, um immer wieder auszubüchsen? Na besser so, als mädchenhaft in einer Ecke, oder teilnahmslos ein dürftiger Stubenhocker! Findest Du nicht auch?..."

Inzwischen hat Johannes das Eiserne Kreuz Erster Klasse erhalten. Er erwähnt es in einem Brief Ende September. Stolz weist er darauf hin, das sei ja wohl für gewöhnliche Sterbliche im hohen

Norden die höchste Auszeichnung. Das Ritterkreuz könne man sich nur im Osten holen. In Norwegen ist es für solche heldenhaften Taten zu ruhig! Weiter schreibt er:

„...Sei also nicht traurig, wenn ich in diesen Oktoberwochen nicht so viel persönliche Gedanken und Erlebnisse habe, die ich Dir schreiben könnte. Für diese Zeit gehöre ich halt ganz den Belangen der Front. Denk dran, als wär ich im schärfsten Einsatz, wo ein Schreiben auch seltener wird. Dafür darfst Du aber die Beruhigung haben, daß es mir gut geht und ich in Sicherheit bin. So das wär das. Übrigens mache ich morgen einen Bunkerabend. Die Bunker werden getauft und den Besatzungen ausgezeichnete sinnvolle Schilder überreicht. Nach einem Abendbrot aus Beutebeständen rückt dann der ganze Verein in die Bunkerräume, dort das Tauffest bis zu Ende durchzuführen. Ich habe Offiziere von unserem Zerstörer u.s.w. eingeladen. Na mal sehen, was dabei herauskommt...“

Was 1944 geschah: Die Alliierten beherrschen den Luftraum über Deutschland; das Schlachtschiff „Tirpitz" wird bei Tromsö versenkt; die Sowjets rücken unaufhaltsam vor; die deutsche Besatzung in Paris ergibt sich dem Widerstand; das Hitler-Attentat durch Oberst von Stauffenberg; die Landung der Alliierten in der Normandie und in Südfrankreich; alle waffenfähigen Männer zwischen 16 und 60 zum Volkssturm eingezogen.

Derweil lebt es sich in Herrnhut noch relativ friedlich, wenn auch die Flüsterpropaganda vom vordringenden bösen Russen zu berichten weiß (s. Abb. 19). Ab 1944 profitiere ich wieder vom Tagebuch, das meine Mutter hinterlassen hat. Für jedes Jahr hat sie einen kleinen Notizkalender mehr oder weniger gefüllt. Die Büchlein von 1944 und 1945 bleiben recht lückenhaft. Die junge Mutter hat gewiss anderes zu tun, als an Formulierungen herum zu feilen. Die Papierqualität lässt zu wünschen übrig, die Tage enthalten noch so wichtige Anmerkungen wie Goebbels Geburtstag oder, am 13. März: „1938 Gesetz über die Wiedervereinigung Österreichs mit dem Deutschen Reich". Stichpunktartig erfährt der Leser alles Wichtige (und Unwichtige). So hat Erdmut ihrem Mann am 3. Januar 1944 den Brief Nr. 156 geschrieben – eine Mammutleistung mit zwei kleinen Kindern. Ende Januar erfahren wir, wie Johannes ihr von seinen Spitzbergen-Abenteuern vorschwärmt. Gleichzeitig kündigt er einen Heimaturlaub an. Am 4. Februar hat er einen Termin im Führerhauptquartier, er muss dort von der Front im Norden berichten. Nach der Rückkehr zeugt er voller Euphorie sein drittes Kind, das später den norwegischen Namen Knut erhalten soll. Der Name „Knut" stellt die Verbindung des Offiziers zu seinem Betätigungsfeld in Norwegen dar: Ein nordischer Name muss her! Am 12. März ist Johannes bereits wieder an die Front zurückgekehrt. In Erdmuts Tagebuch erscheinen nun in immer dichteren Abständen die Wörter *„Alarm"*, am 21. Juni sogar *„Großangriff auf Berlin"*. Im Juni besucht Erdmuts Bruder Cord-Berend seine Heimat als Soldat. Der „leichte" Krieg ist vorbei, die Einschläge kommen näher. Erdmut vertraut ihrem Tagebuch an: *„Cord fuhr um 18 Uhr wieder an die Front. Gott behüte ihn!"* Am 20. Juli lese ich: *„Attentat auf den Führer, zum Glück lebt er! Alarm!"*

Das Wort „Alarm" wird zum fast täglichen Begleiter im Tagebuch. Erdmut zählt an einem Tag 106 USA-Bomber, die wohl in Richtung Breslau unterwegs sind. Am 24. Oktober 1944 erwähnt Erdmut erstmals ihre erneute Schwangerschaft. Sie beginnt ein Babykörbchen zu nähen. Am 4. November, zehn Tage vor Knuts Geburt, erhält sie frohe Kunde aus Norwegen: Johannes ist endlich zum Hauptmann befördert worden. Viel wird ihm das nicht mehr nutzen – nur ein halbes Jahr später begibt er sich in Kriegsgefangenschaft! Da werden sich höhere Dienstgrade eher kontraproduktiv auswirken…

Die Kinder sind ständig krank, was wohl auch der Ernährungslage geschuldet ist. Sie machen der Mutter große Sorgen. Auch das Neugeborene hat Blut im Stuhl. Glücklicherweise gehen die gesundheitlichen Bedrohungen vorüber.

Seit dem erwähnten Urlaub ihres Mannes im Februar hat sie schon wieder 145 Briefe geschrieben, die allerdings verschollen sind. Weihnachten wird noch recht zünftig gefeiert. Der Hunger ist noch nicht in Herrnhut angekommen, ebenso wenig wie der Russe. An allen Feiertagen, Weihnachten und Silvester, geht man zum Speisen gemeinsam in den Gasthof! Man weiß es noch nicht, aber man begeht das letzte Jahresende im Krieg, allerdings nicht das letzte im Elend für unsere Familie…

Was 1945 geschah: Konferenz der Alliierten in Jalta; Dresden wird zerstört; Bei Torgau treffen sich Russen und Amerikaner; Kriegsende; Hitler, Goebbels und Mussolini sterben; Atombomben werden auf Japan geworfen; die Potsdamer Konferenz sanktioniert die Vertreibung fast aller Deutschen aus den Ostgebieten.

Das Tagebuch 1945 stellt sich lückiger dar. Der erste Eintrag erfolgt erst im Februar 1945. Man kann sich vorstellen, wie sehr das Überleben in Angst vor der Zukunft und gegenwärtiger Not die junge Mutter mit ihren nunmehr drei kleinen Kindern absorbiert. Zwei Briefe vom Januar sind mir erhalten geblieben. Darin berichtet sie ihrem Mann von der täglichen Mühe des Haushalts, schließt auch aus, jemals wieder nach Polkau zu ziehen. Sie glaubt an eine Zukunft in Herrnhut.

„...Es fehlt mir jetzt oft an der Zeit, die ich die letzten Wochen vor Knuts Geburt oft hatte. Du wirst es ja verstehen; denn solange ich Knut 5x am Tag stille, muß ich mich mit allem sehr sputen. Bald hoffe ich ja auf 4 Mahlzeiten übergehen zu können, bei Tia konnte ich es bald, aber der kleine Mann meldet sich immer nach 4 Stunden ganz prompt und fordert sein Recht. Er gedeiht ja auch gut, hat zwar leider Schnupfen, er hat sich sicher an Volker angesteckt, der halt dauernd Schnupfen hat. Ich gebe Knut jetzt ganz milde Nasentropfen und reibe Stirn und Nase mit Butter ein, vielleicht hilft das. Ausfahren kann ich ihn augenblicklich bei den kalten Temperaturen und dem scharfen Wind und dem tollen Schnee auch nicht. Eine bekannte, sogar verwandte Kinder- und Wochenpflege riet mir, ihn doch täglich richtig warm angezogen in einem kalten Zimmer, wo das Fenster geöffnet ist, eine Stunde stehen zu lassen. Das härtet ab. Wenn ich irgend kann, muß ich mit Volker wieder zum Ohrenarzt, denn er hat doch dauernd Schnupfen und operiert kann er nur werden, wenn er mal schnupfenfrei ist. Ja, das ist ein bissel Wirtschaft. Sonst sind ja beide Kinder, ja alle 3, sehr munter, manchmal von zu viel Temperament beseelt, doch besser, als fiebernd und apathisch im Bett... In das Polkauer Schulhaus soll ein ausgebombter Lehrer kommen... Ob wohl der Kreisleiter Deinen Brief bekam? Ich werde froh sein, wenn ich den ganzen Kram hier haben kann. Das einzige, was mich an Polkau band, war wirklich nur das Obst, und das steht uns ja scheinbar nicht mehr zu. Ich hoffe auch, daß wir nie mehr in diese Gegend kommen, Schlesien wäre mir wirklich das Liebste..."

Mit Bezug auf den immer schwärenden Konflikt zwischen Religion und Führerglaube reagiert Erdmut auf einen Brief von Johannes, in dem er wohl vom Weihnachtsfest 1944 in Norwegen berichtet hatte:

„...Deine Ansprache war durchaus „deutsch-weihnachtlich" gehalten. Wie kannst Du´s auch als (wohl ehemaliger) *N.S.F.O.* (Nationalsozialistischer Führungsoffizier?) *anders tun? Mir persönlich gefiel natürlich der letzte Abschnitt der Rede am besten. Sicher bekam da mancher Landser ein wenig Heimatgefühle. Konntet ihr wenigstens „O Du fröhliche" und „Stille Nacht" singen? Die Lieder sind ja heute auch nicht mehr gerngesehen. Da erzählte ein Soldat, der über Neujahr hier war, aus Groß-Born, wo ja auch Cord ist, Mutti, daß der Kompaniechef alles Christliche bei der Weihnachtsfeier verbot. Da wäre aber ein Fahnenjunker aufgestanden und hätte „Stille Nacht" angestimmt und alle Landser wären mit eingefallen. - Leider macht sich ja die antichristliche Tendenz auch in der Wehrmacht geltend. Ich kann es mir auch gut erklären, doch das lieber mal mündlich..."*

Johannes reist zu Beginn des Jahres 1945 nach Deutschland. Man spürt schon in seinen Zeilen die Endzeit-Stimmung. Er fühlt die ungewisse Bedrohung, die vom russischen Vormarsch ausgeht. Auf seiner Reise durch Deutschland stößt er zunächst in Dresden auf seine Schwester und seine Eltern. Wenige Tage vor der fürchterlichen Zerstörung Dresdens erlebt er die mit Flüchtlingen gefüllte Stadt. Auch seine Eltern sind aus Schlesien in einem Flüchtlings-Treck unterwegs gewesen. Um überhaupt in die Stadt hinein zu kommen, benötigt er ein Permit. Am 8. Februar schreibt er:

„...Von Oberoderwitz stand ich im 100%ig überfüllten Zug bis Dresden auf einem Bein. Der Zug lief so langsam, daß wir erst nach 22.00 Uhr in Dresden anlangten. Dann ließ ich mir die Genehmigung zum Betreten der Stadt geben. Fand sehr schnell trotz tiefster Dunkelheit die Nr. 24, wo Felix (der Ehemann seiner Schwester Hanna) öffnete. Das gab ein lustiges Wiedersehen... Erdel, wie aber freute es mich zu hören, daß am nächsten Tag die Möglichkeit bestände, meine alten lieben Eltern wiederzusehen. Andern Tags dann gegen 12.00 ... sah ich sie mit Tante Liegau. Die Tränen kamen, so bewegt war jeder, so groß aber auch die Freude des Wiedersehens. Vatel hatte viel zu erzählen. 10 Tage im Treck!

Ein Jammer die Preisgabe unserer Dörfer!... Heute wird sich entscheiden, ob ich an dem Kursus für Generalstabsoffiziere teilnehmen kann...

Von Vatel, der 2 Anzüge anhatte, erhielt ich den Familienring überreicht aus echtem altem Dukatengold. Den bekommt einst Volker mit 32 Jahren. Er geht immer auf den Ältesten über...

Fast bin ich geneigt, Euch nach Polkau zu überführen. Zentraler ist es doch nirgends. Und die Eltern kommen in Dresden unter. Felix hat eine Wohnung in Aussicht. Auf der Rückreise will ich sie nochmal besuchen. Ich bin gewiß, daß wir uns bald noch einige Tage sehen und sprechen können. Wie dankbar bin ich, diese Zeit noch vor mir zu wissen! Was macht Ihr Guten? Gehen die Kinder wieder in den Kindergarten? Erhol' Dich nur gut, damit Du bei meinem Aufenthalt frisch und ausgeruht bist. Du weißt doch, wie ich mein Weibel haben möchte..."

Fünf Tage später schreibt er wieder, wird diesmal konkreter. Er ist erschüttert vom Niedergang seines Traums, plant den Umzug nach Polkau, der ihm geeignet erscheint, dem russischen Vormarsch zu entkommen.

„...Gestern bat ich Vatel, Dir in Deinen Sorgen mit Rat und Tat beiseitezustehen, jetzt wo seine körperlichen u. seelischen Belastungen mehr oder minder abgeklungen sind... Allerdings weiß ich nicht, ob es ihm überhaupt möglich ist, zu Euch hinzukommen. Ich hoffe jedoch, daß ich selbst noch die Möglichkeit habe, einiges in Herrnhut abzuholen. Bepackt Euch nur nicht allzusehr. Das Leben ist heut wichtiger als alles andere. Ach Weibel, wenn ich Euch nur helfen dürfte! Ich nehme ja an, daß die Partei und ihre Hilfsorganisationen alles rechtzeitig tut, um wenigstens die Familien und Kinder vernünftig zu evakuieren. Durch diese Vorstellung allein wird meine Sorge etwas erträglicher, die jetzt auf meinem Herzen liegt. Habt aber Gottvertrauen. Er tut nichts Unrechtes u. verlangt nichts Unbilliges, wie der Töpfer den Ton auch nach seinem Willen bearbeiten u. formen darf. Das ist unendlich schwer einzusehen u. vielleicht stehen wir erst am Anfang einer Kette der Einengungen u. persönlichen Bedrängnisse. Gott stärke Euch, meine Geliebten, kleine Kinderlein... Nach diesem Kampfe aber bin ich für immer bei Dir. Dann bauen wir ge-meinsam die verlorene Welt von einst wieder auf. Mach Dir bitte keine Sorgen um meine Sachen. Die brauche ich alle nicht, da ich reich durch Euch bin u. nichts mich reicher machen kann. Ja, wenn ich jetzt dasein

könnte, ich wollte sofort eingraben u. damit erhalten. Aber was nützt in
dieser Zeit geretteter Besitz, wenn das Volk nicht gerettet ist? Deshalb
müssen wir hart sein und alles drangeben, den Sieg gegen einen gewalti-
gen Preis zu erkaufen..."

Erdmuts Tagebuch erscheint in dieser Zeit nur unvollstän-
dig. Der tägliche Kampf fordert seinen Tribut. Sie erwartet ihren
Mann sehnsüchtig. Und tatsächlich besucht er am Ende des Monats
seine Familie. Am 24. Februar wird Knut getauft, im Kreise der
kompletten Familie. Am 1. März organisiert Hauptmann Schröter
kraft seines Dienstgrades einen Militärtransport von Herrnhut nach
Polkau, nach Westen, weg von der russischen Front (s. Karte). Die
Großfamilie Klinkert-Schröter, inklusive der Schwestern Ruth und
Maya mitsamt aller Kinder werden im leerstehenden Lehrerhaus in
Polkau untergebracht. Fortan, für die nächsten vier Jahre, lebt die
Großfamilie im sachsen-anhaltinischen Asyl, Polkau, Kreis Osterburg, Bezirk Stendal (s. hinterer Umschlag).
Derweil kehrt Johannes am 8. März seiner Heimat den Rücken und meldet sich in Norwegen zurück zum Dienst. So einfach
wie in den vergangenen Jahren klappt das nicht mehr mit der Über-
fahrt. Feindliche Angriffe sind jederzeit möglich, man fährt mit an-
gelegten Schwimmwesten, er fühlt die große Bedrohung auf hoher
See. Johannes verbringt etliche Wochen mit Warten in Flensburg,
bemüht, Norwegen zu erreichen. Am 23.3. schreibt er aus Oslo, und
endlich am 5. April meldet er sich aus Trondheim. Nur wenige Tage, bevor er gänzlich vom Radarschirm verschwindet, festgenom-
men und über Deutschland in französische Kriegsgefangenschaft
verbracht wird. Am 17. März gibt er in einem Brief seiner Frau
nützliche Ratschläge:
„...Oft, wenn ich so am Einnicken bin, spüre ich mir all das Glück
von „gestern" hinauf und mir wird im Herzen warm. - Schönste Stunden,
kostbare Augenblicke warens doch in unserm „engen Bereich", in den die
Wellen des Krieges nicht eindringen konnten. Nur im „Erwachen" und
Besinnen hörte man ihren wuchtigen Anprall... Noch bin ich gleich einem
Schlafwandler, der unbewußt durch die Nacht schreitet, nicht eingedenk
der Gefahren rechts und links. Was wird das Bewußtsein bringen? - Wei-
bel, verdunkelt nur immer gut. Sprecht leise, denn eure Wände haben Oh-

ren. Seid vorsichtig mit Gesprächen u. Gedanken, daß viele uns <u>nicht</u> gut wollen. Seid aber sonst unbekümmert, es sei denn, in Sorge zu bleiben um die Männer draußen..."

Bitter vermerkt Erdmut in ihrem Tagebuch, dass die Familie nun schon den siebten Kriegswinter erleiden muss. Ab 29. März gibt es nur noch Lebensmittelkarten, und man erhält nicht immer das, was auf den Karten steht.ständig erschrecken feindliche Tiefflieger die Bevölkerung. Das Leben unterscheidet sich von den Verheißungen des Tausendjährigen Reichs, den Glauben daran haben wohl alle verloren!

Erdmut erhält von ihrer Schwägerin Hanna Ende März Post aus Dresden. Im Gegensatz zu Johannes schreibt seine Schwester Hanna in einem sehr prosaischen Stil über die Verhältnisse zu Kriegsende.

„...Beiliegenden Brief brachte Felix gestern aus dem Werk mit. So ist das mit der Post. Alles alt... Mit dem Treck sind sie noch unterwegs, in K. waren unsere Eltern schon am 6.2. So weit sind die hintennach. Gleich am ersten Tag sind die Lebes mit noch andern vom Haupttreck abgekommen. Schreib Du bitte auch einmal, wie ihr nach Polkau gekommen seid. Vorläufig bleiben wir noch hier, Stuttgart ist ja bald Front. Das Reisen ist auch so schlimm. Felix´ Vorgänger, Direktor Zeuzen, 67 Jahre alt, brachte seine Familie mit dem Lastauto..., auf dem Rückweg kam er in einen Tiefflieger-Angriff auf der Autobahn, nun mußte man sein Bein abnehmen. Der Fahrer tot. Ist doch schrecklich. Gestern hatte Felix eine Sitzung in Bannwitz, ein kleiner Ort. Als Alarm kam, fuhr der Betriebsführer der betreffenden Fabrik, wo die Sitzung war, mit dem Auto weg. Die andern Herren versteckten sich im nahen Wald, da kam ein einzelner Flieger heruntergebraust und beschoß gerade das Auto des Betriebsführers. Die andern hatten es beobachten können. Zum Glück ist nichts passiert..."

Und im inzwischen drei Wochen alten erwähnten Brief liest man:

„...Felix hat nun die Absicht uns auch wegzubringen, nach Stuttgart vorerst mal. Hier ists sehr unruhig, immer Alarm und die Russen im Rücken. Aber vor der Reise graut einem doch sehr. Ach sind das schreckli-

91

che Zeiten. Gestern sprach Felix mit einem Oberstleutnant, der riet Felix dringend uns wegzubringen. Falls die Russen näher kämen, müßte Felix ja doch zum Volkssturm. Wenn das nicht wäre, wollte ich mich nicht trennen, lieber alles zusammen aushalten, doch die Aussichten sind gering. Gott möge uns seinen Weg zeigen..."

Zwischen dem 9. Mai und dem 20. August 1945 schreibt Erdmut kein Tagebuch. Es werden wohl harte Monate gewesen sein, eine Zeit der Gesetzlosigkeit, der Willkür, voller Gefahren und dem ständigen Ringen ums Überleben.

Abb. 18: Nun sind es zwei Kinder! Oktober 1941;
Bettina ist geboren

Abb. 19: Erdmut – schick gemacht,
1944

Abb. 20: Volkers Tauftag, , 4. August
1940; der stolze Vater mit EK II auf
Heimaturlaub

6. Kapitel: Böses Erwachen: 1945

So böse erwachte unsere Titelheldin aus dem „glorreichen"
Krieg: Wir schreiben den Monat August 1945. Die junge dreifache
Mutter Erdmut lebt mit ihren Kindern, Mutter und Schwester Maya
samt Kordula, deren vierjähriger Tochter, in dem kleinen Bauern-
kaff Polkau, im Bezirk Stendal (s. hinterer Umschlag). Hätten die
Amerikaner nicht im Rahmen eines Gebietstausches die Gegend
um Magdeburg den Russen abgegeben, so könnte die Familie einer
ruhigeren Zukunft entgegen sehen. So aber haben die Sowjets das
Gebiet übernommen. Familie Schröter lebt in der neu eingerichte-
ten sowjetischen Besatzungszone SBZ, kriegt es mit den
„Annehmlichkeiten" der Besatzer zu tun! Noch dürfen sie im
Lehrerhaus leben. Da sollte einst der Junglehrer Johannes Schröter
Erfahrungen im Schuldienst sammeln. Der Krieg kam dazwischen…
   Nun wird schon bald die Frage gestellt werden, wo denn der
neue Lehrer wohnen soll, der demnächst die Schule in Polkau übernehmen wird. Die Einheimischen ärgern sich zunehmend über
einen nicht abreißenden Strom von Flüchtlingen. Während Erdmut
und ihre Familie noch vor der eigentlichen „Vertreibung" in Sachsen-Anhalt eingetroffen sind, setzt nun die Zwangsaussiedlung der
Deutschen in Ostpreußen, Schlesien und Sudetenland ein. Die aktu-
elle Flüchtlingsdiskussion in der Bundesrepublik lässt uns erahnen,
wie wenig willkommen die Flüchtlinge den Ortsansässigen im
Elend des Nachkriegsdeutschlands wohl waren.
   In mancherlei Hinsicht lebt Erdmut in großer Ungewissheit.
Von ihrem Mann hat sie seit März nichts mehr gehört. Ihre Schwester Maya vermisst ihren Ehemann ebenfalls, sie sitzt mit der kleinen
Tochter Kordula zwischen allen Stühlen. Auf der einen Seite sollte
sie in Muskau leben, wohin die Familie vor dem Krieg gezogen ist.
Auf der anderen Seite sucht sie die Gemeinschaft mit ihrer Mutter

und Schwester in Polkau. Sie reist dementsprechend häufig zwischen ihren beiden Wohnorten hin und her.

Bruder Manfred ist in Nordafrika gefallen; über den anderen Bruder Cord-Berend weiss man noch nichts. Er meldet sich erst später aus der Kriegsgefangenschaft. Man kann einen Blick ins Herz einer Frau erhaschen, die vor wenigen Jahren Witwe geworden ist, und nun noch ihre beiden Söhne vermisst! Erdmuts Mutter trägt ihr schweres Schicksal, so gut es geht.

Aus Herrnhut dringen derweil gruselige Gerüchte: Während wir heute die Kleinstadt Herrnhut als UNESCO-Weltkulturerbe feiern, hatte die russische Armee den Ort bei ihrem Durchzug in Schutt und Asche gelegt. Dorthin zurück zu gehen, erweist sich schlicht als unmöglich. Erdmut hatte mit Johannes vor ihrer Flucht aus Herrnhut noch schnell einige Wertsachen und das Porzellan in Kisten gepackt und im Garten vergraben. Zumindest diese „Schätze" waren noch sicher versteckt und würden in ein paar Jahren wieder auftauchen. Ruth, die ältere Schwester von Erdmut, lebt mit ihrer Familie in erbarmungswürdigen Verhältnissen in Herrnhut in einem der wenigen nicht verbrannten Zimmer. Ihr Ehemann Wolfgang, der vorher in der Leitung der Sternenfabrik (hier werden schon seit 1897 die berühmten Herrnhuter Sterne hergestellt) tätig war, ist inzwischen von den Besatzern degradiert worden und muss für ein Hungerlohn primitive Arbeiten verrichten.

Ein großes Problem stellt für Erdmut die Versorgung dar. Im zusammenbrechenden System Deutschlands gibt es keine sicheren Nahrungsmärkte mehr, kaum noch regelmäßige Geldquellen. Das Lehrergehalt, das Offiziersgehalt werden einbehalten. Die Mutter erhält eine spärliche Rente als Pfarrerswitwe. Alles, nicht nur Nahrungsmittel, wird über Karten requiriert; doch das, was auf den Karten steht, wird nur selten auch ausgegeben. Der Mangel lugt aus jeder Ecke. Erdmut muss sich nach neuen Ressourcen umschauen. Mit den vielen Bauern im Ort muss sie Kontakte knüpfen, sich als Helferin verdingen, um so die Mägen ihrer Kinder notdürftig zu füllen. So hilft sie schon im Herbst beim „Kartoffelbuddeln", später bei der Rübenernte. Etliche Bauern lernen Erdmut als fleißige und willige Magd kennen. Zum Advent 1945 profitiert dann unsere Familie auch mal von einem Gänsebraten oder von Mehl, um Plätzchen zu backen.

Wie ist es eigentlich ihrem Mann ergangen? Noch hat sie nichts in Erfahrung bringen können. Meine Recherchen ergaben, dass Johannes noch im März 1945, nach der erfolgreichen Fluchthilfe für seine junge Familie, wieder an seine norwegische Front zurückgekehrt war. Schon bald jedoch kapitulierte die deutsche Armee. Das Nordland-Heer wurde von der dänischen Grenze in ein Durchgangslager nach Bretzenheim transportiert. Hier, in der Nähe von Bad Kreuznach, mussten die Kriegsgefangenen im Freien viele Monate hindurch ausharren.

Ende April hatten amerikanische Streitkräfte damit begonnen, auf dem offenen Feld bei Bretzenheim einen drei Meter hohen Zaun zu ziehen. Insgesamt 210 Hektar Land wurden so stacheldrahtbewehrt. Schon am 5. Mai lagerten hier 62.000 Gefangene unter kaum vorstellbaren hygienischen Zuständen. Die Kapazität wurde auf 100.000 Menschen erweitert. Fehlende sanitäre Einrichtungen, mangelnde medizinische Versorgung und Hunger führten in den ersten Monaten zu zahlreichen Todesfällen. Im Juli übergaben die Amerikaner das Lager der französischen Besatzung. Erst jetzt genehmigte die Lagerleitung Feldküchen und errichtete Zelte für die Gefangenen.

In den 90er Jahren schlug ich meiner Mutter vor, die Erinnerungsstätte Bretzenheim zu besuchen. Es war rührend anzuschauen, wie nahe es meiner Mutter ging, an diesem „Feld des Jammers" zu stehen.

Eine Anekdote anderer Art erfuhr ich von Christel, meiner Frau. Ihre Oma, die aus der Gegend von Bad Kreuznach stammte, hatte ihr immer wieder erzählt, wie sie und andere Dorfbewohner mit Lebensmitteln, Brot oder Kartoffelklößen „bewaffnet", sich dem Zaun des Lagers näherten und dann die Leckereien über den Zaun schleuderten. Wie viele dankbare Augen müssen diesen einfachen Menschen entgegen geleuchtet haben…

Im September 1945 hatte Johannes, stark abgemagert, aber gesund, das Lager verlassen. Mit einem Transport landete er in

Mulsanne, im Bezirk Le Mans, in der Champagne (s. Abb. 24). Hier lohnt es sich einmal, die Entstehung des dortigen Lagers genauer in Augenschein zu nehmen. Es entbehrt nicht einer gewissen Ironie, dass ausgerechnet die deutsche Armee diese Bauten 1940 errichtet hatte, um französische kriegsgefangene Soldaten dort unterzubringen. Bis 1942 nutzte die deutsche Führung die Gebäude als „Nomadenlager", brachte Sinti und Roma hier unter. Ab 1942 wurden hier Juden im Durchgangslager eingepfercht, um dann weiter nach Auschwitz verbracht zu werden. Im September 1945 öffnete Mulsanne dann wieder seine Pforten, diesmal für deutsche Kriegsgefangene. Johannes war dabei. Er blieb hier, bis das Camp im August 1947 geschlossen wurde und die meisten Kriegsgefangenen nach Hause geschickt wurden. Das galt jedoch nicht für alle Gefangenen: Johannes als Offizier, Parteigenosse und SS-Angehöriger kam nicht in den Genuss dieser Behandlung. Er musste weiter ausharren. Details wird der Leser weiter unten erfahren.

Im Spätherbst erhält Erdmut endlich von ihrer Schwägerin Hanna Informationen, dass Johannes sich gemeldet habe. Aus Frankreich! Die erste Nachricht, an die Eltern gerichtet, im November verfasst, ist uns erhalten geblieben (s. Abb. 21).

Johannes schreibt ganz klein und eng in gedruckter Handschrift. Ihm steht eine einseitig beschreibbare Postkarte zur Verfügung. Auf der Vorderseite liest man:

„CORRESPONDENCE DES PRISONNIERS DE GUERRE
KRIEGSGEFANGENENPOST
An
Lehrer Friedrich Schröter b. Prof. Dr. Felix Eisele
Franc de port! Gebührenfrei!
Lieu de destination: Heidelberg (durchgestrichen, darüber) Gunzen
i. Vogtland
Rahmengasse 2426 (durchgestrichen, darüber) Kr. Oelsnitz

Expediteur: Johannes Schröter
No. du prisonnier: 1103386
Nom du camp: Depot 401 Champagne (Sarthe), Cage 1
France

Rückseite:
Camp des Prisonniers Date: 6.November 45
(In der Mitte ein Stempel: Censure No. 3)

Liebste Eltern! Seit 10.9. hier. Gottlob Fühlung mit Euch nehmen.
Hdlberg erreicht? Welche Sorge um Erdmut und. Kinderlein in d. russ.
Zone! Gott schütze sie u. Euch alle. Keine Sorgen um mich. Werde durch-
stehen! Bitte <u>Borngraeber, Neuhof/Fulda</u> u. Altena u. Kaufmann Adam
Schiffer, Bonn Nordstr. 59 m. Adresse mitteilen. Er hat m. Wertsachen.
Vielleicht Les-Rauchbares schicken. Schade, keine Schweizer Verwandt-
schaftsadr.! Sonst viel Gemeinschaft mit Gläubigen. Brüder-, Schwestern-
Verw.? Bin mit dem Herrnhuter Bayer zus. Fein!- Seid voll Zuversicht u.
Gläubigkeit, Seine Wege sind gerecht! Grüße mit 1. Kor 14,13-14 Math.
5,4. Euer stets fürbitt. Johannes.-Bitte Toilettenp.-Schuhcreme-Herzl.
Dank. "

So also flattert die erste Rückmeldung ihres Mannes in
Polkau auf den Küchentisch. Die überglückliche Erdmut weiß noch
gar nicht, wie ihr geschieht. Es dauert bis zum Januar 1946, ehe sie
erstmals erfolgreich ihren Mann mit einem Brief erreichen kann (s.
Abb. 22 und 23).

Vorher allerdings hat sie noch allerlei Abenteuer zu beste-
hen. Der Ort füllt sich allmählich mit Vertriebenen aus dem Osten.
Erdmuts Mutter, eine politisch unbescholtene und ehrbare Frau,
bringt sich in der Flüchtlingshilfe ein, hilft bei der Verteilung der
Menschen auf die Häuser des Ortes. Man lebt in äußerst beengten
Verhältnissen.

In regelmäßigen Abständen leiden die Menschen an Durch-
fällen, die wohl durch mangelhafte Ernährung entstehen. Erdmuts
sehr prosaischem Tagebuch entnimmt man nur kurze Hinweise
wie:

„4.12. Fühle mich sehr schlecht. Früh zu Bett. 5.12. Gottlob etwas
besser."

Am 23. November tauchen zwei Männer auf. Sie wurden von
der Kreisverwaltung geschickt und wollen die Möbel beschlagnah-
men. Johannes´ aktenkundige Parteizugehörigkeit zur NSDAP be-

droht jetzt die Existenz der Familie. Mit Mühe und Überredungs-
kunst kann Erdmut die Männer davon abhalten, die Wohnung leer
zu räumen. Allein – der Eindruck bleibt, eine weitere Bedrohung
ihrer Existenz!

Inzwischen gibt Erdmut Religionsunterricht in der Schule,
hat die tägliche Reinigung des Gebäudes übernommen und orgelt
in der Kirche. So verdient sie sich ein paar Pfennige hinzu.

Hätte ich lediglich das Tagebuch meiner Mutter in den Händen, so wäre ich nicht auf die Idee gekommen, daraus ein spannendes Buch herzustellen. Zu dürftig, zu prosaisch sind die Informationen. Wichtig ist Erdmut die tägliche Wetter-Berichterstattung, weil
daran der Aufwand der Kleiderwäsche gebunden ist. Die vielen
Impfungen, die die Familie in diesem Jahr erdulden muss, sind minutiös protokolliert. Auch kleinere Gebrechen werden erwähnt.
Doch ihren Gefühlen gibt sie in den zahllosen Briefen Ausdruck,
die sie an ihren Mann nach Frankreich schickt. Die Existenzsorgen
füllen die meisten Briefe; alles ist gespickt mit anschaulichen politischen Exkursen. Erdmut kämpft auch psychisch mit dem Überleben. Nur in den Briefen finden wir auch die Schilderungen der Sorgen und Freuden, die ihre Kinder ihr geben. Die Kinder bilden ja
eine wichtige Brücke zu ihrem Mann; den Jüngsten, der im November 1944 geboren war, schildert sie besonders intensiv; denn der
Gefangene kann sich keine Vorstellungen über die rasende Entwicklung von Knut machen.

Erdmuts Bruder Cord-Berend meldet sich im Mai 1946 bei
seiner Mutter. In einem Rückblick schildert er die Zeit seit der Gefangennahme eindringlich:

*...Meine Gedanken wandern zurück an den 13. April 45. „Wir
waren von Naumburg / Saale aufgebrochen gen Osten. Ein langer, mühse-
liger Marsch bis Bernau. Erschöpft sanken wir in einer Scheune ins Stroh
und schliefen von 5 Uhr morgens bis 3.oo nachmittags. Wir assen gerade
aus einer Konservenbüchse Marmelade, ich stand an einer Dachluke, als 3
Wagen mit Amis in den Hof fuhren. Ich war komischerweise ganz ruhig.
Da plötzlich Schritte auf der Holzstiege. Ein Ami erscheint. Er ruft uns
an: "Oh, comrads!" Dann schrickt er zusammen und ruft: "You german
soldiers? Hands up, come on!" Wir also runter und Hände hoch. Wir*

wurden durchsucht und Waffen abgenommen. Dann aufs Auto und in rasendem Tempo zur Division. Da wurde mir allerdings etwas weich um den Magen. Angekommen wurden wir gründlichst durchsucht und <u>alles</u> abgenommen. Bilder, ein Teil des Waschzeuges, Essbesteck, usw. Es roch stark nach Alkohol. Dann wurden wir verladen und auf einen Kartoffelacker bei Osterfelde geschafft. Dort mussten wir die ganze Nacht auf der nackten Erde liegen und froren entsetzlich. Am Morgen assen wir ein Stück Brot und etwas Wurst, das uns noch geblieben war. Am Nachmittag wurden wir nach Bad Salza transportiert und bekamen abends 2 Büchsen. Wir zählten unsere Zigaretten, 200 St. Heinz übernahm die Verwaltung. Am nächsten Tage bekamen wir nichts. 2 Tage lang fuhren wir auf Sattelschleppern durch Deutschland. Dichtgedrängt standen wir auf dem Wagen. Nichts zu essen und zu trinken. Die Zunge klebte am Gaumen, es war furchtbar. Und dann das Deprimierende, als Gefangener durch Deutschland gefahren zu werden. - Eines Morgens trafen wir restlos fertig in Bad Kreuznach ein. Alle in banger Erwartung, gibt es etwas zu trinken und zu essen, wie ist die Unterkunft?

Zu trinken nichts, zu essen nichts, Unterkunft nicht. Ein kleines Drahtgehege 500 x 500m für ein paar tausend Mann. Es war trostlos. Gegen Mittag des nächsten Tages bekamen wir 2 K Rationen und 1/8 l Wasser und kamen auf ein Getreidefeld. Jeder raufte sich Gras um ein etwas weicheres Lager zu haben. Dann zogen wir nochmal um. Für die Nacht suchten wir etwas Gras, alten Mist zusammen. Ich fand ein altes Messer. Ein Wertstück. In der Nacht konnten wir vor Kälte nicht schlafen. Einige Zigaretten hielten uns auf den Beinen. Am nächsten Tag gruben wir uns mit Hilfe eines Tellers 50cm ein. Diese mühsame Arbeit wurde bis in die Nacht fortgesetzt. 1 Woche bekamen wir täglich einen Menn-Karton (?) für 15, 20, 30 Mann. Das ging immer noch an. Wasser konnten wir mit List und Tücke ergattern. Die Nächte waren aber so kalt, dass wir tiefer graben mussten. Tag und Nacht wurde gebuddelt, bis wir umfielen. Ein König, wer einen Pappendeckel besass oder eine Decke, eine Zeltbahn. Wir waren inzwischen 5 Mann geworden und hatten eine Decke und vier Mäntel. Tagsüber war es sehr heiss. zuerst spielten wir Karten und es ging noch. Später lagen wir apathisch den ganzen Tag da und hingen unseren Gedanken nach. Zu essen gab es wenig, zu Pfingsten gar nichts. Sonst 1 rohe Kartoffel, 1 Löffel Milchpuder, 1 Löffel Zucker, 1

Löffel Kaffee, 2 Kekse oder Stew. Hiervon oder Käse aber Puppengrösse.
Zuerst kochten wir die Sachen noch, dann gab es kein Holz mehr. Nach
Pfingsten setzte eine Regenperiode ein, die 2 Wochen anhielt. Kein Faden
am Leib war trocken, an Legen war nicht zu denken. Knietiefer Schlamm.
Unser Loch lief voll Wasser. Es wurde ausgeschöpft. Neues kam rein. Aus
Draht und Pappe baute ich 1 Dach. Es hielt drei Tage, dann brach eines
Morgens der ganze mannstiefe Bau ein. Wir 5 waren verschüttet. Unbän-
dige Angst befiel uns. Keine Luft, schwerer Druck von den Erdmassen.
Nur 1 Gedanke: Herr hilf. Und er half. Nachbarn, die den Erdrutsch be-
merkten, konnten uns endlich rausziehen. Täglich starben so Leute. Inzwi-
schen war das Lager mächtig vergrössert. 50-60.000. Täglich sah man
schwankende Gestalten, zerrissen, zerlumpt, dreckig auf einem alten Brett
einen toten Kameraden nach unten tragen. Nachts durften keine Feuer
brennen. Alles rannte auf und ab. Zigaretten gab es schon lange nicht
mehr. Einer entdeckte eine alte Futterrübenmiete mit erfrorenen und ver-
faulten Rüben. Alles stürzte sich wie die Wölfe darauf. Mit Knüppeln
schlug man aufeinander los. Alte Männer und junge fielen sich wie Hyä-
nen an und die Neger am Zaun heulten vor Freude. Den ganzen Tag
mussten immer zwei Mann von uns nach Wasser anstehen, meist erfolg-
los. - Und dann die Parolen. Man konnte alles hören von sofortige Entlas-
sung bis zu 10 Jahre lang. Täglich kramte man in seinen Taschen herum,
beguckte sich die Bilder, machte Zukunftspläne. Endlich eines Tages, die
Küche hatte zum ersten Male eine schöne Suppe ausgegeben, und es gab
sogar für 16 Mann ein Brot!! Da hiess es fertig machen. Sollten die Paro-
len doch wahr sein? Tatsächlich ein Teil ging fort - keiner wusste wohin.
Jeder vermutete, keiner wusste es genau. Schlimm war es mit Diebstählen.
Alte und Junge wirklich schrecklich. - Wir mussten noch acht Tage war-
ten. Da hatten wir einen rausbekommen, der für eine C-Ration Büchse
Kaffee 2 Zigaretten gab. Er glaubte an eine Parole, dass wir entlassen wür-
den und wollte den Kaffee mit nach Hause nehmen. Später in Attrichy
haben sie ihm die Büchse auf die Erde geschüttet. Genauso hatten noch
einige dicke Herren im Rucksack Speck, Butter, Zigarren usw!!! Alles
schob Kohldampf und sie frassen!!!!! Auszeichnungen wurden für Ziga-
retten, ja sogar Trauringe wurden für Rauchwaren eingetauscht. So konn-
ten wir wenigstens am Tage ein paar Züge machen.

Die Lazarettangelegenheit war trostlos. Ein Ami-Arzt, der eine Inspektion machte, wurde ohnmächtig, als er die Zustände sah. - In der grössten Regenperiode wurden einige Zelte errichtet. Alles drängte sich herein, alles lag und hockte auf der nassen Erde. Ich dankte Gott für jeden Tag, an dem ich gesund blieb. Neben unserer Grube wohnte ein netter Herr, mit dem ich viel plauderte und der mir auch seine Bibel gab. So fand ich dort meine Stärkung. Otto war manchmal ganz verzweifelt und weinte bitterlich. Unsere beiden anderen Genossen entliessen wir, weil sie an unseren kleinen Vorrat an Milch gegangen waren und genascht hatten. So waren wir 3 wieder allein. Otto spielte den Koch, ich baute Öfen. Das Holz mussten wir mühsam und auf gefährliche Art suchen. Es wurde auch für Zigaretten verkauft. Eines erbitterte uns sehr, was wir später in Attrichy auch noch in weitaus grösserer Masse erleben sollten. Der „Stamm" bzw. hier die Baldriangruppe, die Polizeidienste versah und die doppelte Ration erhielt.

Endlich kam auch für uns der Aufbruch. Eines Morgens wurden wir verlesen und zum Bahnhof gefahren. Dort wurden wir zu 40 Mann verladen. Und welche Freude, es war C-Ration-Verpflegung, 4 schw. und 4 h. Büchsen. Ausgehungert assen wir uns erst mal tüchtig satt. Auf einem Bahnhof vor Saarbrücken erhielten wir von RK-Schwestern Brot, Obst, Getränke. Welche eine Freude! Natürlich verdarben sich viele den Magen. Ich auch, was eine Katastrophe bei der Räumlichkeit bedeutete. Die Tür war nur 10cm offen. Die Verpflegung, die für einen Tag bestimmt war, musste auf einmal für 3 Tage reichen, aber es ging noch.

Am 26.5.45 trafen wir in Attrichy ein. Nach einem langen Marsch kamen wir in einem riesigen Lager an. Erst Registrierung, dann kamen wir nach Cage 14.

Dort war alles ziemlich überfüllt. Aber wie staunten wir über die Verpflegung am nächsten Morgen. Weisser süsser Kaffee, 1/3 Brot, Fisch, Corned Beef, Käse, Marmelade. anständige Suppen. das ging so 3 Tage, bis wir nach Cage 13 kamen. Dort wurde es anders. Wir kamen in Zelte, mit 50 Mann. Dichtgedrängt mussten wir auf der Seite liegen. Aber wie dankbar waren wir, dass wir wenigstens ein Dach hatten.

Etwas altes Stroh war auch vorhanden, dass nie oder nur teilweise gewechselt wurde. Früh musste das Stroh in 2 Riegel längs gebaut werden, die Decken darüber wie Esspötte (Konservendosen) wurden darüber gestülpt. Auf saubere Gefässe wurde stark geachtet. Mehr als 2 durfte niemand haben. Es wurden schwere Suchungen danach gemacht. Wer eine Kiste hatte als Sitz, musste sie abgeben oder wurde bestraft. Wer sich mühsam ein Blechmesser bastelte und erwischt wurde, flog in den Bau. Schere, Nadel Zwirn war alles streng verboten.

Ein Tagesverlauf:

Früh um 5.oo gab es Frühstück. 1/6 - 1/8 Brot und Kaffee. Wenn Festtage waren, gab es 1 Löffel (Ilash?) oder ein bisschen Käse. Um 7.oo Zählappell. Anschliessend mussten bis 12 die Zelte geräumt werden. Wehe dem, der sich in einem Zelt blicken liess!! Man zog also mit seinen Habseligkeiten auf den Platz (Lehmboden) und versuchte zu schlafen oder sich auf eine andere Weise die Zeit zu vertreiben. Manche machten Unterricht oder schrieben Klosettrollen voller erstklassiger Rezepte! So lag man dort dichtgedrängt bis Mittag, wo es 1/2 ltr. Wassersuppe gab. Dann legte man sich wieder hin und versuchte zu schlafen, was wegen der grossen Hitze nie gelang. Abends gab es wieder 1/2 ltr. süsse Suppe, ohne Zucker. Dann ging es ins Zelt und das Lager wurde bereitet. Da gab es immer Streit um den besten Platz. Meist wurden einige Vorträge gehalten oder kleine Plaudereien kamen zustande. Aber mit leerem Magen ist das auch nichts. Das ging nun Tag für Tag. Parolen gingen herum aller Art, nie traf etwas ein. Zu rauchen gab es schon lange nichts mehr. Einige hatten zwar noch einige Zigaretten, die sie verkauften. 1 Zig. für eine Brotration. Auf den Latrinen wurden für 1 Zigarette Direktoren- und Prokuristenstellen versprochen!!! Schlimm war die Schikane durch den „Stamm", der in schön ausgebauten Zelten wohnte und alles zu essen hatte. Uns gingen manchmal die Augen über. So war der Unterschied, auf der einen Seite Saus und Braus, und bei uns Hunger, Durst und Elend.

Die Wassernot war furchtbar. Wir mussten bei Tag und Nacht in Kanistern, die wir mit unseren ausgemergelten Körpern kaum tragen konnten, für die Küche und für den „Stamm" Wasser holen. Wohl dem, der eine Büchse voll mit ins Zelt schleppen konnte. Mein Körper war ganz grau geworden, die Knochen stehen heraus wie bei einem alten Pferd. So vergingen die Tage gleichmässig. Ab und zu wurde man wieder gefilzt, und das wenige, was man hatte, wurde noch fortgenommen. Endlich gab es auch Marketenderware. 1 Päckchen Tabak, Rasierklinge und Seife. Toilettenpapier gab es reichlich, man gebrauchte es ja auch kaum. Viele konn-

ten das Rauchen nach so langer Zeit nicht mehr vertragen und wurden sehr krank. Viele machten sich aus den kärglichen Speisen Salate und Puddings, die sie in kleine Büchsen taten. Und mit irgend welchen Kräutern, die irgendwo noch verschämt wuchsen, noch veredelten. Ein Lehrer trieb es zu weit und deshalb kam er aufs Revier. Bei einer Durchsuchung fand man bei einem alten Herrn einen Beutel auf der Brust, der mit Brotkrümeln gefüllt war, die er jeden Tag sammelte und für die Heimreise aufhob!!!!

Mitte Juli kam ein Aufruf, dass sich Leute für bestimmte Berufe melden sollten und zum Arbeitseinsatz kämen. Ich meldete mich als Bäcker und Koch, Otto als Schildermaler und Heinz als Lagerist. Eines Morgens kamen wir in Cage 8. Alle waren voll Hoffnung. Dort wurden wir in eine ??-Kompanie aufgestellt und ...kamen nie fort. Otto und Heinz hatten noch Glück; uns wurde gesagt, dass wir für ein bestimmtes Kommando auf „Eis" lägen. Wir wären auch bald erfroren, denn nie kamen wir fort und durften uns auch nie zu etwas anderem melden. Wir lebten also im alten Trott weiter. Die tollsten Sachen kamen vor. Einmal verschimmelten 20 Sack Brot, die im Lager verbrannt werden sollten. Da stürzte sich alles drüber her, um noch einen Bissen zu erhaschen. Darauf, wir wurden alle von der Polizei mit Knüppeln verjagt und der Haufen mit Öl und Heringslauge übergossen. Wieder stürzte alles hin und nur durch Einsperren der Eifrigsten konnten die anderen ferngehalten werden. Bei manchen Kompanien wurden die Pflaumen, die in der süssen Suppe waren, alle rausgefischt, gezählt und verteilt!! Einige ältere Herren drehten sich aus Toilettenpapier kleine Nudeln und warfen sie in die Suppe zum dicker machen. Heringsabfälle wurden gewogen und verteilt, alles schlug sich darum. Brot wurde gewogen. Überhaupt wurde alles gewogen. Jedes Zelt hatte mindestens 5 Waagen!! Ihr werdet die Sachen vielleicht nicht glauben wollen. Ich habe dies mit eigenen Augen gesehen!"

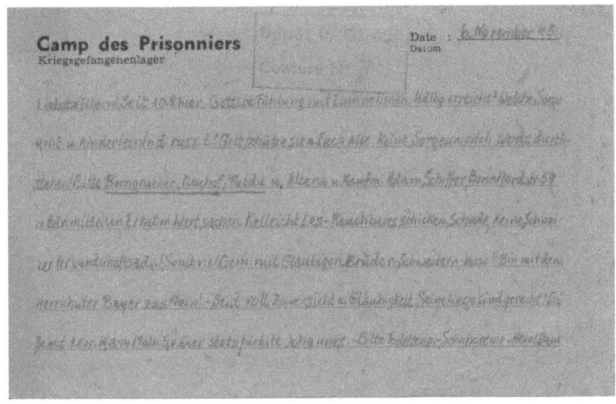

Abb. 21: Erste Karte aus der Kriegsgefangenschaft, 6. November 1945;
Johannes an seine Eltern

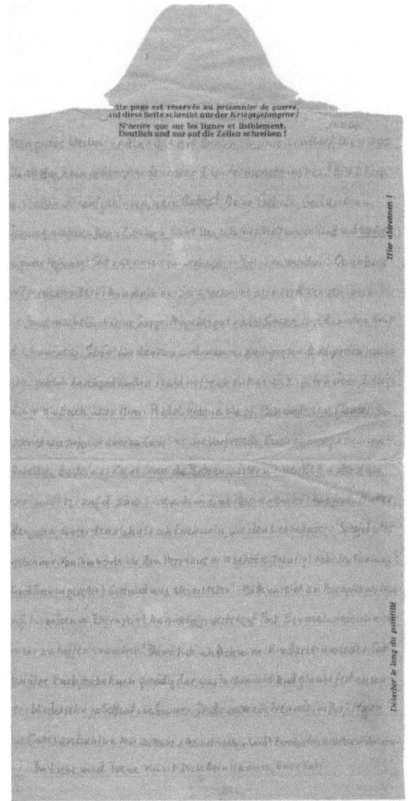

Abb. 22: Johannes´ erster Brief an Erdmut aus der Gefangenschaft;
14. Februar 1946

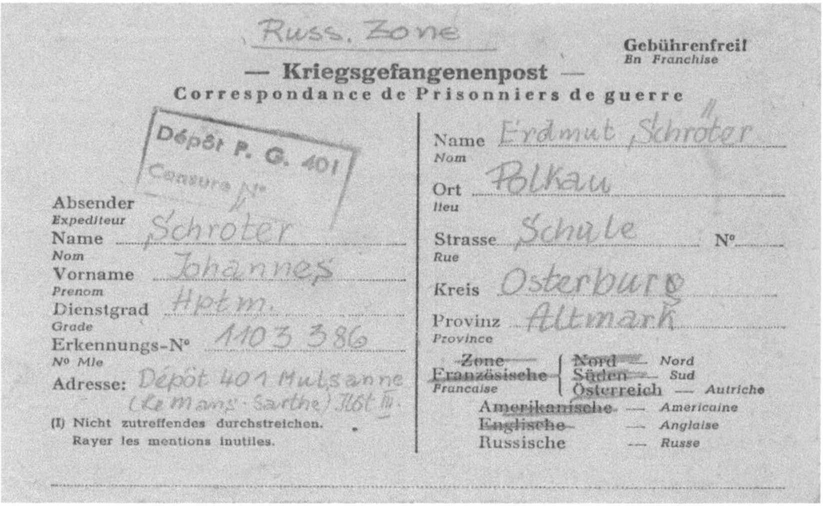

Russ. Zone

Gebührenfrei!
En Franchise

— Kriegsgefangenenpost —
Correspondance de Prisonniers de guerre

Dépôt P. G. 401
Censure N°

Absender
Expéditeur
Name _____ Schröter _____
Nom
Vorname _____ Johannes _____
Prénom
Dienstgrad _____ Hptm. _____
Grade
Erkennungs-N° _____ 1103 386 _____
N° Mle
Adresse: _____ Dépôt 401 Mulsanne
(Le Mans · Sarthe) Bt III.

(I) Nicht zutreffendes durchstreichen.
Rayer les mentions inutiles.

Name _____ Erdmut Schröter _____
Nom
Ort _____ Polkau _____
lieu
Strasse _____ Schule _____ N° _____
Rue
Kreis _____ Osterburg _____
Provinz _____ Altmark _____
Province

Zone ~~Nord~~ — Nord
~~Französische~~ ~~Süden~~ — Sud
Française ~~Österreich~~ — Autriche
~~Amerikanische~~ — Americaine
~~Englische~~ — Anglaise
Russische — Russe

Abb. 23: Karte von Johannes an seine Frau, 28. März 1946;
a) Vorderseite, b) Rückseite

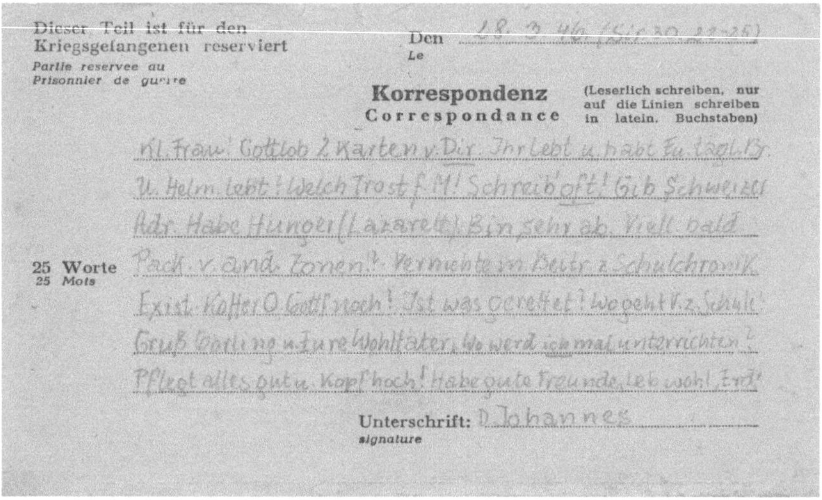

Dieser Teil ist für den
Kriegsgefangenen reserviert
Partie reservée au
Prisonnier de guerre

Den _____
Le

Korrespondenz
Correspondance

(Leserlich schreiben, nur
auf die Linien schreiben
in latein. Buchstaben)

25 Worte
25 Mots

Kl. Frau! Gottlob 2 Karten v. Dir. Ihr lebt u. habt Eu. tägl. Br.
u. Helm. lebt! Welch Trost f. M! Schreib oft! Gib Schweizer
Adr. Habe Hunger (Lazarett) Bin sehr ab. Viell. bald
Pack. v. and. Zonen!? Vernichte m. Beitr. z. Schulchronik.
Exist. Koffer O. Gottl. noch! Ist was gerettet! Wo geht K.z. Schule
Gruß Corli no u. Eure Wohltäter, Wo werd ich mal unterrichten?
Pflegt alles gut u. Kopf hoch! Habe gute Freunde, leb wohl! Erdt!

Unterschrift: D. Johannes
signature

106

7. Kapitel: Verzweiflung und Elend: 1946

Was 1946 geschah: Der Völkerbund wird aufgelöst; daraus entsteht die UN. Konrad Adenauer wird Vorsitzender der CDU, Kurt Schumacher leitet die SPD. Unter Einfluss der sowjetischen Besatzer entsteht aus KPD und SPD in der SBZ die SED. In der SBZ gibt es eine Bodenreform: Ländereien über 100 ha werden entschädigungslos enteignet. 213 Betriebe in der SBZ gehen in sowjetischen Besitz über. Nürnberger Kriegsverbrecher-Prozess. „Entnazifizierungs"-Gesetze. Pariser Friedensverhandlungen bringen keine Einigung zwischen den Siegermächten. Nationale Minderheiten werden nicht nur in ehemals deutschen Gebieten vertrieben, sondern auch in Jugoslawien, Bulgarien und Griechenland: 30 Millionen Europäer, darunter ca. 60 % Deutsche, verlieren ihre Heimat. Wahlen in Frankreich. Erste amerikanische Versuchsreihe mit Atomwaffen im Bikini-Atoll.

Noch müssen wir warten, bis Johannes zum ersten Mal seit der Inhaftierung seiner Frau einen Brief schicken darf. Wahrscheinlich dauert es in den Februar 1946 hinein, bis Erdmut ihn erhält. Der Inhalt ist gedruckt, was auf eine Vorschrift der Zensurbehörde hindeutet. Franzosen konnten mit der Sütterlinschrift der Deutschen nicht viel anfangen. In der Folge, in der weiteren Korrespondenz, gewöhnt sich Johannes eine Abkürzungsmanie an, damit das arg limitierte Papier mit möglichst viel Information gefüllt ist. Ich drucke die Zeilen ungekürzt und unkommentiert ab; den Inhalt wird man zum größten Teil verstehen können.

„Johannes Schröter
Gefangenennummer 1103386
Depot 401 Ilot III 12Kp. Mulsanne Le Mans (Sarthe)

Mein gutes Weibel! Endlich d. 1. Brf, den ich Dir schreiben darf. Wie magst Du all das Schwere überstanden haben, mein Gutes? Meine Gebete, Gedanken u. Träume umgeben Dich u. Euch Tag u. Nacht. Das sollt ihr allzeit wissen! Und seid <u>tapfer</u> u. guter Hoffnung! Gott hat unse-

re Auswege u. seine Möglichkeiten bedacht. Ob ich euch in P. vermuten darf? Noch von keiner Seite Nachricht, als einer d. Wenigen, was bitter ist. Sonst macht euch keine Sorge. Mir gehts gut u. alles Schwere liegt dahinten. Heut d. 1. Sonnentag. Schön! Wie dankbar wird man vor Kleinigkeiten. U. körperlich hab ich alles gottlob durchgestanden. Bald hoffe ich entlassen z. w. Will über die engl. Zone zu Euch über Mimi Pradel, Altena Westf. Rahmedestr. 12 (Tante). So schnell wie möglich aber zu euch! Welche Vorfreude, Euch zu begegnen Einst!!! Habe um meine Anstellung keine Sorge, da Parteianwärter u. nicht NSLB (Nationalsozialistischer Lehrerbund?) *u. selbst als christlicher Lehrer auf d. Schw. Liste u. dann eine Pastorentochter! Wie gehts Mutter, der guten, unter deren Schutz ich euch weiß, wie den lieben anderen. Siegfried sitzt neben mir. Von ihm hörte ich, dass Herrnhut Nr. 10 zerstört. Traurig! Habt ihr Fühlung? Sind Sachen gerettet? Gott wird uns alles erstatten! - Bitte schreibt an Borngraeber, Neuhof. Wo mögen m. Eltern sein? Nun ich hoffe weiter auf Post. Einmal werde ich nicht mehr zu hoffen brauchen! Dann habe ich Dich u. meine Kinderlein wieder. Gott schütze euch, reiche euch gnädig dar, was ihr braucht. Und glaubt fest an unser Wiedersehen, so Gott will im Sommer. Grüße auch alle Freunde im Dorf. Mögen sie Gutes an euch tun. Habt ihr Nachricht von Wolfgang, Helmut u. Cord? Er möge das Verlorene wiederbringen.*

In Liebe und Treue küsst Dich Dein Hannes, Euer Vati."

(Dem Brief liegt eine Zeichnung vom Lager bei.)

Aus der Retrospektive heraus kann man nur den Kopf schütteln. Johannes sammelt bereits Argumente für seine politische Harmlosigkeit. Der Begriff der „Entnazifizierung" wird gerade geboren. Fieberhaft denkt man darüber nach, ob verräterische Dokumente bei einer Hausdurchsuchung gefunden werden könnten. Wo hat man einen kleinen Widerstand gegen das Regime geleistet? Hat man nicht sogar eine Pfarrerstochter geheiratet? Und im Nazi-Lehrerbund war man auch nicht. Das sollte doch eigentlich für eine baldige Entlassung aus der Kriegsgefangenschaft reichen. Und dann reist man eben mal über die englische Zone nach Hause in die SBZ. Leider wird die Wirklichkeit die Träume der jungen Familie sehr bald schmerzhaft einholen.

Die Karte, die Johannes Ende März an seine Frau schickt, verstärkt den Eindruck noch. Sie ist eine bittere Bestandsaufname: Hunger, verräterische Dokumente, Informationen über Zerstörungen, Hoffnungen, Ungewissheit strömen aus diesen wenigen Zeilen (s. Abb. 23).

„Kl. Frau! Gottlob 2 Karten von <u>Dir</u>. Ihr lebt u. habt Eu. tägl. Br. U. Helm. lebt? Welch Trost f. M! Schreib <u>oft</u>! Gib Schweizer Adr. Habe Hunger (Lazarett). Bin sehr ab. Viell. bald Pack. v. and. Zonen!? - Vernichte m. Beitr. z. Schulchronik. Exist. Koffer O. Gottf. noch? Ist was gerettet? Wo geht V. z. Schule? Gruß Gerling u. Eure Wohltäter. Wo werd <u>ich</u> mal unterrichten? Pflegt alles gut u. Kopf hoch! Habe gute Freunde. Leb wohl Erd!"

Am 28.1.46 schreibt Mutti an ihren Mann aus Polkau den ersten Brief seit seiner Gefangennahme:

„...10 Monate bangen Wartens auf ein Lebenszeichen von Dir liegen hinter mir... Wann wirst Du nur meine Antwort erhalten, damit Du nur erfährst, dass es uns gut geht. Mein Guter, was magst Du nur alles durchgemacht haben? Jedenfalls glaube ich, dass Du ziemlich bis September noch in Norwegen warst. Deine beiden Zettelchen an BMW (Bruder Borngräber) kamen hier im Oktober an, sodass ich wenigstens indirekt erfuhr, wohin Dein Weg ging, das erleichterte mich schon sehr. Doch wartete ich nun auf die Lebenszeichenkarte, die von Cord auch Ende Januar erst ankam, und zwar ist er auch in Frankreich bei Compiegne, und Gerhard meldete sich jetzt auch aus Frankreich, ist das nicht wunderbar? Ihn hatten wir doch eigentlich alle aufgegeben. Gottfried lebt im Schutze von BMW, in Heubach ist er Schulhelfer... Siegfried ist in Westfalen, als Dolmetscher, auch in Gefangenschaft. Geht ihm aber gut! ... Du würdest staunen, wenn Du unsere drei sehen würdest. Gesund, kräftig und geistig rege. Volker geht trotz seiner 5 Jahre zur Schule. Du würdest Dich an ihm und seinem Interesse dafür freuen. Sonst ist er ein rechter Bengel, dem der Vater oft sehr fehlt. Mit Bettina hab ich keine Not, sie ist ein eifriges Puppenmütterchen, spielt ausdauernd oft mit Kordula. Du glaubst nicht, wie sich die Kinder heute über die Nachricht freuten... Ja, was würdest Du nur über Knüti sagen. Er läuft wie ein alter, fängt an zu schwätzen, hat 14 feste, weiße Zähnchen und hat immer Appetit. „Mam mam" ist sein 2. Wort dauernd. er ist unser aller Sonnenschein und Trost. Im Sommer hat

er durch sein liebreizendes Babylächeln sogar einen bösen Menschen ver-
trieben. Einzelheiten kann man nicht schreiben...

Die Polkauer sind uns <u>sehr</u> gewogen, wir halfen viel mit in der
Ernte, haben es darum ernährungsmässig sehr gut, im Gegensatz zu
Haugks, die jetzt in Herrnhut sind, Wolfgang eine Anstellung in der Ster-
nelei. Er kam Anfang Oktober. Sie wohnen in <u>1</u> Zimmer. Das Brüderhaus
sowie der gesamte Zinzendorfplatz sind am 9. Mai abgebrannt, was uns
sehr schmerzlich ist. Gut, dass wir hier waren. Mutti versteht es besonders
gut mit den Polkauern. Kordula ist noch ganz hier, während Maya oft in
Muskau ist, um ihre geplünderte Wohnung wieder einzurichten, aller-
dings nur <u>2</u> Zimmer. Vorläufig sind wir noch in der Schule. Wie lange
noch?..."

Gerade hat Erdmut ein geschwollenes Bein kuriert, die Familie ihre zweite Typhus-Impfung über sich ergehen lassen müssen.
Jeder Impfung folgen ein paar Tage Krankheit. Zur Abwechslung
folgt dann mal eine Pockenimpfung. Die Kinder erhalten darüber
hinaus noch Scharlach- und Diphtherie-Spritzen. Am 1. April 1946
schildert Erdmut ihrem Mann:

„...Ich möchte gern mehr schicken. Vorläufig kann ich´s nicht. Kei-
ne Kartoffeln, Brot so knapp. Die Kinder haben auch dauernd Hunger.
Bekamen heute anderthalb Zentner schöne Mohrrüben, die essen die Kin-
der schon zum Frühstück <u>roh</u> mit Begeisterung. So wird uns immer wie-
der geholfen, und ich will in diesem Punkt nicht kleingläubig werden..."

Schon zwei Tage später schreibt sie einen langen Brief; der
braucht zwei Monate, bis er ankommt. Er ist in Druckschrift gefasst. Auszüge daraus zu lesen, bringt uns ihre momentane Gefühlslage näher:

„...Wir sind hier immerhin in der russischen Zone, wo schon allein
der Aufenthalt für einen gewesenen Offizier unmöglich ist, geschweige
denn für einen politisch verdächtigen... Du darfst auf keinen Fall herkom-
men. Die Gründe wirst Du in der Heimat schon erfahren... Wunderbarer-
weise dürfen wir noch im Schulhaus wohnen, fangen nun auch mit neuem
Mut die Gartenarbeit wieder an. Die Hälfte des hinteren Grundstückes
bebauen wir jetzt mit Frühkartoffeln, voriges Jahr ernteten wir herrlich,
die andere Hälfte gehört dem neuen Lehrer, ein Flüchtlingslehrer aus dem

Sudetenland, der mit seiner Frau bei Brauers wohnt… Hungern brauch-
ten wir noch nicht, wie die armen Herrnhuter,… sodass die Kinder blü-
hend aussehen… Wir haben durch einen grossen Teil der Bauern viel
Freundlichkeit und Gutes erfahren, stehn uns mit allen gut… Bis zur
letzten Rübe halfen wir, nahmen die gute Vesperstulle + die 2 RM für den
Nachmittag gern mit und auch weitere Versorgung für den Winter. Die
Schulbereinigung und den Handarbeitsunterricht habe ich auch…"

Am 28. April klagt Erdmut über das Leben in Mangel:

„…Wieviel Gefangene, sonst kerngesunde Menschen, werden jetzt
als Kranke entlassen, und das bewegt mich im Blick auf Dich arg… Ich
traue Deiner zähen und sonst starken Natur und vor allem Deinem Wil-
len und Deiner persönlichen Energie <u>alles</u> Gute zu. - Ja in Herrnhut verlo-
ren wir alles. Die beiden Koffer, die mit vielem anderen in der Sternelei
„sicher" gestellt waren, wurden ausgeplündert. Nur aus einem Berg zu-
rückgelassenen Krempels fischte Dorli noch einige wenige Kindersachen
von uns raus. Ja reich ist man nicht mehr. Meine 3500,- liegen auch auf
der Bank fest. Ich bekomme monatlich 30,- an Unterstützung für die Kin-
der. Mutti und Maya unterstützen mich rührend. Sie bekommen von der
Kirche regelmässig eine kleine Summe. 2 Kinderbetten schenkte mir Mutti
schon. Sonst gibt's ja nichts zu kaufen. Besonders schlimm steht´s mit
Volkers Garderobe und der Kinder Schuhwerk. Bauern bekommen im
Tausch mit Lebensmitteln ja fast alles. Ja, wir sind eben Flüchtlinge. Doch
Gottlob haben wir bei den Polkauern viele Freunde, sitzen daheim auch
immer <u>noch</u> im Schulhaus. Hätten wir einen anderen Bürgermeister,so
wohnten, schliefen und kochten wir sicher nur in einem Raum wie die
anderen Flüchtlinge, die ja leider Menschen 2. Ordnung sind bei Vie-
len…"

Am 26. Mai behandelt sie in einem Brief das besondere Problem der Rauchwaren. Zigaretten haben sich in den Gefangenenla-
gern als Tauschmittel etabliert. Erdmut kommt auf die Idee, selbst
Tabak anzubauen, um ihrem Mann unter die Arme zu greifen.

„…Hier sind Rauchwaren jetzt sehr knapp. Zu Pfingsten sollen die
Männer was kriegen, sonst rauchen sie jetzt schon Waldmeister getrock-
net. Unser Lehrer raucht sogar die geschabten Stiele von Tabakpflanzen,
sogar während der Schulstunden. Das empört Eltern wie Kinder aller-

dings. Ich will übrigens Tabakpflanzen pflanzen, bekam schon von 2 Stellen versprochen, hoffentlich klappt's. Und gebe Gott, dass Du dann daran Freude haben kannst. - Obgleich alles, unsere Zukunft usw. so aussichtslos aussieht, hoffe ich doch vorerst auf ein baldiges, gesundes Wiedersehen. Soll ich noch das ganze Jahr warten müssen!?... Jetzt endlich bekam ich Deine Nachricht über den Vatikan vom Januar, wo ich schon mehrmals ausführlich Nachricht von Dir hatte, aber trotzdem freut mich schon jede Zeile von Dir..."

Im Oktober schickt sie ihm einen Beutel von ihrem selbstgebauten, getrockneten und mühsam fermentierten Tabak. Herr Niehus raucht eine Probe und findet ihn sehr lecker, lobt sogar die weiße Asche. -

In ihrem Brief am 27. Juni 1946 beklagt sie die primitive Arbeit. Über die Schule weiß sie nicht nur Gutes zu berichten. Und ihre eheliche Verbindung mit einem ehemaligen SS-Mann hinterlässt auch ihre Spuren...

„...Entschuldige bitte meine zittrige Schrift. Meine rechte Hand und Arm sind von dem intensiven Hacken auf dem Kohlfeld heute nachmittag noch ganz zittrig und lahm. Wir haben auch wie wild und toll gehackt, weil wir ein Pensum hinter uns bringen wollten. 5 ½ Stunden Hacken mit einer kurzen Kaffeepause ist bestimmt ganz schön. Wie habe ich mich doch schon an alles gewöhnt, ich staune... Ich muss abends die Schule auch noch sauber machen. Denn wenn ich mittags „nach Feld" gehe, hat die 3. Abteilung noch Schule (2. + 3. + 4. Schuljahr). Volker hat jeden Tag von 10- 11 Schule. Der Lehrer hat wenig Autorität, die verwahrloste Kriegsjugend brauchte wahrlich eine straffe Hand, aber ich muss doch sagen, Volker hat allerhand gelernt, aber ich habe so das Gefühl, 30% seiner Schulkameraden sind hilfsschulreif, da ist's natürlich keine Kunst, wenn er so ungefähr der Beste ist. Sonst ist Volker bestimmt ein richtiges Räudel, und ich kann nicht sagen, dass er mir nur Freude macht...

Wegen Deiner SS-Zugehörigkeit (Der Text ist von irgendjemandem teilweise geschwärzt!!) war mal alles hier beschlagnahmt, und ich betete um unser bisschen Hab und Gut. Und wie durch ein Wunder, da ich beweisen konnte, dass ich alles in die Ehe brachte, haben wir heute noch alles. Vater gab mir auch schriftlich, dass der Schreibtisch ihm

gehöre. Ein andermal musste ich unterschreiben, dass Du keine Wertge-
genstände und Grundstücke besitzt. Ungefähr vor einem Jahr kam ein
Stendaler Kommunist, der behauptete, Du seist in der Gestapo gewesen,
als ich sagte, das stimme nicht, hat er mich eine Lügnerin genannt usw.
und demütigte mich sehr, durchwühlte den Schreibtisch und unsere
Handtaschen, Kleiderschrank, entdeckte in Deinem Nachttisch eine Te-
sching-Patrone (Gewehr), machte daraus ein Theater und warf Dein EK II
verächtlich in die Ecke und so fort, und falls Du zurückkämst, dürftest Du
Dich nicht länger als eine Nacht hier aufhalten, sondern müsstest Dich
sofort bei der Polizei melden. Jetzt steht's nur so auf dem Papier dahinge-
schrieben. Aber ich habe sehr darunter gelitten, lebe natürlich auch jetzt
noch in ständiger Unruhe. Wenn ich meine Möbel nicht hier hätte und
auch sonst in Polkau gut hätte wie wohl sonst nirgends, ginge ich gleich
hier los…"

Gern hätte sie noch mehr geklagt, ihr Mann möchte ja gern
die volle Wahrheit erfahren. Aber dann entschuldigt sie sich doch
für die klaren Worte. Nur wenige Tage später erlebt sie, wie ein
Kriegsgefangenen-Transport aus Norwegen sage und schreibe 53
Kinderwagen und eine Reihe norwegischer Frauen mit sich führt,
die deutsche Soldaten geheiratet hatten. Sie bejammert die vielen
deutschen Mädchen, die keine Männer mehr finden könnten. Zur
gleichen Zeit müssen die sich vor randalierenden russischen Soldaten schützen, die sogar beim sommerlichen Baden am See zudring-
lich würden!

Ende Juli schildert sie anschaulich ihren Tagesablauf:

„…Am Freitag ernteten wir 2000 Kohlrabis bei Nagels, die wir bün-
delten zu je 10. Um ¼ 9 abends war ich glücklich zuhaus, ohne dass man
mich überhaupt gefragt hätte, ob ich mal 1 Std. länger arbeiten könne. Ja,
mein Lieb, man muss sich jetzt an vieles gewöhnen. Nach 9 hatte ich dann
die Kinder glücklich zu Bett, dann holte ich noch 2 große Haufen Heu vom
Kirchhof auf unsern Heuboden als Wintervorrat für die Kaninchen. Und
dann packte ich wieder ein Kartoffelpaket für Hanna, und als ich mich
dann endlich gewaschen hatte, sank ich bestimmt todmüde ins Bett. An
diesem Abend war ich nicht mal mehr fähig in Deinen Briefen zu lesen,
was ich sonst allabendlich tat…"

Im August berichtet sie ihrem Mann, wie Volker, der älteste Sohn, mit ihr über die Wirksamkeit von Gebeten gehadert habe. *„Wir beten doch täglich, dass der Vati kommen soll, und er kommt und kommt nicht. Und bei anderen Leuten, die gar nicht beten, kommt der Vati, und denen geht's gut!"* Das alte Problem taucht immer wieder auf: Glauben und Zweifeln!

Erdmut kann sich gar nicht vorstellen, wie ihr Mann sich einmal später beruflich betätigen könnte. Sie berichtet ihrem Mann von den Abschlussprüfungen der neuen „Volkslehrer". Der russische Kommandant habe den Vorsitz gehabt. Die alten Lehrer würden zu Umerziehungs-Kursen verpflichtet, in denen ihnen das neue Geschichtsbild eingetrichtet würde.

Zum Glück gibt es da noch die Kinder, mit denen Erdmut die Laune ihres Mannes im Gefangenenlager hofft aufhellen zu können. In einem Brief, den sie heimlich in einem Paket versteckt, in ein Päckchen Schrot gewickelt, schickt sie ihrem Mann Vitamin C:

„...Ich schickte Dir auch 3 Rollen Cebiontabletten. Bekamst Du sie? Anni Hanebuth schenkte sie mir für Knüti. Sie bekam sie auch geschenkt, freute sich aber sehr, als ich ihr sagte, dass Du sie bekommen sollst, brauchst sie nötiger als Knüti... Sobald Knut sieht, dass die Tür zum Kirchhof auf ist, steht er auch schon unterm Apfelbaum. Er ist auch zu putzig mit seinem Alles-Nachplappern. Zum Beispiel sagte er gestern, als ein Flugzeug rüberkam, „Auto oben, Hussen din." Ein Kind unserer Zeit! Leider dieser schrecklichen Zeit! Du würdest dich ja jetzt gar nicht zurechtfinden..."

Ein weiteres Drama bahnt sich an: Die Familie muss dem neuen Lehrer weichen. Die bedrohliche Lage spitzt sich zu. Am 3. September schreibt sie:

„...Es wird uns nichts erspart. Hier aus dem Schulhaus werden wir wohl auch bald rausmüssen, unter Umständen kann es sich nur um Tage handeln. Es ist jetzt nämlich ein zweiter Lehrer hergekommen, ein sogenannter Neulehrer, hat Frau und Tochter, besitzt eine Wohnung in Magdeburg... Gestern abend kam der neue Lehrer, ein feiner, gebildeter Herr, 40 Jahre, er sitzt jetzt mir gegenüber am Wohnzimmertisch; schläft in dem kleinen Stübchen neben der Küche. Wir kochen für ihn mit. Gottlob ist es so ein anständiger, bescheidener Mensch, sodass man gut mit ihm aus-

kommen kann… Ja,mein Guter, es ist sehr bitter für uns, es wird mir sehr
schwer hier heraus zu gehen, wurde uns doch das Schulhaus in der großen
Notzeit ein richtiges Asyl, ich kann fast sagen auch Heimat, es ist einem
doch alles, trotz seiner Primitivität so vertraut… Gott nimmt mich sehr in
Seine Schule…"

Das tägliche Elend bringt sie im September in jedem Brief
zum Ausdruck:

„…Letzte Woche habe ich mir bei Nagels beim Umgraben meinen
rechten Arm derart überanstrengt, er ist ganz dick und schmerzt bei jeder
Bewegung… Es hindert mich natürlich sehr bei jeder kleinen Arbeit, aber
zum Schonen ist halt auch keine Zeit. Hoffentlich ist's wenigstens gut, ehe
das Kartoffeln „Buddeln" anfängt, da muss ich ja unbedingt ran, schon
um die Kartoffeln dafür zu bekommen, da verzichte ich lieber aufs Geld,
obwohl ich's bitter nötig bräuchte…"

„…Mit Wintersachen sieht es trostlos aus. Morgen soll's in Oster-
burg Kleider geben, da muss ich früh um ½ 8 hinfahren in der Hoffnung,
für Bettina, für die ich einen Bezugsschein habe, ein warmes Kleidel zu
erstehen. So ist das Gejage und Gehetze nach jedem, und dann musst Du
noch grosses Glück haben. Ich kriege ja nicht einmal einen Faden Näh-
garn, geschweige denn Wolle. Ja, hätte ich das alles noch, was in Herrnhut
verbrannte, ich wäre noch reich. Ach, mein guter, sei nicht böse, dass ich
schon wieder ins Klagen komme. Aber weisst du, manchmal überfällt ei-
nen die Not des Alltags so richtig, weil alles menschlich gesprochen so
aussichtslos und ausweglos ist… In 14 Tagen hat Tialein Geburtstag. Sie
wünscht sich nichts, nur eine Puppe! Und sie glaubt fest daran, dass sie
eine bekommt, obgleich ich es ihr fast jeden Tag ausrede. Weisst Du, sie
verlor doch auf der Flucht auf dem Lastauto ihre Puppe, seitdem klönt sie
nun um eine neue. Diese kleinen Kindersorgen bedrücken einen auch!…"

„…Ja, die ganze Woche krabbelten wir bei Nagels und Simons auf
dem Boden, ich mit einem alten Sporthemd und schwarzen Hosen von Dir
bekleidet, einen Sack und Schürze vorn und barfuss, so hättest Du mich
bewundern können. Schrecklich, wie weit ich gekommen bin, wenn ich so
nachdenke, könnte ich heulen, aber meistens tue ich es nicht, sondern bin
Gott dankbar, dass ich gesund und trotz dieser fettarmen Kartoffelernäh-

rung so bei Kräften bin, derart zu arbeiten bei, zu Omis Entsetzen, wenig Schlaf... Wenn man nochmal wüsste, wo man eigentlich zu Hause ist. Wir waren´s bestimmt hier im Schulhaus, aber nun sind wir heimatlos, es ist bitter..."

„...Ich bin bald ratlos, worin ich die Sachen für Dich verpacken soll, denn es gibt weder Kartons noch Packpapier zu kaufen... Volker hat kein Paar Schuhe für den Winter, die Holzschuhe, die ich auf Bezugsschein im Sommer bekam, sind jetzt schon hin. Es ist schrecklich. Würde vielleicht noch solch ein Paar bekommen, die zwar nicht mal den Winter überdauern und wieder 8,- RM kosten. Ich habe doch kein Geld. Ach es ist eine so furchtbare Zeit..."

Im Oktober erwartet Erdmut den Besuch der Lehrersfrau. Frau Niehus möchte sich umschauen, plant den Umzug. Der Zeitpunkt der Umquartierung rückt näher. Noch in diesem Jahr wird Familie Schröter die Lehrerwohnung räumen müssen. Für Erdmuts Mutter findet sich ein Zimmer bei einer netten Frau Riep. Dorthin kann sie auch allerhand Möbel auslagern, die nicht mehr in die beengte Wohnsituation passen.

„...Am 1. November soll der Umzug von Niehus hierher steigen, wohin <u>wir</u> dann sollen, wissen wir noch nicht. Frau N., die eben heute hier war, ist entsetzt über die Primitivität und Kleinheit dieses Hauses, für einen Städter ist´s ja auch so, aber weisst Du, uns ist das ja zu einem richtigen Eldorado geworden. Uns stört es nicht mal mehr, wenn wir wegen eines kleinen Kürbisses 6x zu Rusches laufen müssen, oder wie heute am Sonntag morgen uns 4 Zentner Brikett, sie sind ja heute ein wahrer Himmelssegen, holen. Was sind wir das gewöhnt, wenn man in der Küche kaum gucken und atmen kann vor Rauch, weil der Schornsteinfeger mal wieder kommen muss und das Holz nass ist. Ja, und dennoch müssen wir hier raus, ich muss sagen, dass ich es manchmal noch nicht richtig fassen kann. Es ist mir auch deshalb so bitter, weil eben dann auch alle alten Bindungen an hier und Verknüpfungen mit der Schule, wo Du doch immerhin 1 ½ Jahre wirktest, zerrissen werden..."

„...Eigentlich ist´s jetzt zum Winter ausgeschlossen, dass wir in den beiden Zimmern oben hausen. Unser Schlafzimmer steht ja schon mit

den Betten allein voll, und das andere Zimmer ist ohne Ofen ja nicht be-
nutzbar, da friert ja selbst Obst, Kohl usw. ein, das wir voriges Jahr dort
lagerten. Wir mussten es in Stroh und Decken packen. Ausserdem wäre es
mir schier unerträglich, hier unten andere schalten und walten zu sehen,
wenn uns wenigstens die Küche mit Herd und Waschkessel gehörten. Wir
halten uns ja jetzt sowieso immer dort auf, da im Wohnzimmer Herr Nie-
hus arbeitet... Die Kinder sind ja sowieso immer draussen, auch Knüti. Er
ist kolossal abgehärtet. Wir tragen doch alle noch Kniestrümpfe, und keins
ist erkältet, während manche doch schon mit langen Hosen gehen..."

"...Heute rief Herr Niehus aus Magdeburg an, dass er Donnerstag
morgen mit Möbeln hier einträfe. Nun wird's Wahrheit. Ach Johannes ich
kann Dir nur sagen, Mutti und ich sind fix und fertig. Kein Mann, der
uns hilft oder berät! Endlich auf vieles Bitten hin will Herr Görling 2
Mann stellen, die die grossen Möbel wenigstens tragen. Der gute Schreib-
tisch soll rüber in Omis Stube bei W. Rieps, denn hier oben in der kleinen
Stube, wo wir kochen und die Kinder hausen, würde er leiden. Evtl.
kommt der Bücherschrank auch rüber. Hier können wir nur das nötigste
unterstellen..."

Zum Winter hin kommen weitere Sorgen auf die kleine Familie zu: Der berühmte Hungerwinter 1946/47 kündigt sich an.
Man braucht unter anderem Heizmaterial:

"...Heute vormittag war ich mit Volker im Rochauer Wald nach
Holz, denn in der Woche kommt man so wenig dazu. Vorgestern haben
nämlich die Russen dort gelegen und wüst Holz geschlagen zum Feuer
machen, in dem sie Kartoffeln rösteten, die sie aus der Miete von Gagel-
manns geklaut hatten. Von dem Holz, teilweise angekohlt, lag noch so viel
im Wald, sodass Halbpolkau sich dort noch holte. In Rochau plünderten
sie und man meldete von dort hierher, dass hier alle Höfe und Fenster
usw. geschlossen werden sollte. Aber nach ihrem Biwak im Wald zogen sie
dann hier ganz friedlich durch, einige tausend. Ungemütlich ist's aber
allemal..."

"...Kannst Du Dir vorstellen, dass ich jetzt richtig Freude am Or-
gelspiel habe? Ich wünschte direkt, ich hätte noch mehr Zeit zum Üben;
jetzt im Winter, wo ich mehr Zeit hätte, ist's wieder zu kalt in der Kirche...

Wir hatten in den letzten Tagen schon ordentlich Frostwetter... Und dabei ernten sie bei Simons noch Rüben! Im linken kleinen Finger habe ich schon ordentlich Frost, und Bettina in mehreren Zehen, sie ist ein Jammerbild, wenn sie frühmorgens ihre Schuhe anzieht, im Laufe des Tages gewöhnt sie sich glücklicherweise daran, die arme Maid. Ja, wenn mir vor 2 Jahren jemand gesagt hätte, dass ich bei hart gefrorenem Boden auf den Knien rutschend Rüben abhacken würde, ich hätte ihn sprachlos angesehen... In der Kaffeepause machen wir uns immer ein Feuerchen an, damit man sich ein bisschen aufwärmen kann. Durch das dumme Dreschen sind noch so viel Rüben in der Erde, die sonst bis Ende Oktober raus sind... Ich bin ihnen auch gern gefällig, denn dann fällt für uns immer mal ein bisschen Milch ab, und Karl bringt uns aus der Molkerei mal etwas Magermilch und Quark mit... Frau Simon versprach mir auch etwas vom Schlachten, wenn sie schlachten <u>dürfen</u>..."

"...Omi, die an und für sich bei W. Riep ein schönes Zimmer hat, schläft zwar bis jetzt immer noch hier auf der Couch, wo sie auch jetzt schon schlummert und schnarcht... Mit kalten Füssen gehe ich sowieso schon immer ins Bett, sodass ich jetzt mit Tia zusammen schlafe, damit wir uns gegenseitig wärmen können. Denn es fehlt an Holz, damit wir das Schlafzimmer auch heizen können... Das Schuleheizen besorge ich auch noch gleich frühmorgens. Du schriebst, wir sollen Holzklötzchen unter die Schuhe nageln, ja wenn man Nägel hätte!! Die Schuhmacher haben weder Nägel noch Garn zum Nähen, es ist furchtbar. Du kannst Dir keine Vorstellungen machen von der Armut bei uns! Im Kriege lebten wir ja alle gegen heute wie Könige..."

In zahllosen Briefen bis zum Ende des Jahres erläutert Erdmut ihrem Mann die Folgen des Nürnberger Prozesses, beschreibt Details der politischen Entwicklung. Dabei wird sie sogar manchmal sarkastisch:

"...Nach dem Urteil ist die SS im Gegensatz zur SA zur verbrecherischen Formation erklärt worden. Ich kann ja nicht weiter darüber schreiben, aber ich denke viel!..."

"...Die Sorge um die Zukunft bleibt eben auch immer wieder, denn Johannes, Deiner gewesenen politischen Stellung nach giltst Du jetzt als

Kriegsverbrecher laut der 5 Punkte, die der alliierte Kontrollrat jetzt ver-
öffentlicht. Du glaubst gar nicht, wie das auf mir lastet, selbst in der
Nacht… Ja, vielleicht mag auch einmal Deine Religionsprüfung unsere
Rettung sein, menschlich gesprochen. Die Arbeit ist jedenfalls noch da.
Sonst vernichtete ich ja sehr viel aus Deinem Schreibtisch. - Über das
Nürnberger Urteil und seine Vollstreckung habt ihr sicher gehört. Ja, was
ist aus den „Grossen" von einst geworden! Heute war hier in der Schule
wieder Wahl zum Kreis- und Landtag. Jedenfalls hat diesmal die SED
keine Mehrheit. Es hat eben mittlerweile jeder Angst vor dem neuen Bür-
germeister bekommen. Ob sich das Wahlergebnis hier irgendwie auswir-
ken wird? Sicher nicht, solange wir noch russ. Zone sind…"

„…Gestern sagte Volker: „Nicht wahr, Mutti, wenn Vati aus der
Gefangenschaft kommt, dann muss Herr Niehus wieder weg, dann ist
unser Vater doch Lehrer." Ach könnte es doch sein! Was soll man dem
Kind denn sagen! Wir müssen froh sein, dass wir überhaupt hier wohnen
bleiben können, auch wenn's nur eine Mansardenstube ist… Man ist ja so
dankbar für alles, was man sich vorm Winter anschaffen kann, denn der
wird bestimmt, was die Ernährung anbelangt, schwerer als der letzte. Der
Russe hat sämtliches Getreide beschlagnahmt, die Bauern konnten kaum
ihr Soll erfüllen, bis zum 20. musste alles abgeliefert sein. In Erxleben
konnten 3 Besitzer es nicht schaffen, sie wurden einfach abgeführt wie
auch der komm. Bürgermeister. Hier helfen sie sich gegenseitig. Ja, wir
werden froh sein müssen, wenn wir genug zum Essen haben. Alle haben
immer so einen Appetit, weil eben das mager gekochte Essen nicht lange
vorhält… Volkers Schuhwerk bedeutet mir die größte Not, jeden Abend
hat er nasse und zerrissene Strümpfe, mit denen ich auch bald zu Ende
bin…"

„…Omi und ich erhalten jetzt bessere Lebensmittelkarten, also die
Akte 6, die sogenannte Friedhofskarte fällt weg. Weisst du, das haben wir
unserem russischen Freund zu verdanken, denn, so sagte der Präsident
der Provinz Sachsen in seiner Dankeskundgebung dafür, wie auch für die
Beendigung der Demontage: Jetzt haben wir erkannt, wer die wahren
Freunde der Demokratie sind!!! Mein Guter, das musst Du auch noch in
der Gefangenschaft lernen, d.h. Du willst ja gar nicht in die Zone unserer
„Freunde" kommen. Na ja jedenfalls freuen Omi und ich uns über erhöhte

Rationen! - Görling soll auch wieder auf seinem Bürgermeisterposten wackeln. Eine Frau, ausgebombte Hamburgerin, ihr Mann noch vermisst, wohl schon 5 Jahre hier, soll Anwärterin auf diesen Posten sein, natürlich SED-Mitglied, wie auch Leiterin des Antifa-Frauenausschusses.

Mit grossem Kampf und viel Geschimpfe haben sie gestern die 15 neuen Flüchtlinge, die jetzt im Dezember von den Polen aus Pommern ausgewiesen wurden, untergebracht. Die Polen fordern ja in ihrem Friedensvertrag die Festsetzung ihrer Westgrenze Oder und Lausitzer Neisse. Bin gespannt, ob sie´s erreichen, dann können jedenfalls die Schlesier nie wieder heim in unser geliebtes Schlesien. Und sie hoffen es alle doch <u>so</u>. Landwirtschaftlich wäre das jedenfalls auch ein grosser Verlust für ganz Deutschland…- Vorläufig bewegt ja die Gemüter der Siegermächte erstmal sehr die Frage, ob sie mit einem zentral regierten Staat oder einem föderalistischen Staat verhandeln sollen. Und wenn sie euch Kriegsgefangene erst ein Jahr nach Friedensschluss entlassen wollen, dann können wir noch lange warten. Manchmal kann einen das sehr deprimieren, aber ich will die Hoffnung auf ein Wiedersehen in diesem Jahr nicht aufgeben, denn das ist das einzige, was mich erhält…"

„…Ja wenn wir bald mal eine vernünftige, verhandlungsfähige deutsche Regierung hätten, damit endlich mit den Friedensverhandlungen begonnen werden könnte. Denn vorher besteht auch bestimmt wenig Aussicht auf Eure Entlassung… Cord, der ja jetzt die Verhältnisse in der Amy -Zone gut kennt, sagt, dass doch für Dich wenig Möglichkeiten und Aussichten beständen. Eher noch in der Tommyzone, da sie auch sozusagen als Schlesier gelten, die dort Aufnahme fanden… Sei nicht gutgläubig, Du kennst unser geliebtes, heutiges Deutschland nicht, wo einer dem anderen nichts gönnt und wir unter fremder Gewalt stehen. In der Amyzone darf z.B. kein PG (Parteigenosse) arbeiten, sie sitzen brot- und mittellos rum, und wenn einer sich entnazifizieren lassen will, so muss er tausende blechen. Gebe Gott, dass wir beide mit unseren Kindern siegreich aus den Kämpfen dieser wahnsinnigen Zeit hervorgehen können, denn Seine Treue hört nie auf, sie ist alle Morgen neu… Ausserdem bekamen wir alle pro Person grosszügigerweise 2 Pfund Rindfleisch zu Weihnachten von der Gemeinde, die einen Bullen geschlachtet hatte, und noch etwas Butter auch, sodass wir jetzt besonders auch mit Cord gut leben können. - Heute bekam ich von Lörrach/Baden von einem mir ganz unbekannten Absender

ohne eine Begleitzeile 1 Päckchen (eingeschrieben) mit 400gr. Kaffeemi-
schung zu 50% mit Bohnen, also wunderbar. Na ich warte nochmal ab, ob
ein Brief folgt..."

Wie ist es Johannes im Jahr 1946 ergangen? Als Offizier zur
Untätigkeit verdammt (Offiziere durften in den Lagern nicht arbeiten!) organisierte er zusammen mit seinen Leidensgenossen Aktivitäten. Sie reichten von Bibelstunden über Mathematikvorlesungen
und künstlerischen Lektionen bis zu Leibesübungen oder dem Verfassen von leckeren Rezepten, was dazu geeignet war, den ständig
nagenden Hunger etwas zu bekämpfen. In einem Zimmergenossen
fand er einen besonders engen Freund: Das war Siegfried Bayer, ein
Pfarrer der Brüdergemeine. Dieser wurde schon bald, im Mai 1946,
entlassen und konnte so den Angehörigen einen Bericht über die
Zustände im Lager zukommen lassen. Dieser Umstand hatte großen Wert für Erdmut, da sie sich erstmals vorstellen konnte, unter
welchen Bedingungen ihr Mann in Mulsanne hauste. Ich drucke im
Anschluss Auszüge aus diesem Bericht ab.

„Bad Boll am 11.6.46

Liebe Schwester Schröter!

Den allgemeinen Bericht von unserm Lager möchte ich noch durch
ein persönliches Wort ergänzen, weil mich mit Ihrem Manne durch all die
Zeit hindurch eine herzliche Freundschaft verbunden hat. Ich lernte ihn in
Norwegen schon kennen, aber wir kamen uns erst nahe in der Zeit nach
der Kapitulation, als ich als Lagerpfarrer in seinem Bereich eingesetzt war.
Wir haben uns gefunden in der gemeinsamen Liebe zur Brüdergemeine,
die er durch Sie und seine Besuche in Herrnhut schätzen gelernt hat, und
seitdem haben wir manches Herzensgespräch vom Heiland miteinander
geführt, bei denen uns das Herz brannte, wie Zinzendorf sagt... Ich habe
mich gefreut, wenn ich oben auf meiner Pritsche liegend hörte, wie er un-
ten (wir lagen immer in derselben Reihe übereinander) seinem Bettnach-
barn biblische Geschichten erzählte oder ihn in Dingen des Glaubens un-
terwies. Besonders schön waren unsere gemeinsamen Kaffee-Stunden, die
wir in letzter Zeit an Sonn- und Feiertagen eingeführt hatten. Ich bekam
hin und wieder von einem Brüdergemeine-Prediger aus einem Arbeitsla-
ger in der Nähe ein Stück Brot, das haben wir feierlich mit selbst zurecht-
gemachter Marmelade aus Apfelsinenschalen und Datteln zubereitet, ei-

nen Tee gekocht und in der Sonne auf einem weiß gedeckten Waschkübel aufgebaut... Er lebt überhaupt sehr stark in der Zukunft, hört Vorträge über Gartenbau, macht sich ausführlich Skizzen über einen geplanten Garten, in dem er sich ein hübsches einfaches Häuschen gebaut hat, auch der Sandkasten für die Kinder ist nicht vergessen. Die Unsicherheit der Zukunft vor allem in Blick seinen Beruf bedrückt ihn etwas. Wenn Sie irgendetwas über Möglichkeiten und Aussichten erfahren können, dann schreiben Sie es ihm ganz offen. Die Unsicherheit bedrückt mehr als eine unangenehme Gewissheit. Ich selbst warte hier auf die Zuzugsgenehmigung nach Herrnhut bezw. Berlin, wo sich unsere Gemeine von neuem sammeln soll. Wenn Sie noch besondere Fragen haben, dann schreiben Sie mir bitte. Ich hoffe, dass Hannes eine kleine Unterstützung haben wird durch Pakete, die ich von den ausländischen Brüdergemeinen angefordert habe. Herzliche Grüsse von Ihrem Br. Siegfried Bayer."

(Als Beilage folgt der zweiseitig eng bedruckte Lagerbericht, offenbar abgetippt von Onkel Gottfried:)

„Vor meiner Abfahrt aus dem Kriegsgefangenenlager M u l s a n n e mit einem Krankentransport habe ich den zurückbleibenden Kameraden versprochen, Ihnen ausführlicher von dem Leben in der Gefangenschaft zu erzählen... Das Lager befindet sich einige Kilometer östlich der Stadt Le Mans auf einer versandeten Heidefläche von Kiefernwald umgeben. Die weitere Umgebung ist ein fruchtbarer und blühender Garten, aber davon ist im Lager aus nichts zu sehen. Und das ist gut so, denn der Anblick so schöner Natur durch den Stacheldraht würde die Sehnsucht nur noch größer machen. So freut man sich über die kleinen Gärten, Blumen und Gemüsebeete, die wir uns im Lager selbst mit viel Mühe angelegt haben.

Bei meiner Abfahrt befanden sich gegen 8000 Offiziere und 700 Mannschaften, letztere als Arbeitskommando im Lager, die in etwa 300 Wellblechbaracken, den sogenannten Heinrichsbogen, und zum Teil in Tuchzelten untergebracht sind. Man liegt darin auf dreistöckigen Pritschen, aber so, daß jeder seine abgeteilte Bettstatt und seinen Stroh- oder Seegrassack hat, neben den Pritschen bleibt ein schmaler Raum frei, in dem 1 bis 2 Tische und selbstgebaute Sitzgelegenheiten stehen. Das Licht kommt durch 2 Fenster an den Stirnseiten und durch die Tür. An schönen Tagen saßen wir draußen im Freien, da sich das Blech sehr schnell erwärmte und im Inneren große Hitze erzeugte.

Unter Berufung auf die Genfer Bestimmung wurde uns Offizieren der Arbeitseinsatz verweigert. Dementsprechend war die Verpflegungszusteilung entsprechend gering aber gegenwärtig so, daß man bei geringstem Kräfteverbrauch unter der Voraussetzung, daß die Verdauung in Ordnung bleibt, seinen Ernährungszustand halten kann. Der Verpflegungssatz ist seit dem vergangenen Sommer bedeutend besser geworden. Es gibt jetzt täglich: 300g Brot, 20g Fett, 10g Zucker und am Sonntag 50g Fleisch. Das sind die wesentlichen Aufbaustoffe. Die beiden warmen Suppen am Mittag und am Abend dienen mehr dem Gefühl der Sättigung. Im Winter bestanden sie aus Steck- und Futterrüben, im Frühjahr aus Braunkohl, hin und wieder durch verschiedenartige Mehlsorten verdickt. Bis zu drei Mal in der Woche wurden Nudeln und Hülsenfruchtsuppen eingeschoben. Dazu kommen unregelmäßige Sonderzuteilungen an trockener Blutwurst, Fischpasta und Käse, die zum Teil durch einen Kantineneinkäufer im freien Handel besorgt und bezahlt werden mußten. Die Menge dieser Dinge und ihr Nährwert lassen sich sehr schwer bestimmen. Manchmal gab es 14 Tage nichts und dann wieder 250g Wurst auf einal. Am meisten spürte man das Fehlen der Kartoffeln zur Füllung und Sättigung. Man hat darum im Lager mit Ausnahme von wenigen Tagen ein ständiges Hungergefühl. Als Ersatz für Kartoffeln wurden vor etwa 2 Monaten Versuche mit Sojamehl gemacht, die im allgemeinen zuerst böse Folgen hatten. Sei es, daß der Körper sich nicht so schnell darauf einstellen konnte, oder daß man es nicht verstand, zuzubereiten, jedenfalls bekamen wir fast alle schwere Durchfälle, die erst aufhörten, nachdem der Sojaverbrauch eingeschränkt wurde und wir uns langsam daran gewöhnen konnten. Solche Zeiten kann man ernährungsmäßig nur schwer wieder aufholen. Für die Zeit nach der Ernte kann wohl mit einer Brotzulage gerechnet werden. - In der schlimmsten Zeit im Sommer und Herbst des vergangenen Jahres hat uns das Rote Kreuz geholfen und vielen Kameraden durch Lebensmittellieferungen das Leben gerettet. Der Rotkreuzvertreter hat sich jetzt allerdings außerstande erklärt, weitere Lebensmittellieferungen aufzutreiben. - Der allgemeine Gesundheitszustand war zur Zeit meiner Abreise verhältnismäßig gut. Auch die Todesfälle waren seltener geworden. Die ärztliche Versorgung hat sich gebessert. Für je 2000 Mann steht jetzt ein deutscher Arzt zur Verfügung, der neuerdings auch mit den nötigsten Medikamenten ausgerüstet ist. Für die Kranken gibt es ein Revier, unter

Kontrolle der deutschen Lagerleitung, für das zeitweise sogar Zusatzkost zur Verfügung stand, und das Lazarett unter franz. Leitung. Die Belegung beider ist dadurch zurückgegangen, daß alle ernstlichen Kranken, soweit sie einigermaßen transportfähig waren, mit diesem letzten Transport in die Heimat gekommen sind. Die Behandlung durch das franz. Personal war im allgemeinen korrekt, zum Teil sogar höflich und entgegenkommend.

Das eigentlich Bedrückende und Belastende der Gefangenschaft ist weder die mangelhafte Verpflegung noch die unwürdige Unterbringung, sondern die Ungewißheit über das Schicksal der Angehörigen, die eigene Zukunft und die erzwungene Untätigkeit. Es war deutlich zu spüren, wie mit dem allmählichen Eintreffen der ersten Heimatbriefe zu Beginn des Winters ein Aufatmen durch das gesamte Lager ging. Es sind jetzt nur noch wenige Kameraden, die noch keine Nachricht erhalten haben. Sie werden es selbst erfahren haben, was solch ein Lebenszeichen ausmacht. Darum bin ich von vielen gebeten worden, Ihnen zu sagen: Schreiben Sie so viel und oft es nur möglich ist, nicht nur auf Rückantwortkarten, sondern auch gewöhnliche Karten und Briefe („Kriegsgefangenenpost" ohne Porto) man muß es nur immer wieder versuchen. Ebenso steht es mit Päckchen und Paketen, nur gilt hier, daß Sie nur dann etwas schicken sollen, wenn Sie es wirklich entbehren können. Es auf Kosten der eigenen Gesundheit zu tun, ist jedenfalls falsch. Immer begehrt sind Lebensmittel und Rauchwaren jeder Art, letzteres auch für Nichtraucher, weil der Tabak im Lager die Stelle des Geldes vertritt. Pakete sind ein bis vier Monate unterwegs, die Hälfte der ankommenden Lebensmittel ist darum schlecht.

Schicken Sie Brot und Kuchen nur in geröstetem Zustand. Kochgelegenheiten für Mehl, Haferflocken u.s.w. sind immer irgendwie vorhanden. Aus Deutschland ankommende Pakete sind im allgemeinen nicht beraubt, dagegen die aus dem Ausland häufiger. Kleine 250g-Päckchen wurden bisher überhaupt nicht kontrolliert. - Am meisten wird es Sie interessieren, über Entlassungsaussichten zu hören. Aber es ist Ihnen gewiß auch klar, daß überhaupt niemand Auskunft geben kann. Gegenwärtig werden überhaupt nur Kranke entlassen und solche, die einem Franzosen das Leben gerettet haben. 2 Fälle sind mir bekannt, wo Reklamationen von der Heimat Erfolg gehabt haben, da waren allerdings die Voraussetzungen besonders günstig. Trotzdem ist es nötig, diesen Weg immer wieder zu beschreiten. Unnötig nervenaufreibend sind die Gerüchte, die wie Ebbe und Flut in stetem Wechsel zwischen Hoffnung und Enttäuschung durch das Lager gehen und in den meisten Fällen frei erfunden sind. Das Vernünftigste, was man zu diesem Thema sagen kann, ist wohl die Antwort, die der franz. General für die Kriegsgef. einer Abordnung von uns gegeben hat: „Meine Herren, Ihre Entlassung ist eine Angelegenheit der hohen Politik!"

Die Not der Gefangenschaft, gegen die wir am erfolgreichsten angekämpft haben, ist die Untätigkeit. Soweit es unser körperlicher Zustand und die Witterung zuließen, haben wir zur Selbsthilfe gegriffen und einen regelrechten Universitätsbetrieb aufgezogen. Der Vorlesungsplan wurde immer reichhaltiger, sodaß er wohl manche Universität in den Schatten stellte. Man kann Vorträge und Lehrgänge aller nur erdenklicher Fachgebiete besuchen von der Bienenzucht bis zur höheren Mathematik. Viele Kameraden setzen auf diese Weise ihre Berufsausbildung fort oder legen die Grundlagen für einen neuen Beruf. Allerdings gilt das nicht für alle. Bei manchen war es zu spät, sie aus der Stumpfheit und Passivität herauszuholen. Aber auch für die gibt es Abwechslung durch unterhaltende Vorträge, Musikabende, Dichterlesungen und sogar ein selbst zusammengestelltes Varieté. - Natürlich sind das alles nur äußerliche Versuche, über die harte Zeit hinweg zu kommen. - Die sonntäglichen Gottesdienste werden parallel an 2 Stellen gehalten, weil die Kapellenbaracke nur 800 Mann faßt. Der normale Gottesdienstbesuch beträgt 5-800 Offz. Am Ostersonntag wurden bei dem Festgottesdienst im Freien 1500 Offz. geschätzt…

(Vorstehender Bericht schildert die Zustände im Lager, in dem unser Johannes steckt. Er wurde von diesem Herrn an BMW geschickt. Es grüßt Euch Euer Gottfried)"

So beenden wir das Jahr 1946. Eisige Kälte, beengte Verhältnisse, eine große existentielle Ungewissheit begleiten Erdmut ins neue Jahr! Man vermutet, dass einzig die Verpflichtung ihren Kindern gegenüber ihren Lebensmut noch aufrecht erhalten. Das nächste Jahr, 1947, sollte doch Klärung bringen...

8. Kapitel: Glauben und Zweifeln: 1947

Zuerst rätselte ich ein wenig, wie ich das Jahr 1947 schildern soll. Die Zeit ist unbeschreiblich trostlos – das Kriegsende liegt schon so weit zurück; nichts Positives hat sich für die kleine Familie entwickelt. Und der Traum eines gemeinsamen Lebens, einer Wiedervereinigung, liegt für die Ehepartner noch genauso düster in der Zukunft wie für das gesamte Deutschland.

Zufällig fällt mir dann ein Artikel in die Hände: In der Zeitschrift Publik-Forum (Nr. 15, August 2024) lese ich einen Text mit der Überschrift „Auf Muttersuche in Bosnien". Er behandelt ein Problem, das sich mir ganz ähnlich gestellt hat: Warum haben meine Eltern zu ihren Lebzeiten uns Kindern so wenig berichtet, wie es ihnen in dieser Zeit ergangen ist? Warum grabe ich jetzt erst, nach deren Tod, die vielen erschütternden Geschichten aus? Viele Fragen hätte ich nun. Sie bleiben unbeantwortet. Diese Überlegungen bewegen auch die Verfasserin, die Schriftstellerin Eva Christina Zeller. Sie formuliert eine Antwort: „Plötzlich verstehe ich... das Schweigen meiner Eltern über den Krieg. Es lag nicht an der Schuld, die sie vielleicht auf sich geladen hatten, sondern war ein Sicherheitssystem der Psyche. Ein Überlebensmodus. Etwas ganz Normales... Es war weder böse Absicht noch mangelnde Empathie, dass meine Mutter mir so wenig über früher erzählte... Der Krieg lag dazwischen und das große Schweigen... Es fällt uns heute leicht, diese Generation zu beurteilen und zu verurteilen... Wer war meine Mutter?... Sie war bescheiden und hatte einen inneren Kern, der nicht gebeugt werden konnte, nicht verbiegbar war..."

Vielleicht wird es für uns Nachkommen bedeutsamer sein, die Beweggründe zu verstehen, unter denen damals Entscheidungen getroffen werden mussten, das Elend verwaltet wurde. Das gilt im gleichen Maß für den im fernen Frankreich hausenden Kriegsgefangenen Johannes. Unter welch erdrückender ideologischer Last lebten damals die Menschen: Sie hatten eine Sozialisation in Weimarer Verhältnissen, später unter dem Hakenkreuz erlebt; das steckt niemand so einfach weg, das prägt tief. Eine unendlich scheinende Zeit der Fehlurteile, der Irrwege, der Beschmutzung lag hinter den Eltern. Das alles führte zum „Großen Schweigen".

Was 1947 geschah: Die Bizone wird eingerichtet, eine Wirtschaftsunion der englischen und der amerikanischen Besatzungszone. Im Jahr 1948 kommt die französische Zone dazu (Trizone). Die Internationale Reparationskonferenz legt eine Summe fest: 10 Mrd. Dollar an die UdSSR, 10 Mrd. an die anderen Länder. Pariser Friedensverträge mit Finnland, Italien, Rumänien, Bulgarien, Japan. Zwischen den West-Staaten und der Sowjetunion wachsen die Spannungen. Die Truman-Doktrin legt fest: Allen freien Ländern wird Hilfe versprochen. Mit dem Marshall-Plan wollen die USA den Wiederaufbau fördern. Die Sowjetunion ist strikt dagegen. Die osteuropäischen Länder nähern sich immer stärker der Sowjetunion an. Ein UN-Ausschuss empfiehlt die Teilung Palästinas, was von der UN-Vollversammlung und der Jewish Agency gebilligt, jedoch von den Arabern abgelehnt wird. Indien und Pakistan werden unabhängig. In China herrscht Bürgerkrieg. Japan erhält eine neue Verfassung.

In diesem Jahr schrieb Erdmut 115 Briefe an ihren Mann. Mir sind sie nur bis zum Mai erhalten geblieben. Doch kann ich aus den Briefen von Johannes an seine Frau und dem knappen Tagebuch den Rest ganz gut zusammen reimen.

Sie schildert ihrem Mann den Jahreswechsel. Man feiert in trauter Runde mit Erdmuts Bruder Cord-Berend, der für die Familie in diesen Tagen ein Segen ist:

„...Da sich bei uns alles in einem Zimmer abspielt, kann ich eben nur schreiben, entweder wenn sie alle im Bett sind oder wenn Omi auch schreibt. Und das ist eben heute Abend der Fall... (Silvester) Um 12 Uhr (Mitternacht) läuteten die Glocken und wir drei sangen „Nun danket alle Gott" und Omi las anschliessend die Losung des 1.1. Dann beteten wir miteinander, ich fühlte mich mit Dir so verbunden. Und dann gingen wir zu Bett. D.h. als Omi und Cord rüber zu Walter Rieps in ihr Zimmer gegangen waren, setzte ich mich noch ein Viertelstündchen mit Deinem Bild in der Hand unter das gedämpfte Licht der Tischlampe und hielt mit Dir Zwiesprache. Wie manchen Übergang vom alten ins neue Jahr durften wir

gemeinsam gehen, weisst Du´s noch?... Ach Liebster, wenn nur nicht
noch ein Jahr darüber hingehen möchte!..."

Leider geht noch mehr als ein Jahr darüber. Das ahnt Erdmut
glücklicherweise nicht. Der Jahresbeginn wird durch fürchterliche
Kältewellen, die sich mit großen Schneemassen abwechseln, geprägt. Der Hungerwinter legt Deutschland lahm. In Köln spricht
Erzbischof Frings die Gläubigen von jeder Schuld frei, wenn sie
Mundraub begehen. Man kennt dies heute unter dem Fachbegriff:
„Fringsen", wenn man etwas vom Feld stiehlt, um seinen Hunger
zu stillen. Zwischen dem 3. Januar und dem 11. März schildert Erdmut ihrem Mann die klimatischen Verhältnisse:

„...Habt ihr auch so eine Eiseskälte? Letzte Nacht hatten wir -21
Grad. In unserem Schlafzimmer war es heute morgen trotz gestrigem Hei-
zen -6 Grad. Wenn Du heute Nacht mal in unsere Schlafstube gucken
könntest, würdest Du nur aufgetürmte Betten, unter denen nur 4 Haar-
schöpfe vom hellsten Blond bis zum Dunkelbraun Deiner Frau hervorgu-
cken, sehen, alles andere ist unter den Betten verschwunden. Wenn man
nur rechte Feuerung hätte, aber sie reicht ja knapp für eine Stube, alias
Küche..." (6. Januar)

„...Heute heizte ich im Schlafzimmer auch mal wieder, da es tat-
sächlich -7 Grad heute morgen war. Mit warmen Ziegelsteinen haben wir
uns im Bett doch recht warm gehalten... Das Schneegestöber drang durch
alle Ritzen des Daches, sodass der Boden schneeweiss ist. Also kann man
quasi, wenn man aus der Stubentüre raustritt, schon auf dem Boden ro-
deln, doll..." (9. Januar)

„...Ja, haben wir doch jetzt schon 42 Tage ununterbrochenen Frost-
wetters. Wann wird's nur mal wärmer! Der Schnee liegt derart hoch, da
werden wir im Keller beim Tauen sicher wieder Wasser haben. Na, unsere
paar Kartoffeln und Möhren, die wir noch haben, lagerte ich schon hoch...
Dieses Jahr wäre es eine Katastrophe. Draussen in den Mieten soll den
Bauern auch noch zu aller Knappheit viel erfroren sein. Ich bete schon
täglich um Kartoffeln, wenn unsere alle sind. Wie wenig hat man diese
Gabe Gottes bisher geschätzt... Jedesmal wenn die Kinder meckern, wenn
die Kartoffeln zu trocken wären, sage ich ihnen, denkt, wie der Vati euch

um eine einzige Pellkartoffel beneiden würde... Heute Nachmittag fiel ich
im Hof auf einer überschneiten glatten Fläche, die die Schulkinder immer
entlang schliddern, derart hin, allerdings nur auf meinen
„Allterwertesten". Aber mir war ganz schwarz vor Augen, der Schmerz
zog bis in den Kopf hoch, auch jetzt tut's noch so weh, ich sitze auf einem
Berg weicher Kissen, um überhaupt sitzen zu können... Ich war eben so in
Eile, musste die Tiere füttern, während Knüti schon im Bett zum Anzie-
hen schrie, und Irma wollte Kaffeetrinken und ich musste die Lebens-
mittelkarten bei der Frau Bürgermeisterin abholen. Da sauste ich eben
bissel hin und her, und da lag ich auf einmal... Wie gut haben wir es ge-
gen Haugks, die froh sind, wenn es in ihrem Zimmer 12 Grad wird und
dabei das kleine Kind. Es läge meist mit blauen Händchen da, soll aber
sonst sehr süss sein..." (28. Februar)

„...Rasttag, der jetzt wegen der Schneeverwehungen... Ich zittre
schier noch einen Gruß von dort... Brot wird knapp... Brot ist mir noch
nie so wertvoll... immer noch viel Kartoffeln... ich bin nicht verzagt,...
und die Mieten sollen zum Teil noch erfroren sein... auch sehr viel Krank-
heit, schwere Grippe und Lungenentzündung... Niehus liegt auch mit
Lungenentzündung zu Bett, hatte tagelang über 39 Grad Fieber. Er hatte
vorher schon sehr abgenommen und ausserdem die ganzen Nächte durch-
gearbeitet, so ist sein Körper auch nicht widerstandsfähig. Jetzt bekommen
sie für ihn hie und da nach viel Bitten etwas Milch. Aber sonst sind die
Bauern auf ihn nicht allzu gut zu sprechen, wohl wegen seiner politischen
Haltung... Heute hatten wir einen Schneesturm bei -5 Grad wie den gan-
zen gestrigen Tag. Das rieselte nur so durch's Dach auf den Boden!
..." (11. März)

In den Zeilen klingt es schon an: Der strenge Winter führt zu
verbreitetem Hunger. Die Schröters können noch froh sein, dass sie
auf dem Lande wohnen. In den Großstädten sterben Tausende an
Unterernährung. Mitte März lässt der Frost nach. Allein der Hunger bleibt.

„...schickte ich gestern mehr, kann's aber vorläufig nicht mehr tun.
Wir haben oft selbst Hunger. Oft kommt Volker heimlich zu mir: „Mutti,
ich hab so Hunger!" Wenn niemand im Zimmer ist, kriegt er heimlich
eine Schnitte, dafür muss ich dann beim Frühstück die Schnitten alle dün-

ner schneiden. Sorgen musst Du Dich aber nicht um uns, verhungern tun wir nicht... So wie Du den Hunger kennst, werden wir ihn wohl nie erleben... Das habe ich noch nie gehört, dass evtl. Soldaten aus den Westzonen an die Russen ausgeliefert werden. Hier verschwinden ja wohl besonders ehemalige Offiziere..." (19. März)

„...Heute Nachmittag war ich bei Ehingers Saatkartoffeln verlesen, d.h. die fauligen, angefrorenen wurden rausgelesen. Glaube mir, mir gingen fast die Augen über, wie ich so in den Kartoffeln wühlte und zu Hause sind sie so knapp. das ist zu schlecht... Du weisst´s ja noch viel besser als ich, was Hunger ist, und klagst nicht, darum will ich auch stille sein. Aber weisst Du, das Schwere für mich ist, dass man für die Kinder mitsorgen muss. Volker hat so einen dollen Appetit..." (28. April)

„...Ich bekam heut bei Ehingers für meine Arbeit ein grosses Brot, da kann ich Dir ein paar Röstbrote mitschicken. Du glaubst nicht, was für ein Jubel das war, als ich mit dem grossen Brot daheim ankam, dafür gab´s heute Abend gleich ein Schnittenabendbrot mit Marmelade und Käse, und den Abschluss bildete ein Stück Kuchen, den die Kinder vom Bellingschen Geburtstag geschenkt bekamen, das war ein reines Festessen. - Es ist nicht viel, was ich Dir schicken kann, aber jedes Stück mit viel Liebe gegeben und gepackt. - Ob Du den Tabak wohl selbst rauchst oder eintauschst? Wie mag er Dir schmecken?..." (7. Mai)

Die katastrophalen Wohnverhältnisse tun ein Übriges, unserer Erdmut ständig das Gefühl zu geben, dass ihr der Boden unter den Füßen entzogen wird. Trotz des Detailwissens fällt es mir schwer, mich in diese arme Frau hinein zu versetzen.

„...Nur ist´s eben schlimm, dass sich alles in einem Zimmer abwickelt; sonst konnte Omi, wenn sie in der Küche hantierte, nicht vertragen, wenn die Kinder drum rum sind, und nun muss es auch anders gehen, aber es reicht ihr oft. Sobald´s dann wärmer wird, können sich die Kinder ja im Schlafzimmer aufhalten..." (3. Januar)

„...Und die Wohnungsverhältnisse und alles drum und dran, es hängen ja 1000 Dinge zusammen, sind mir <u>so</u> schwer, <u>so</u> schwer. Und die Essensnöte! Keine Kartoffeln! Mit meinem Kaffee und Kakao aus der

Schweiz in der Tasche gehe ich um Kartoffeln betteln. Für Geld allein gibt's <u>nichts</u>, denn Kartoffeln sind wirklich knapp. Simons und Nagels, bei denen ich im Sommer half, haben selbst nicht genug Kartoffeln. Und dann der Fragebogen für Dich. Was alles lastet auf mir. Aber ich will durchhalten, bis Du einst da bist, bei mir und ich bei Dir. Muss ja auch für die Kinder da sein..." (4. April)

Um die Familie einigermaßen satt zu machen, ergreift Erdmut jede Möglichkeit, um an Geld oder Lebensmittel zu kommen. Dazu zählen die regelmäßigen Orgeldienste, die Schulreinigung, und natürlich vielfältige Arbeiten als Magd in der Landwirtschaft:

...Arbeit macht hart. Hände habe ich bekommen, Du würdest staunen. Die feinen schweinsledernen Handschuhe aus Norwegen bekomme ich kaum über die Fingerspitzen. Ja, selbst meinen Trauring musste ich unter viel Schmerzen abziehen, da sich dadrunter, weil er so knapp sass, das entzündete, es ist heute noch ganz rot. Hast Du eigentlich Deinen Trauring behalten können, hoffe es doch. - Eine so zerbrechliche Frau mit Glacéhandschuhen und Stöckelabsätzen und Seidenfähnchen wirst Du ja einst auch nicht gebrauchen können, gelt? ..." (17. April)

...Vorige Woche grub ich drei Nachmittage bei Nagels um, dann grub ich unser Stück am Damm und heute Nachmittag war ich in Ballerstedt und grub unser Stückel um, Tomaten und Tabak soll dahin, Mohn säte ich schon. Vier Tage lang hatten die Russen Manöver, schrecklich, man konnte sich nicht aus dem Dorf heraustrauen..." (23. April)

...Gestern und heute war ich bei Nagels Mist breiten. Dass ich das auch noch lernen und tun müsste, hätte ich nicht gedacht. Bin aber auch jetzt sehr müde. Doch bin ich immer wieder voll Dank für die Kräfte, die mir der Herr schenkt. Seit früh um ½ 7 gewaschen, konnte fast noch alle Wäsche trocken von der Leine nehmen, als ich um 2 Uhr dann auf's Feld ging. Volker kam nach der Schule auch hin und konnte dann auf dem Trecker mit das Feld pflügen!! - Aber glaube mir, ich sehne mich oft nach einem anderen Leben, doch würde ich diesen Sommer auch noch Landarbeiterin sein wollen, wenn ich Dich nur mal gesehen hätte!! Und Dich frei wüsste!!..." (25. April)

Über ihre Kinder berichtet Erdmut selbstverständlich gern; sie bilden 1947 die wenigen Lichtblicke. Doch fordern die beengten Wohnverhältnisse und die chronische Überarbeitung ihren Tribut.

„...Cord-Berend staunt, wie weit <u>Volker</u> ist. Der Junge ist zu glücklich, wenn Cord sich mit ihm zusammen setzt und ihm vorliest. <u>Bettina</u> hat dazu gar keine rechte Geduld. Sie ist jetzt aber hinter´s Nähen gekommen, und ich muss nun aufpassen, dass sie meine wertvollen Näh- und Stopfgarne nicht verbraucht. Nadeln fehlen dauernd aus meinem Nähetui. Ich weiss, wir machten es mit unsrer Mutter Nähtisch einstens auch nicht anders. <u>Die Windpocken</u> sind die Kinder noch nicht los, besonders <u>Knüti</u> ist noch recht geplagt, aber er ist dabei doch recht vergnügt und frech. Heute morgen fing Omi an, ihn anzuziehen, sie machte es wohl bisschen anders als ich, jedenfalls als ich hineinkam, sagte er: „Mutti anziehen, Omi doof." Omi und ich konnten uns das Lachen kaum verkneifen, ihm war´s ja dann recht peinlich und als ich ihm sagte: „Wer ist doof?" antwortete er ganz kleinlaut: „Dutti doof." Dutti nennt er sich selbst..."
(3. Januar)

„...Knüti spielt süss um mich herum und zwar mit Bettinas Puppe, es ist zwar nur ein Puppenersatz aus Stoff mit aufgeklebtem Gesicht, die ich zufällig letzte Woche in Osterburg erstand. Aber Tia ist selig darüber, da sie doch keine Puppe hat, spielte immer nur mit Teddybären. Knut hantierte eben mit kleinen Schüsseln herum und rief dann: „Abendessen", und nun füttert er die Puppe. Vorher hielt er das Puppendeckbettel an den Ofen, der jetzt zwar kalt ist, wird zum Abendbrot wieder angeheizt. Dann sagte er „ßön mollig" und deckte die Puppe zu und stieß dabei mit dem Kopf an die Tischkante und schimpfte los: „Dumme Tiß, rißtis dumme Tiß..." (17. Januar)

„...Neuerdings ist auch von 14-18 Uhr Stromsperre, da mache ich auch gern vorher noch die Schule. Um Licht zu sparen, sitzen wir dann bis um 18 Uhr immer im Dunkeln und machen Dämmerstunde, da erzähle ich dann etwas oder wir sitzen zusammen, lernten zusammen einige Abendkanons, die wir auch schon fast dreistimmig singen können, Knut singt immer mit mir mit. Es ist zu drollig, wenn er singt: „O wie wohl ist mir am Abend." Er kommt wirklich allmählich hinter´s Singen..."
(24. Januar)

„...Gestern Nachmittag kam ich drüber zu, wie Omi auf seinen Wunsch hin sang: „O wie wohl ist mir am Abend...". Als ich nun kam, sagte er gleich: „Mutti, Stimme singen." Da meinte er die zweite Stimme und in diesem Fall eben mit Omi den Kanon. Das betreiben wir nämlich jetzt fleissig in unserer Dämmerstunde z. Zt. der Stromsperre. Heute sangen wir z.b. auch „Gott ist die Liebe", wobei Bettina und Volker übrigens eine reizende Oberstimme singen, da sang er schon mit, wo und wann er das gelernt hat, weiss ich gar nicht mal..." (27. Januar)

„...Wenn ich die Kinder nicht hätte, die ja nun auch schon etwas von der Schwere der Zeit ahnen, dann würde ich am liebsten den ganzen Kram hinschmeissen, sie geben bestimmt Freude und Zerstreuung von den schweren Gedanken, natürlich sind sie auch die Quelle so mancher besonderen Sorgen und Gedanken. Für Volker im besonderen fehlt rein erziehungsmässig auch der Vater, wie fühle ich oft so mein Zu-kurz-Kommen da, und dabei ist das mein <u>tägliches</u> Gebet, dass ich ihm gegenüber den rechten Ton und die richtige Art geschenkt bekomme. Er ist an und für sich sehr tief veranlagt, macht sich Gedanken über alles, biblische Geschichten erlebt er förmlich mit, das Leiden des Heilands ergreift und bewegt ihn derart, - den tiefsten Sinn des Leidens kann er noch nicht fassen - sodass man stundenlang mit ihm darüber reden kann; den Unterschied zwischen Petrus und Judas, die doch beiden den Meister so betrübten mit ihrem Verrat und Verleugnung, hat er sich selbst so klar gemacht, es ist wirklich erstaunlich... Du würdest sicher auch für alles eine Antwort finden, Mutti und ich sind da jetzt schon manchmal am Versagen. Volker hat aber auch noch eine andere Seite, eine recht, recht jungenhafte, die mir leider oft zu schaffen macht, da ein väterliches Mahnwort so gut wäre. Bettina ist da viel unkomplizierter, mit ihr werden wir schon gut fertig. Und mit unserm süssen Dutti erst recht! Ein Engel ist er wahrlich nicht und bezieht schon manche Kläpse oder wenn er sehr bockt und brüllt, wird er ins Bett gesteckt und bald ruft er dann: „Mutti, Dutti wieder lieb"... (18. März)

Der älteste Sohn Volker verursacht altersbedingt Probleme. Er gibt schon mal Widerworte, macht seine Hausaufgaben nicht und ist laut. Erdmuts Mutter leidet darunter, liegt ihr in den Ohren, dass man doch für Volker eine Lösung finden solle, er passe einfach nicht mehr in diese beengten Verhältnisse. Und tatsächlich findet sich bis zum Mai ein Weg: Johannes' Eltern nehmen den armen Bengel in ihre Obhut. Am 21. Mai begleitet Erdmut mit schlechtem Gewissen ihren Ältesten auf einer zweitägigen Bahnfahrt. Am nächsten Tag treffen die beiden In Wohlbach im Vogtland ein. Hier haben sich die Schwiegereltern nach dem Krieg unter recht ärmlichen Verhältnissen niedergelassen. Der Vater arbeitet als Lehrer und nimmt die Erziehung des Enkels in die eigenen Hände. Leider erkrankt Friedrich Schröter im Laufe des Jahres an einer Gürtelrose, später an tödlichem Darmkrebs. Ich wage kaum, mir den kleinen siebenjährigen Wicht vorzustellen, der sein ganzes Leben bis dahin nur Elend, Flucht und mangelnde Wertschätzung erfahren hat. Der Vater fehlt auch! Welche Kräfte mögen den Buben wohl geformt haben? Bis zum darauf folgenden März wohnt Volker bei den Großeltern, ein knappes Jahr. Der Tod des Großvaters im Februar 1948 führt dann dazu, dass Erdmut ihren Sohn wieder heimholt nach Polkau. Doch von dieser ereignisreichen Reise erzähle ich mehr im nächsten Kapitel.

Zentrales Thema im Jahr 1947 bleiben die Gefangenschaft und die äußerst unsichere Aussicht auf die Entlassung und damit auch die Zukunft der Familie. Beim Lesen der Briefe erfährt man eine Menge über die Qualität und die Details der Nahrungsmittel-Sendungen. Fast alle Briefe sind gefüllt mit einem Wechselbad der Gefühle. Manchmal erfährt Erdmut bei dem Dorfklatsch, aber auch von Bekannten Gerüchte über Entlassungen. Dann wieder überrascht Johannes seine Frau mit optimistischen Neuigkeiten, sogenannten „Parolen", die aber entsprechend schnell wieder dementiert werden. Die folgenden Ausschnitte mögen dem Leser einen Eindruck geben. Johannes schreibt aus Mulsanne am 28.11.1946:

„...Dies soll nun der Weihnachtsbrf. werden, der 1. u. letzte, so Gott will, aus d. Gefgsch. U. mit d. nächsten Fest sind wir vereint, das weiß ich! Dann sind wir mit Hilfe lb. Brüder in In- u. Ausland schon mitten drin im Aufbau eines neuen Lebens. Treib. u. befähig. wird mich einzig die Liebe z. Euch u. d. Verantwort. für Euch vor meinem Gott. Daran denkt, wenn ihr jetzt arg traurig seid ohne mich u. so wenig Auswege seht. Steht zusammen u. tröstet u. ermuntert Euch u. hofft auf unser Wiedersehen.

Wenn auch jetzt noch alles aussichtslos scheint, ja scheint, so werden wir einmal gemeinsam Stein für Stein zusammentragen, bis das Werk unter Gottes Schutz u. Segen steht... Doch nun erst etwas formal Wichtiges. Wir erhielten Fragebögen am 22.12. Ich log nicht, sondern gab meine SS-Zugeh. an. Folgd. fügte ich z. Entlastung <u>wörtlich</u> *hinzu: „Trotz m. SS-Zugehörigkeit war i. Mitgl. des CVJM (YMCA) stets überwacht, gehörte während m. Studiums d. Relig. Seminar v. Prof. Guldenburg (z. Zt. H.f.L. Hannover) an u. bestand 1938 m. mündl. u. schriftl. Examen i. Religion mit „Sehr Gut". Ich war Gegner d. „Deutschen Christen" u. d. „Deutschen Glaubensbewegung" v. Hauer, an den i. nach einem Vortrag an d. HfL Hirschberg Fragen stellte, deren Beantwortung er schuldig blieb. Habe d. Schriftsteller Hans Kern, d. Verfasser „Ewigkeit des Volkes" (Diederich-Vlg, Jena) angegriffen, indem ich s. irrigen Thesen briefl. wie auch in m. Examensarbeit, wie auch vor Kameraden eindeutig widerlegt habe (37/38). In m. Lehramtszeit legte ich trotz schärfster Vorstellg. u. Aufforderung seitens d. Schulbehörde u. Organisation d. Relig.Unterricht nicht nieder u. versah d. Organistendienst bis zur Einberufung Okt. 39. Der Verkehr mit d. Pfarrer wurde mir verboten, ohne mich daran zu binden. Heiratete 1939 eine schles. Pfarrerstochter, ließ m. 3 Kinder trotz Warnungen taufen - sie gehören außerdem zur H. Brüdergemeine, sodaß ich mit der SS völlig zerbrach. Daraus erklärt sich auch m. Nichtbeförderung zum Unterführer. Zeugen: Prof. Guldenburg - Pastor Pohlmann - W. M. Borngraeber." So Erd, nun ists ausgestanden. Mach Dir eine klare Abschrift. Sie mag gelegentl. helfen. Teile den Wortlaut Pohlmann und B.M.W. mit. Das Examen machte ich nicht b. Guldenburg. Schreib bitte, wer mich in Relig. prüfte!..."*

„...1.1.47. Goldene Sonne! Im Osten steigt sie auf u. überstrahlt unser Elend. Grüße Dich herzlich, m. Weibel, mit Ps. 27,1. Ich bin fröhlich u. getrost..." (Johannes, 31. Dezember 1946)

Auszüge aus Erdmuts Briefen zwischen Februar und Mai 1947:
„...das Paket für Dich packen, das ich an Briesnick – Berlin schicke, der dann so freundlich sein wird, es in Frohnau aufzugeben. Hoffentlich bekommst Du es bald und gut in Deine Hände... Erklärungen für den Inhalt des Pakets geben: Von der lang aufgehobenen Wurstbüchse, für die nun endlich der richtige Augenblick gekommen ist, schrieb ich Dir ja

schon. Die Backpflaumen iss nur nicht zu viel in rohem Zustand, denn die verursachen Durchfall, und das ist ja nicht nötig, gelt. Vielleicht kannst Du sie Dir ja kochen, dann hast Du mal einen erfrischenden Kompott, den Zucker dazu wirst Du auch finden. Die Zwieback buk ich für Dich, nur leider wurden sie beim Rösten so dunkel, aber essen wirst Du sie ja hoffentlich noch gern. Wir täten's jedenfalls noch. Ich muss eben alles unten bei Frau Niehus im Backrohr backen, und da gehe ich auch nicht gern dauernd nachsehen. Es ist eben jetzt alles auch so umständlich..."
(13. Februar)

„...Wegen der Zuzugsgenehmigung schreibe ich noch an BMW; aber weisst Du, dass Du aus der amerikanischen Zone nach den Russen ausgeliefert werden könntest, ist bestimmt nicht zu befürchten. Alle gewesenen Offiziere und auch Parteigenossen bleiben deswegen <u>nie</u> hier, sondern gehen nach dem Westen. Kennst Du Lehrer Dalbüding? War Parteigenosse und Offizier und er hat jetzt eine Lehrerstelle, in der englischen Zone allerdings. Hierher will natürlich niemand, denn die Unberechenbarkeit der Russen ist's, die wir alle fürchten..." (25. März)

„...Hörte eben im Hamburger Sender eine Kriegsgefangenen-Sendung, da wurden Hörerfragen betreffs Eurer Entlassung beantwortet. In Frankreich sollen monatlich 2000 nach dem Gesichtspunkt des Alters und der politischen Vergangenheit entlassen werden. Da kann man sich ja für Dich noch nicht viel Hoffnung machen. Heute vor zwei Jahren war die Kapitulation, und vorwärts sind wir in keinem Punkt gekommen..." (der letzte erhaltene Brief des Jahres von Erdmut, geschrieben am 8. Mai 1947)

Über die politischen Verhältnisse lässt sich Erdmut gerne aus. Eigentlich darf sie ja nicht zu direkt werden mit ihrer abschätzigen Systemanalyse; doch nimmt sie uns immer wieder mit in die krisenhafte Entwicklung der „Ostzone". Flüchtlinge müssen untergebracht werden; die parteipolitischen Verhältnisse stabilisieren sich; die Russen plündern die Industrieanlagen, Teil der Reparationszahlungen...

„...Heute um halb sieben hat Omi eine Flüchtlingsversammlung bei Gerlings, bei der besprochen werden muss, wo jetzt noch 15 neue gemeldete Flüchtlinge unterkommen sollen. Das ist wirklich eine Not, und jeder Bauer

meint, er sei schon überbelegt. Dabei stehen ihre Prachtstuben immer noch in alter Pracht da. Denke mal, bei Elke Riep wohnen außer Elisabeth und ihren Kindern jetzt noch fünf Erwachsene und ein Kind. Aber in anderen Häusern muss noch mehr durchgegriffen werden..." (17. Januar)

„...Vorgestern kam der Schulrat her, der liess durch Herrn Posselt um all Deine Taten fragen, aber nichts über Parteizugehörigkeit, nur notierte er, dass Du als Offizier in Norwegen warst. Wozu das alles? P. meinte, nur der Statistik halber... Bei Dir kommt eben noch die SS-Zugehörigkeit sehr belastend hinzu. Ach, wir dürfen doch auch da hoffen. Hier in unserer Zone ist da gar nichts zu holen, am meisten Chancen sind da wohl in der englischen Zone. Man kann sich auch nach langen Verfahren gerichtlich von der Spruchkammer entnazifizieren lassen...- Wir haben jetzt festgelegte Stromsparzeiten, einesteils ganz gut, da kann man sich danach richten, aber schlecht ist's trotzdem, da muss man morgens im Finstern in der Schule heizen... Augenblicklich haben wir noch Kerzen, aber was dann wird? Schlafen sie eben abends mal anderthalb Stunden, wie es viele jetzt schon tun. Tolle Zustände!..." (17. Januar)

„...Karl Simon ist z.Zt. für Wochen auf Demontage nach Magdeburg, wohin der Reihe nach alle jungen Leute drankommen. Armes Deutschland!..." (21. Januar)

„...Jeder, der was werden und haben will, muss in der S.E.D. sein. Ich staune da auch über Herrn Niehus, der hat jetzt paar Sonntage hintereinander in Feiern der Partei Vorträge über Lenin, Liebknecht und Rosa von Luxemburg gehalten. Ich habe ihm neulich direkt mein Erstaunen und Verwundern darüber ausgedrückt, dass er sich dazu hergeben kann. Stichhaltiges kann er zu seiner Verteidigung nicht hervorbringen. Er ist eben ganz Idealist einesteils und andernteils will er bestimmt auch noch etwas werden..." (31. Januar)

„...Ach weisst du, manchmal hoffe ich so sehr, dass die Russen, wie's schon oft gesagt worden ist, bis hinter die Elbe zurückgehen müssen, das wäre für uns <u>hier</u> ein grosser Gewinn. Allerdings nach den unglücklichen Moskauer Friedensverhandlungen sieht vieles nicht sehr rosig aus..." (28. April)

Wie ergeht es in der Zwischenzeit ihrem Mann? Einiges haben wir ja schon erfahren. Doch deuten sich auch größere Veränderungen an. Das Lager Mulsanne soll geschlossen werden. Wohin dann die verbliebenen Gefangenen transportiert werden, bleibt offen. Unter welchen Umständen könnten sie entlassen werden? Die Entscheidungen ziehen sich in die Länge. Johannes schreibt sehr fleißig an seine Frau und hält sie über alle Hoffnungen und Enttäuschungen auf dem Laufenden (s. Abb. 25). Für uns ganz überraschend scheint er sich in seiner Lage ganz allmählich weniger unwohl zu fühlen. Die Ernährung hat sich stabilisiert; man erhält mitunter das Gefühl, dass Johannes diese vogelfreie Zeit in Frankreich zu schätzen weiß. Man spürt seine Angst vor dem mühsamen Unterfangen, eine Familie, die er kaum noch kennt, unter widrigsten Umständen zusammenführen und eine völlig im Nebel einer ungewissen Zukunft liegende Existenz gründen zu müssen. Auch liegt ihm die Entnazifizierung gehörig auf der Seele. Die folgenden Ausschnitte aus seinen Briefen mögen das illustrieren:

„...Sehr am Herzen liegt mir: 1. Schriftl. Bescheinigung von Pöhlmann, 2. Bescheinigung, daß ich nur Rottenführer war, 3. daß ich nur Parteianwärter war. Wie kann ich Zuzugsgenehmigung für Westzone erhalten? Sonst Gefahr bei Euch in 2. Gefangenschaft zu kommen! Ich tue alles, um das zu verhindern!...“ (10. März)

„...Jede entlastende Unterlage ist heute wichtig. Auch Bescheinigung, daß Du Pastorentochter und mit Deinen Kindern der Brüdergemeine angehörst. Um Zuzugsgenehmigung habe ich überallhin geschrieben, doch auch in Deinem Sinn?... Jetzt kommen die 50-jährigen weg. Da gibts etwas Luft... Hoffentlich fallen bald die Zonengrenzen. Stalin ist doch dafür!... Eben dolle Parole: In 14 Tagen sind alle Reservisten frei! Na, die Parolenwirtschaft floriert u. ist charakteristisch für unsere Sehnsüchte...“ (20. März)

„...Du ich glaub fest bis zum Herbst entlassen zu werden, da 3 Kinder! Aber schweigen wir davon. Heut Nacht junger netter Leutnant aus meiner Kompanie auf der Flucht angeschossen: Lungen- und Schulterdurchschuss. Eben gestorben. Hatte seiner kranken Mutter auch von Entlassung geschrieben, sie lebte nur noch davon. Nun, da die Entlassung

verhindert, betrieb er in seiner Not die Flucht. Ein anderer Selbstmordver-
such aus gleichem Grunde... Muttel (Johannes' Mutter) schreibt mir: Ja
Du kannst dich freuen, solch 1 tapfere Frau zu haben, die keine Arbeit
scheut und fleißig ist, um nur die ihren durchzubringen. Es ist doch nicht
leicht im Sommer schwere Feldarbeit zu verrichten, was sie ja gar nicht
konnte. Ich kann unsere liebe Erdmut nur bewundern und muß sie noch
viel mehr lieb haben..." (22. April)

„...Sag, Polkau könnte mir bestätigen, daß ich treu und gewissenhaft
meinen Schuldienst versah, daß ich, selbst unter Druck und Beobachtung
stehend, auf <u>niemanden</u> einen politischen Druck ausübte..." (6. Mai)

„...Ja, ich habe sehr viel Grund dankbar zu sein. Das kleine selbst
gebackene Brot gab ich ab, da ich so fest mit der raschen Heimkehr rechne-
te. Wenn wir 4 Kinder hätten, wär ich ja im Mai dran. Aber grad unser
Kinderreichtum stimmt mich schon jetzt stolz und froh... Morgen geh ich
nach 14 Monaten zum 1. Mal aus dem Draht hinaus ins Freie. Habe das
Glück, Baumstümpfe roden zu dürfen. Anmarsch 6 km. Freu mich drauf:
Einmal sollen sich die Muskeln langsam wieder einspielen, zum andern
schlepp ich mir etwas Holz ran zum Kochen. Und einen Besen, d.h. Gins-
ter, dazu; denn Besen werden nicht geliefert..." (9. Mai)

„...Heut will ich Dich in der Hoffnung, daß Du innerlich mit mir
ertragen kannst, in das rechte Bild auch über meine Entlassungs-
Aussichten stellen... Ich war halt so ehrlich, <u>wie wenige,</u> auf dem Fragebo-
gen meine SS-Angehörigkeit anzugeben. Trotzdem stand ich auf der letz-
ten Entlassungsliste, die allerdings ins Wasser fiel. In einer weiteren An-
hörung schenkte man meinen entlastenden Angaben Glauben, ich kam
nicht in das Sonderlager wie andere. Und gestern nun erneute Verneh-
mung: Bringen Sie Unterlagen für ihre Angaben, dann können Sie heim-
reisen. Nun Erd hängt es <u>sehr</u> von Deinem Briefwechsel mit Prof. G. ab,
der auch meine Zugehörigkeit zum CVJM bestätigen kann. Kann Görling
nicht an Eides Statt bescheinigen vor dem Bürgermeister, daß mein letzter
Dienstgrad Rottenführer war? Dann Pastor Pohlmann! Alle diese Unter-
lagen mit der Bitte um Entlassung sofort an 1. Rechtsstelle d. Roten Kreu-
zes, Genf, und 2. an mich. Nur so kann ich evtl. bis zum Herbst bei euch
sein..." (18. Mai)

„...Morgen wird eine Hälfte des Lagers nach Larzac verlegt, und ich bin nicht dabei. L. liegt in den Cevennen, nördl. Toulouse. Gute Unterkunft, daher begehrenswert. Das Lager wird aufgelöst. Wir kommen im Juli vermutlich nach Baccarat. Schreib immer alte Anschrift!... Habe jetzt ein Gesuch bei dem YMCA Vertreter eingereicht... Wendt schrieb. Rechnet mit 1948. Da aktiv...“ (15. Juni)

„...Am 7.7. wird das Lager aufgelöst. Wir, der Rest, kommen nach Baccarat, Depot 205. Bessere Unterkunft, vernünftige Lagerführung. Das ist wesentlich! Post wird nachgeschickt!... Laß Volker nur so lange wie möglich bei Vatel. Das mag ihm gut tun...“ (20. Juni)

„...In 6 Wochen erreicht Dich vielleicht ein Paket mit ersparter Dattelpaste etc. aus Wesermünde. Guten Hunger, Ihr Lieben! Hoffentlich breche ich auf dem 5km Marsch nicht zusammen. Unangenehm sind Hitze und Filzung, d.h. Durchsicht des Gepäcks. Nun bleibt der Garten zurück für die, die nichts säten. Ein Gesuch französisch aufgesetzt geht an den YMCA-Vertreter nach Baccarat. Hoffentlich klappts bis Weihnachten...“ (5. Juli)

„...Aus unserm „Winterquartier“, nun erreicht, einen 1. herzlichen Gruß. Wir liegen hier in einem großen Kasernennest am Fuße der Vogesen. Verpflegung besser als in Mulsanne, das nun gottlob nicht mehr existiert. Allerdings ist das Wasser sehr knapp und der Auslauf sehr dürftig. Sind etwa 800 Offiziere, Entlassungs-Aussichten äußerst gering, leider. Nun, ich werde mich unter viel Seufzen auch darein schicken, weil es so in Gottes Erziehungsplan mit mir liegt...“ (12. Juli, der erste Brief aus Baccarat, (Meurthe et Moselle) Depot 205, 2. Kompanie, 4. Zug.)

Im Juli setzt Johannes ein Gesuch an die Kommandantur des Kriegsgefangenen-Lagers Baccarat auf. Das Schreiben ist selbstverständlich auf französisch verfasst, in feiner, kalligraphischer Handschrift. Es ist hier ins Deutsche übersetzt:

„Schröter, Hauptmann, Nr. 1103386 Baccarat, 14.7.1947

Herrn Kommandant
Kommandant des 205. Depots
Betr.: Repatriierung
Ich erlaube mir den Fragebogen vom 22.12.46 mit folgenden Indikationen zu ergänzen.

Als Zugehöriger der SS blieb ich Mitglied des UCJG (CVJM); trotz ständiger Überwachung während meiner Teilnahme an dem Seminar von Prof. Guldenberg bestand ich die mündliche und schriftliche Prüfung in Religion mit „Sehr gut". Ich war Gegner der „Deutschen Christen" und der Glaubensbewegung von M. Hauer, an welchen ich nach einer Konferenz an der Universität in Hirschberg Fragen richtete, auf die ich vor den Studenten keine Antwort erhielt. Ich habe den Schriftsteller Hans Kern – Autor von „Ewigkeit des Volkes" - Diederich-Verlag, Jena – angegriffen, indem ich seine irrigen Thesen in einem Brief und auch im Kreise von Kameraden zweifelsfrei widerlegte. Entgegen der strengen Anordnung der SS und der politischen Behörden habe ich als Lehrer den Religionsunterricht nicht eingestellt.

Ich übte das Amt des Organisten aus, bis ich im Oktober 1939 in die Wehrmacht einberufen wurde. Man hat mir mehrfach den Kontakt zum Pfarrer verboten, ohne dass ich dieser Anordnung nachgekommen wäre. Am 4.8.39 heiratete ich die Tochter eines schlesischen Pfarrers, wodurch ich automatisch von der SS ausgeschlossen wurde. Dies alles bewirkte, dass ich mich innerlich schon seit langer Zeit von der SS entfernt hatte. Meine Familie (drei Kinder) wurde ausgewiesen und befindet sich ohne Einkünfte noch immer in der russischen Zone.

Ich war niemals Leiter einer nationalsozialistischen Organisation oder Mitglied einer nationalsozialistischen Partei.

Am 24.3.1947 habe ich erfahren, dass sich mein Name auf einer Liste von 3000 Reservisten befindet, die die Repatriierung erwarten.

Am 30.4.1947 gab es ein Verhör der früheren SS-Mitglieder.

Ergebnis: Meine Indikationen wurden als glaubhaft eingestuft. Es wurde keine neue Datei erstellt, auch wurde ich nicht mehr fotografiert wie die anderen.

Am 18.5.1947 erneute Befragung.

Ergebnis: Als Schlesier kann ich mir derzeit kein Zertifikat besor-

*gen, welches meine vorwurfsfreie politische Vergangenheit belegt. Man
hat mir empfohlen, mich an eine deutsche Kontrollinstitution zu wenden,
die für solche Angelegenheiten zuständig ist.*
   *<u>Anhang</u>: Ein Zertifikat, das die oben beschriebenen Angaben unter-
streicht.*

   *Bitte nehmen Sie, mein Herr Kommandant, meine vornehmsten
Grüße entgegen!*

Gez. Schröter"

Im Begleitbrief schreibt er seiner Frau:
   *„...Daß Deine Kraft bei den Bauern so begehrt ist, nimm es als posi-
tives Zeichen... Das mit den „17 Wochen" hat mich sehr bedrängt... Ich
rate dringend, Dich beim Arzt vorzustellen, der eine gewissenhafte Beur-
teilung abgeben soll! Leicht könnte sich etwas festsetzen und sich verhär-
ten.* (Zur Erläuterung: Erdmut hat ihn über das Ausbleiben ihrer Regel
informiert, wahrscheinlich bedingt durch Stress und Hunger).
*Wenn wir auch keinen weiteren Nachwuchs finanziell vertragen, so geht´s
bei meiner Bitte nur um <u>Dich</u> und Deine Gesundheit. Vielleicht ist die
Unregelmäßigkeit auf eine zeit- und arbeitsbedingte Umstellung zurück-
zuführen. Also gib mir bitte bald das beruhigende Gutachten!... Plaudere
noch ein bissel mit Dir, da der Brief auf besonderen Wegen herausgeht.
Deute nie etwas davon an! Ja? Es ist 20.30. Prima rasiert; würdest Deine
Freude haben und eine rasante Nacht verbringen. Eigentlich bin ich immer fröhlich... Morgen Erntedank. Gab Socken, Seife und Haferflocken für
arme Bedürftige! Eigentlich hätt ichs auch brauchen können..."* (4. Oktober)

   *„...Und, Weibel, schick mir nichts. Wir haben jetzt auch Kartoffeln.
Um <u>mich</u> mach Dir <u>keine</u> Sorge. <u>Für euch</u> halt ich 20 Jahre gut aus! Zunächst bemühe ich mich um einen guten Füllfederhalter, den mir ein
Glaubensbruder aus Mühlhausen besorgen will. Als nächstes ist eine Uhr
vorgesehen!..."* (11. Oktober)

Einen ganz merkwürdigen Brief, der einen ahnungsvollen
Blick auf die psychische Verfassung meines Vaters richtet, schickt

142

er am 16. Oktober. Vorausgegangen war eine fröhliche Schilderung des Kindergeburtstages, den seine Tochter Bettina Ende September feierte. Sie war sechs Jahre alt geworden. Ihre Mutter hatte alles aufgeboten, was die ärmlichen Verhältnisse hergaben, um ihre Tochter (und damit auch ihre Umgebung und sich!) glücklich zu machen. Tja, und der Vater fehlte leider. Das führte zu einem Gefühl des Ausgeschlossen-Seins, zu Eifersucht bei Johannes. Hier ist auch der Keim gelegt zu einer Konstellation in unserer Familie, von der noch zu reden sein wird und die Zeit meines Lebens zu spüren war. Erdmut und ihre Kinder bildeten eine Einheit. Johannes fühlte sich immer stärker als Eindringling, als jemand, der nicht zum „inner circle" der Gefühle gehörte. Man ertrug ihn als notwendiges Übel, man hatte Geheimnisse vor ihm. Verhängnis oder Schuld? Wir werden es nie vollständig erfahren! Nun folgt der Brief im Wortlaut:

„...und erhielt dann einen Brief, der von Anfang bis Ende nichts für mein Gemüt, sondern <u>nur</u> Tias Geburtstag enthielt. Nicht so, daß ich mich nicht über das Schöne dieses Tages freute, aber ein so kostbares Formular bittet auch <u>sehr</u> herzlich um <u>Deine</u> Gedanken, <u>Dein</u> inneres und äußeres Erleben. Hätte man nicht die Geburtstagsfeier am Rande mitteilen können? Kannst Du mich da nicht verstehen? Ein Gefangener lebt zuerst für sein Weib und dann für seine Kinder. Du kannst Dich wenigstens in Deiner gebenden und empfangenden Liebe unseren Kinderlein mitteilen. Ich aber gebe und empfange seit 922 Tagen nur in Briefen. Und 10 Kinder zum Geburtstag in dieser Hungerzeit? Gehst Du da nicht auch wieder Geschenksverpflichtungsketten ein? Aber vielleicht verstehen wir aus dieser Stacheldrahtperspektive nicht mehr das Leben da draußen!..."

Am 1. November schreibt er:

„...Weißt, eigentlich ists gut, den Winter hier sein zu können. Käme ich im Dezember nach Neuhof, würden wir uns doch nicht sehen und ich wäre dort nur eine Last. Ein neues Jahr, ein hoffnungsvoller Frühling, vielleicht klarere politische Verhältnisse, die Möglichkeit einer herzhaften Begegnung, das ziehe ich einer Winterentlassung mit Viehwagentransport und Hunger doch vor. Denn <u>hier</u> gehts mir wie Elias in der „Wüste". Gott sorgt wunderbar!..."

Zu Heiligabend 1947 schreibt Johannes seiner Frau. Im Weihnachtspaket hat er ein Foto von seiner Familie erhalten. Gleichzeitig betrauert er seinen Vater, der im Sterben liegt. So endet das Jahr 1947. Noch große Mühe wird aufzubringen sein, bis die beiden Eheleute sich wieder in die Arme fallen können, der Vater beginnen kann, seine Kinder zu erziehen!

„...Weißt, Erd, daß Du immer noch so <u>hübsch</u> bist, so sauber und gepflegt! Gefällst mir enorm!!... Die gute Omi allerdings, sehr ernst und eingefallen... Es ist 19.oo. Unser Bäumchen geschmückt, die Bude aufgewischt. Gleich gehts zur Christnacht... Hab gleich Vatel einen lieben, vielleicht auch letzten Brief - Gott weiß es! - geschrieben. Erschütternd das Krankheitsbild bei einer <u>so</u> gesunden Lebensweise! Wo ist die Ursache? Möge Gott seinem getreuen Knecht die schwere und schmerzende Leidenszeit abkürzen und der armen Muttel rechte Güte und Geduld schenken. Es fällt mir schwer, gerade heute daran zu denken. Wieviel Unausgesprochenes, leider!... Nachher werde ich in Gedenken an Dich ein Glas Rotwein „hinunter schmettern..."

Abb. 24: Skizze des Gefangenenlagers Mulsanne, 1946

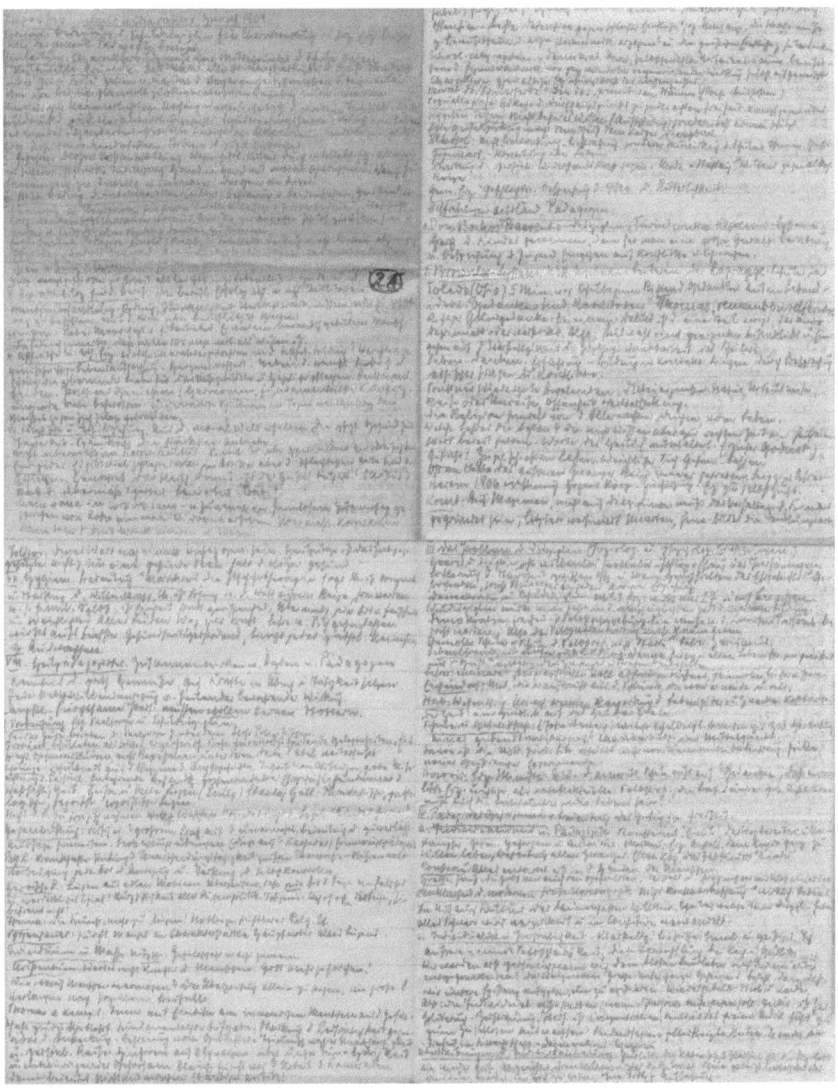

Abb. 25: Schriftprobe aus der Gefangenschaft, 1947;
Bleistift auf grauem Papier

Abb. 26: Bild für den Vater in der Gefangenschaft,
1948; „Unser Kleeblatt"

9. Kapitel: Wiedervereinigung mit Tücken: 1948

Was 1948 geschah: Die Luftflotte der Alliierten durchbricht die sowjetische Berlin-Blockade. Berlin wird gespalten. Die UdSSR erklärt die Rückführung deutscher Kriegsgefangener für beendet (1,9 Millionen Entlassene). Allerdings finden bis 1953 weitere Entlassungen statt. In der Londoner Sechs-Mächte-Konferenz wird der Zusammenschluss der drei Westzonen zu einer Wirtschaftszone, der Trizone, beschlossen. Das Ruhrstatut wird hier verkündet: Eine internationale Kontrollbehörde soll deutsche Kohle und Eisen verteilen, allerdings unter Ausschluss der UdSSR. Währungsreform in Westdeutschland: 10 RM entsprechen einer DM-West. In der Ostzone wird entsprechend gehandelt. Hier öffnen auch die ersten staatlichen Läden (HO-Laden), der private Handel wird dagegen zurückgefahren. Frankreich hebt die Zollgrenze zum Saarland auf und führt die französische Währung dort ein. Im September tritt der parlamentarische Rat unter Leitung von Konrad Adenauer erstmals zusammen. Israel wird gegründet. Mahatma Gandhi wird ermordet. Die UdSSR schließt etliche Freundschaftsverträge mit seinen Satelliten. Allerdings bricht Jugoslawien unter Tito mit der Sowjetunion.

Es bewegt sich was! Im Großen wie im Kleinen! Das Kriegsende liegt nun schon drei Jahre zurück. Die Alliierten schauen eher in die Zukunft, versuchen einen lukrativen Aufbau eines zerstörten Landes, möchten ihre Gefangenen los werden. Die Erinnerungen an die Nazizeit dämmern langsam dahin. So wird für Erdmut und ihre Familie dieses Jahr zu einer enormen Kraftanstrengung, viele kleine Erfolge werden immer wieder von neuen Hindernissen gestört. Ein spannendes Jahr!

Januar

Erdmuts Bruder Cord, ein Kriegsheimkehrer, hatte mit den Polkauern eine glückliche Weihnachtszeit verlebt. Die Kinder waren in ihn vernarrt; Mutter und Schwester umsorgten ihn mit glücklicher Miene – war er doch ihr einzig verbliebener Mann in der

Klinkert-Familie. Leider musste er zu Beginn des neuen Jahres abreisen, seine Aufenthaltsgenehmigung für die Ostzone lief aus. Normalität kehrte wieder ein ins Lehrerhaus. Glücklicherweise hatte der Winter in diesem Jahr keinen dem vergangenen Jahr vergleichbaren Terror ausgeübt; verhältnismäßig milde Temperaturen machten es möglich, dass Erdmut schon im Januar auf den Feldern fleißig half. Vor dem Schulbeginn am 21. Januar musste die Schule noch einmal gründlich gereinigt werden. Bettina freute sich nach langer Entbehrung und Suche über ihre erste Schiefertafel. Von Volker aus dem fernen Vogtland trafen nur positive Kommentare ein. Er machte allen dort Freude.

Johannes schreibt fleißig aus Frankreich; lange, bis zum Ende des Monats muss er auf seine Weihnachtspäckchen warten; das nimmt ihn gehörig mit, belastet ihn psychisch. Seine Zimmerkumpanen schwelgen in Weihnachtsgeschenken; nur er muss sich gedulden. Doch irgendwann kommen die Pakete endlich an. Eine baldige Verlegung nach Südfrankreich wird angekündigt. Baccarat wird als Garnison für französische Soldaten benötigt.

Februar
Wenn Omi nicht diesen grässlichen Hexenschuss entwickelt hätte, wäre das Leben in dieser Zeit erträglich gewesen. Doch nun lag sie gekrümmt auf dem Sofa und musste ordentlich gepflegt werden. Zusätzlich stemmte Erdmut die Organisation der wöchentlichen Bibelstunde. Am 9. Februar starb auch noch der Opa in Wohlbach. So standen vor Erdmut unerwartet Berge von neuen Problemen und Entscheidungen, die zügig getroffen werden mussten. Volker konnte nicht mehr bei der Großmutter bleiben. Nach Opas Beerdigung gab Oma Erna recht schnell ihre Wohnung im Vogtland auf. Ihr jüngster Sohn Gottfried holte sie schleunigst nach Westdeutschland, in den Spessart, nach Neuengronau. Von diesem Ort wird noch die Rede sein, bildet er doch in den nächsten Monaten den Lebensmittelpunkt für die Großfamilie Schröter (s. hinterer Umschlag). Johannes erfährt leicht verzögert vom Ableben seines Vaters. So schreibt er am 17. seiner Frau in anrührender Sprache. Man spürt seine Nöte, als Ältester so machtlos zu sein:

„...O Ewigkeit, Du Schöne, mein Herz an Dich gewöhne, mein Heim ist nicht aus dieser Zeit!" So sangen wir eben und es mögen die Worte des geliebten Vatels gewesen sein, unter die er sich in der letzten Woche gestellt haben mag. Gestern Abend kam die schmerzliche Kunde, und ich flüchtete über den Hof zum Gemeinderaum. Bei aller persönlichen Härte leidvoller Jahre habe ich doch bitterlich geweint, habe aber in ringendem Gebet wunderbaren Trost und Gewißheit finden dürfen, daß Gott in seiner Weisheit und Barmherzigkeit entgegen allen allzu menschlichen Voraussagen eines qualvollen Todes ihn grad um die Zeit meiner Wortverkündigung zu sich genommen hat. <u>Was</u> Vatel mir bedeutete und war, das kann ich Dir, geliebte Erd, erst sagen, wenn ich bei Dir sein werde. Mehr will ich jetzt nicht sagen, da infolge der Fahrtvorbereitung und dem Lärm Schweigen, herzliches Schweigen richtig ist. An Muttel schrieb ich bereits! Für Volkerlein ein einschneidendes Ereignis! Ich wäre nicht traurig, wenn er noch bei der Oma bliebe, bis sie ein endgültiges Ruheplätzel gefunden hat. Es wird mir schwer ums Herz, nicht da zu sein, um helfen und raten zu können..."

Eine kleine Kältewelle schwappte Mitte des Monats durch das Magdeburger Land. Ein eisiger Wind blies und zwang die Bevölkerung zu Hause zu bleiben. Selbst mittags fröstelte man mit eiskalten Händen beim Mittagessen, fest in Decken gehüllt. Zehn Grad zeigte das Zimmerthermometer. Nach dem Essen legte sich Erdmut gern mit Knut zu einem Mittagsschlaf ins Bett, um nicht zu frieren.

Einen kleinen Lichtblick bot ein Päckchen mit Dattelpaste aus Frankreich. Nach dem Mittagessen und abends vor dem Schlafengehen verwöhnte Erdmut ihre Lieben mit einem dünnen Scheibchen der süßen Masse. Davon schwärmte sie ihrem Mann gegenüber in mehreren Briefen ausgiebig, bedankte sich überschwänglich.

Johannes wird am 20. Februar mit der Eisenbahn vier Tage lang nach Südfrankreich transportiert, nach Larzac (Aveyron), Depot 161. Er leidet unter den tiefen Temperaturen und dem Mangel an Wasser. Anfangs haust er mit seinen Kumpeln in einem Zementwagen und kann vor Staub kaum atmen. Ganz froh ist er über die Verlegung in einen offenen Güterwagen, da der alte Wagen nach einem Achsenbruch ausrangiert werden musste. Seiner Frau gegenüber schimpft er: *„Das hätte das Rote Kreuz mal sehen müssen! Das ist ein Verbrechen gegen die Menschlichkeit!"* Gottlob, in Larzac werden die Gefangenen von dem französischen Lagerkommandanten empfangen und mit Kaffee, Brot und Erbsensuppe versorgt. Das entschädigt ein wenig. Nun liegt er mit 15 Mann auf dem Zementboden der Stube. Um 21 Uhr wird das Licht gelöscht. Die Briefbögen werden auf die Hälfte rationiert. Nach wenigen Tagen überreicht ihm sein Nachbar die erste Wanze. Na das kann ja schön werden…

März

Erdmut reiste mit der kleinen Bettina ins Vogtland, um Volker abzuholen. Drei harte Tage dauerte die Fahrt. Die erste Nacht verbrachten die beiden in Magdeburg. Die Bahnhofsmission hatte ein Einsehen. Die hilfreichen Menschen dort besorgten ihnen sogar einen Platz im Mutter-Kind-Abteil des Zuges, der früh am nächsten Morgen nach Leipzig fuhr. Über Plauen ging es dann nach Adorf, wo die beiden um Mitternacht ankamen. Die Nacht im ungeheizten Wartesaal war furchtbar. Tia schlief in eine Decke eingehüllt auf Stühlen liegend, den Kopf im Schoß ihrer Mutter. Doch Erdmut zitterte stundenlang und holte sich einen gehörigen Schnupfen. Früh am nächsten Morgen, die Sonne schien über schneebedeckter Berglandschaft, machten die beiden sich auf den Weg nach Wohlbach. Bettina trug tapfer ihren Rucksack. Auf halbem Weg kamen ihnen Schwägerin Christa und Volker entgegen, der sie schon so sehnsüchtig erwartet hatte. Wie froh waren alle über diese gelungene Reise. Für eine Woche genoss man das Zusammensein. Vor allem anderen staunte Erdmut über die Entwicklung des siebenjährigen Volkers. Sie erzählt in einem Brief ihrem Mann:

„…Heute Abend lasen wir in Hesekiel, ja, das sei Volkers Wunsch, dass jetzt abends der Prophet Hesekiel gelesen würde. Er ist bewandert in der Bibel, ich staune nur. Besonders liebt er die Geschichten der Apokryphen. Judith, Judas Makkabäus usw. Und Lieder kann er, das ist wirklich schön! Man kann sich richtig freuen, und wohl sieht er aus, er hat bestimmt nicht Not gelitten. Ich freue mich, wenn er dann wieder in Polkau ist. Aber Gott gebe nur, dass er so bleibt, wie er ist, d.h. er möchte auch so

weiter vorankommen und nicht wieder in den kümmerlichen Verhältnissen in Polkau verwahrlosen..." (3. März)

Erdmut beschloss, mit ihren beiden Kindern noch nach Sachsen zu reisen. Zwei weitere Tage verbrachten sie im Zug, bevor sie in Herrnhut von ihrer Verwandtschaft begrüßt werden konnten. Ganz erschüttert berichtete sie ihrem Mann von den Verwüstungen, die die russischen Truppen in der Stadt hinterlassen hatten. Man wohnte bei Ruths Familie in beengten Verhältnissen, jedoch in fast uneingeschränktem Glück. In einem Brief an ihren Mann klagte Erdmut, wie ungern sie wieder nach Polkau zurückkehren würde, in „dieses Polkauer Milieu". Wenn nur die Pflicht nicht rufen würde!

Von Herrnhut reiste Edmut nach einer Woche zu ihrer Schwester Maya nach Muskau. Majas Tochter Kordula fiel bei der Begrüßung Bettina um den Hals und wollte gar nicht mehr loslassen. Auch hier erschütterten Erdmut die großen Brandverwüstungen, die der Krieg in der Stadt hinterlassen hatte. Die Kirchen und das Schloss waren zerstört, eine ganze Straßenseite niedergebrannt. Auch Mayas Aussehen erschreckte Erdmut. Ihre Schwester wirkte ausgezehrt und grau im Gesicht. Sie ahnte wahrscheinlich schon, dass ihr Mann Helmut nie mehr aus Russland heimkehren würde. Nach wenigen Tagen trennten sich die vertrauten Schwestern; Erdmut reiste mit ihren beiden Kindern über Berlin wieder heim. Der Glücklichste von allen war Knut, als sie ihr Zimmer im Lehrerhaus betraten, schwer bepackt, nach einem ordentlichen Marsch vom Bahnhof Düsedau nach Polkau.

Wiederholt berichtete Erdmut ihrem Mann von ihren Glücksgefühlen während der Fahrt, aber auch von den wundersamen Erlebnissen, die sie mit ihrem Ältesten hatte.

„...Über Volkers Bibelkenntnis staunt auch Omi. U.a. wusste er, dass der zweite Spruch der heutigen Losung im Matthäus 26 steht.- Und bei Maya, das muss ich Dir direkt erzählen, sagte er eines Abends: „Lesen wir doch heute 1. Samuel 17. Wir brauchen nicht das ganze Kapitel lesen, das hat ja 58 Verse, aber wenigstens die Geschichte, wo David den Goliath tötet, oder sonst können wir auch Ahabs Tod im 1. Könige 22 lesen." Dann schlug er ohne Mühe beide Stellen auf. Ja das

alles darf ich nicht verkümmern lassen, im Gegenteil: fördern..."
(23. März)

Leider reagiert Johannes auf diese Reise und die Briefe nicht
so, wie wir es erwarten könnten. Er schreibt etwas gequält und
fühlt sich zurückgesetzt. Im März steht für Erdmut nicht die Gefangenschaft und der arme leidenden Ehemann im Vordergrund, sondern die Verwandten, die Reiselust, die Faszination über den wie-
dergewonnenen Sohn...

April

Öde Routine hüllt unsere Erdmut im April ein. Mühe und
Arbeit, das Funktionieren einer Frau und Mutter füllen den Alltag.
Nur wenige Lichtblicke sorgen für etwas Abwechslung. Dazu zählt
gewiss die Post am 2. April. In einem Päckchen findet sie ohne Ankündigung das Tagebuch ihres Mannes der letzten drei Jahre aus
der Gefangenschaft. Eine spannende Lektüre, geschrieben mit grauem Bleistift schlechtester Qualität auf grauem Papier – grau in grau,
schwer zu entziffern, da mikroskopisch klein und in Sütterlin dazu
(s. Abb. 25)! Leider hat ihr Mann die Zusendung so gar nicht be-
zweckt. Eigentlich träumt er davon, irgendwann in Freiheit das
Tagebuch mit seiner Frau zusammen zu lesen, dabei ein wenig be-
mitleidet und bewundert zu werden. Ein entlassener Mitgefange-
ner, der den Auftrag hatte, das aus dem Lager geschmuggelte Tagebuch zu verschicken, verwechselte die Adresse. Statt nach Neuhof
in den Westen schickte er es nach Polkau. Johannes reagiert „not
amused!" Erdmut beruhigt ihn aber und meint, dass die Blätter für
sie das Liebste sind, was sie augenblicklich von ihrem Mann besitzt.
Vielleicht sei die Falschleitung ja eine Fügung!

Volker bereitet zunehmend Sorgen. Auf der einen Seite be-
zaubert er die Umgebung mit seinen Fähigkeiten. Doch Omi leidet
spürbar unter dem lauten Rabauken. Die vielen „Jammertäler" der
vergangenen zehn Jahre haben ihre Nerven verbraucht. Man plant
bereits aufs Neue, den armen Jungen - er ist gerade mal sieben Jahre alt – zu verschicken. Johannes jüngster Bruder Gottfried böte sich
da an. Er hat bereits eine Wohnung in Neuengronau und steht am
Beginn einer vielversprechenden Karriere als Lehrer. Doch wird die

Idee, die Johannes in die Welt setzt, von allen Beteiligten aufs Schärfste verworfen. Volker muss noch bei seiner Familie ausharren, bis Johannes aus der Gefangenschaft entlassen wird. Erdmut wird noch manchen Strauß mit ihrer Mutter ausfechten, Partei ihres geliebten Stammhalters ergreifen (s. Abb. 28 und 29).

„...Du ahnst nicht, wieviel Kopfschmerzen Volker uns zu Hause bereitet. Eins ist mir klar, lang geht's mit Omi und Volker nicht zusammen in diesen engen Räumlichkeiten hier. Du kannst Dir vorstellen, dass ich als Mutter, die dazwischen steht, am meisten leide. Volker ist eben auch zu *unvernünftig und unklug, dass er nun beim Essen, die einzige Zeit beinahe, wo sie alle zusammen sind, nicht immer wieder dieselben Anlässe zum Ärgern gibt. Omi ist eben einfach zu verbraucht, um das ertragen zu können... Du darfst es aber nicht zu tragisch nehmen, denn Volker ist nicht schlimmer als andere Jungen, geschweige denn schlecht. Wenn man ihn so für sich alleine hat, wie z.B. heute auf dem Hin-und Rückweg zur Erxlebener Kirche, dann ist's richtig schön, und ich war richtig glücklich und dankbar für unseren Ältesten. U.a. sagte er: „Ich staune richtig über die Wunder in der Natur." Er nannte dann so fabelhafte Beispiele... Das grosse Problem, das mich jetzt bewegt, ist: Omi – Volker. Ich sprach auch mit ihr ganz offen darüber, es war sehr schmerzlich. Nach dieser Zeit muss doch eine andere kommen?..."* (9. Mai)

Und dann tauchen regelmäßig morgens diese gelben Flecken mit ihrem süßlich-stechenden Geruch im Bett auf. Der arme Bub hat sich das Bettnässen in Wohlbach angewöhnt. Der gestressten Mutter rutscht dann schon mal morgens die Hand aus, wenn die Familie aufsteht. Da muss alles funktionieren, da ist keine Zeit für den Wechsel von Bettwäsche, für Waschorgien! Der „Weiberhaushalt" bekommt das Problem nicht in den Griff. Johannes wird eingeschaltet. Der wälzt in der Lagerbibliothek psychologische Fachliteratur und berät seine Frau in Briefform aus Frankreich: Weniger Schläge, dafür mehr Liebe, lautet sein Geheimrezept! Sogar Bruder Borngräber in Neuhof wird kontaktiert. Der, schon immer Spiritus Rector in allen moralischen Fragen, spricht die Eltern nicht von aller Schuld frei. Später im Jahr löst das Problem sich von ganz allein auf. Es fehlte halt der Vater mit seiner gütig-strengen Art. Beim jüngeren Bruder Knut muss dann in späteren Jahren das langwierige Bettnässen wieder neu interpretiert werden. Denn schließlich lebt da schon der Vater mit seiner Familie zusammen. Bettnässen eignet sich immer wieder bestens als Thema für „Küchenpsychologen"!

Bruder Borngräber, BMW, beschäftigt Johannes noch in einem ganz anderen Winkel des Minenfeldes, das sein Gewissen momentan darstellt: Das Rauchen! Anfang des Jahres hatte der langjährige Kenner der Familie Schröter und graue Eminenz ihm einen Brief zugestellt. Wenn man ihn liest – geschrieben von einem älteren Herrn nach dem Krieg an einen jungen Ex-Offizier in Gefangenschaft, spürt man etwas von der geheimen, fast dämonischen Macht, die der evangelikale Prediger über die Familie in dieser Zeit ausübt:

„...Leider höre ich, dass selbst Du das Rauchen noch immer nicht ausgeliefert hast, obwohl es für Deinen geschwächten Körper doppelte Sünde ist, das zu tun, weil es das beste Mittel ist, Deine Zeugungskraft und Deine Zeugungsprodukte zu schwächen und frühzeitig impotent zu werden, abgesehen von der „Bindung", die daran liegt. Du bist Gerhard ein schweres inneres Hindernis, mein lieber Junge, wenn Du Dir von ihm Tabak besorgen lässt, und solltest das um des Zeugnisses des Glaubens willen radikal abstellen! Du schwächst Dein Zeugnis vor der sichtbaren und unsichtbaren Welt, wenn Du „predigst", dabei aber nicht einmal „Deinen Leib bezähmst" (vgl. 1. Kor. 9, 24-27), sondern das höchst üble Vorbild einer verkehrten Bindung gibst! - Du bist auch nicht imstande, den HERRN im Glauben zu bitten, dass ER dir Essen und Trinken auch in all ihrer Unvollkommenheit segnen und aus wenig viel machen möchte, wenn Du Deinem Körper immer wieder ein Gift zuführst, was er nicht gebrauchen kann, am wenigsten im geschwächten Zustand! - Für Dich ist Rauchen ausgesprochene Sünde, die genauso abgetan werden muss wie jede andere Sünde, Johannes!...

Erdmut hat mir wegen Volkers Bettnässen geschrieben, und ich habe ihr ausführlich darauf geantwortet. Siegfried meinte zwar, dass es mit dem Bettnässen bei Volker ganz unbedeutend sei..." (Januar 1948, Hervorhebungen vom Verfasser des Briefes)

Auch die Pläne, Volker eventuell nach Westdeutschland in die Pflege von Gottfried zu bringen, kommentiert Bruder Borngräber mit folgenden Worten:

„...Eine Zuzugsgenehmigung hierher zu bekommen, wird s e h r schwer sein; aber Gottfried hat inzwischen die einleitenden Schritte unternommen... Wenn Gottfried in Neuengronau bleibt und das Schulhaus, in dem jetzt noch der abgebaute Schullehrer lebt, bekommt, dann wird Mutter sehen, Gottfried den Haushalt zu führen. D a n n könnte man erwägen, ob Volker etwa dahin kommen könnte. Glücklich ist die Lösung natürlich auch nicht, denn es ist immer ungünstig, die Kinder auseinander zu reissen und dann noch eins von der Mutter wegzunehmen. Grossmütter sind n i e „gute Erzieherinnen", und Gottfried ist doch noch reichlich jung, um ein Kind wie Volker wirklich zu „erziehen", zumal er so unbeschreiblich liederlich ist; Siegfried wäre eher geeignet. Aber der wartet erst noch auf Weilburg und hat bis heute keinen Bescheid, ob er nach Ostern überhaupt dort anfangen kann! - Jedenfalls kommt die Frage einer Übersiedlung Volkers, vorausgesetzt dass er überhaupt eine Zuzugsgenehmigung bekommt, was erfahrungsgemäss s e h r schwierig ist, einstweilen nicht in Betracht..." (13. März)

Mai

Langsam verdichten sich die Gerüchte von der Auflösung der letzten Gefangenenlager in Frankreich. Der 1. Oktober ist im Gespräch. Erdmut rechnet ihrem Mann vor, wie kurz die Zeit bis dahin ist im Vergleich zu den 37 Monaten der Trennung. Sie beklagt ihrem Mann immer wieder die Ungerechtigkeit, die in Polkau herrscht:

„...und nicht bloss als Landhelferin, die man zu der Zeit bestellt, wenn und wie es dem Herrn Bauer gefällt, die man mit dem abfüttert, was sie übrig haben, der man jetzt die angefaulten Mohrrüben, ehe sie gänzlich verderben, gibt, im Herbst konnte man ja keine abgeben. Es sind ja nur Äusserlichkeiten, und sie können mich nicht mehr demütigen. Viele Evakuierte sind ja zu stolz und streichen dann ihr Ehrgefühl heraus und würden die Mohrrüben nie mehr nehmen. Aber warum nicht. Ich bin froh und dankbar, dass ich für die Kinder wieder ein paar Mahlzeiten bestreiten kann.- Ja hier gelten nur die Bauern und ihre Gattinnen als vornehm, wir sind eben Habenichtse, die von ihrer Gunst leben müssen, das merkte ich

auch wieder so richtig heute Nachmittag bei dem Maigefeiere im Saal…
Vormittags war ich schon in Osterburg gewesen, wo man in allen Ge-
schäften unendlich anstehen musste, bloss um das bisschen auf die Karten
zu bekommen. Nachmittags mussten wir zwei Zentner Braunkohle mit
langem Anstehen und schwerem Heben holen und abends gab´s beim
Kaufmann Spargel auf Gemüsekarten (1½ Pfund, Preis 1.85), wo ich von
18-20h stand. Ja, Liebster, in der Spargelgegend sind wir, haben aber seit
dem 1. Mai keinen gesehen. In Polkau haben verschiedene Bauern nur
noch etwas für sich. In Erxleben, wo wir bei zwei Bauern sonst etwas kau-
fen konnten, ist der Spargel wie überall alles beschlagnahmt. In 1. Linie
für die Russen, in 2. Linie für die Grosstädte, wo Spargel statt Kartoffeln
ausgegeben werden…" (1. Mai)

„…Es wird eben alles immer schlechter statt besser. Gestern brach-
ten die Kinder meine hohen Schuhe zum Besohlen, Leder (Ersatz) gab ich
mit. Nun sagte der Schuster, er brauche noch Nägel. Ich habe aber doch
keine. Meine letzten 30 gab ich nach Osterburg, wo ich in einem Geschäft
aus von mir geliefertem Material ein Paar Holzstrassenschuhe bekomme.
Volker läuft ja trotz des kühlen Wetters immer barfuss und es bekommt
ihm Gottlob!…" (23. Mai)

Am 23. Mai berichtet Erdmut auch über das große Volksbe-
gehren zur Einheit Deutschlands. Polkau hat sicher „spontan" und
hundertprozentig sein Ja abgegeben. Das „Ja" beeinflusst jedoch die
Besatzungsmächte nicht, das ist allen Deutschen klar. Die Zeitung
„Der Tag", britisch lizenziert, wird in der Ostzone verboten. Erdmut kann nur noch in einem Hamburger Sender Nachrichten und
das Geschehen einigermaßen ungefärbt erleben. Sehr aufmerksam
verfolgt sie, wie es anderen Flüchtlingen ergeht, die aus unter-
schiedlichen Zonen mit ihren Männern zusammen ziehen möchten.
Eine Frau besucht „schwarz" ihren Mann in Augsburg, meint aber
nach ihrer Rückkehr, das wäre fast unmöglich. Eine andere Bekannte, die Pfarrersfrau wollte ihren Sohn im Westen besuchen,
wurde aber von Russen erwischt und musste eine Nacht im Keller
verbringen. Also insgesamt sind die Informationen eher ernüch-
ternd. So schreibt Erdmut am 30. Mai:

„...Dieses Warten und die scheinbar immer grösser werdenden Schwierigkeiten und Aussichtslosigkeiten im Blick auf unsere Zukunft bedrücken mich sehr... Es ist nur gut, dass ich nicht immer innerlich so erregt und dann durcheinandergewühlt bin, wie in der Stunde, wo ich an Dich schreibe und mich Dir so nahe fühle. Sonst könnte man das Getrenntsein ja gar nicht mehr aushalten..."

Juni

Jetzt werden die Kartoffeln knapp, die Vorräte sind aufgebraucht. Da kann man nur hoffen, dass irgendein Manna vom Himmel rieselt. Über Beziehungen erhalten die Eheleute in unregelmäßigen Abständen Care-Pakete. Es gibt keine Ankündigung – plötzlich liegt da ein Paket aus Berlin vor der Tür, im Auftrag einer Bekannten aus der Brüdergemeine. Drin finden die Glücklichen Reis, Haferflocken, Brühwürfel, Mehl und sogar ein Pfund Margarine, die besser schmeckt als das, was die Polkauer unter dem Begriff Butter für ihre Bezugsscheine erhalten. Glücklich wird abends ein Reisbrei gekocht, mit Zucker und Zimt. Schön, dass auch Maya und Kordula, die wieder einmal zu Besuch in Polkau weilen, davon profitieren können. Maya hat weiter abgebaut, ihre Nerven liegen bloß. Das Warten zermürbt so sehr. Sie ist noch nicht fähig zu trauern, sondern hofft weiter auf die Rückkehr ihres Mannes.

Mit ihrer Schwester Erdmut hilft sie den Bauern. Man stöhnt unter der ersten Hitzewelle. Erdmut schildert den glühenden Ackerboden, auf dem sie rutschend Rüben ziehen. Abends haben die beiden Schwestern dann regelrechte Brandblasen auf den Knien. Auch die Kartoffelkäfer werden zu einer echten Plage. Gegen Ende des Monats werden die Heidelbeeren in den Wäldern um Osterburg reif. Erdmut schreibt am 21. Juni:

„...Nach dem Abendbrot... strich ich noch Schnitten und machte alles fertig zum Blaubeersuchen am nächsten Tag mit Görings Trecker zurecht. Wir fuhren mit drei Anhängern, 118 Frauen und einigen Kindern, in die Gegend von Priemern. Maya und ich pflückten einen Wassereimer voll. Früh um 3 Uhr fuhren wir los und um 17h waren wir zu Haus. Du kannst Dir sicher die Seligkeit der Kinder vorstellen, als sie recht nach Herzenslust in den Eimer nach Beeren langen durften. Nachdem wir uns eine Stunde ausgeruht hatten, gab's ein Geburtstagsabend-

brot, denn dieser Tag war doch gerade <u>Mayas</u> Geburtstag. Es gab Blau-
beersuppe mit Käseschnitten… Gestern, Sonntag morgen um 9 Uhr,
musste ich schon wieder zum Kartoffelkäfersuchen antreten. Es ist verhee-
rend, wie diese Käfer zunehmen, in Polkaus Gelände wurden neben zahlreichen Larven gestern auch 3 Käfer gefunden. Gott wolle uns vor dieser
Plage bewahren… Ja und heute morgen um 3 Uhr fuhren wir mit Ruschs
Trecker in die Blaubeeren. Es pflückte sich heute mühsamer, die reifen,
grossen Beeren waren weg. Volker und Cordula waren mitgekommen…
Zuerst pflückten die beiden Kinder ganz niedlich ins Töpfchen, aber der
Eifer hält nie so lange an. Nachdem sie so ein paar Stunden mit Pflücken
sich angestrengt hatten, hatten sie dann Freiheit. Volker kletterte und hielt
sich in der Nähe des Treckers auf, während Kordula sich auf den Waldbo-
den streckte und fest schlief. Maya und ich freuten uns dann doch über
unsere „Beute". Der Treckerführer bekommt von jedem ein Pfund Beeren.
Die bekommen jedenfalls etwas zusammen…"

Am 27. Juni überrascht alle die Währungsreform. Im Westen
läuft sie reibungslos ab. Im Osten wird dementsprechend die
Reichsmark in Deutsche Mark umgewandelt. Erdmut muss früh
um 6 Uhr nach Osterburg laufen, um auf der hiesigen Sparkasse
Geld zu tauschen. Bereits zu dieser Zeit steht eine lange Schlange
vor dem Eingang. Bis um halb zwölf wartet sie, um in ihren Spar-
büchern die Eintragungen vornehmen zu lassen. Sie kann gerade
noch rechtzeitig in der Post ihre Briefe mit dem neuen Geld frankie-
ren. Erdmut unterhält sich mit ihrer Mutter. Die ist weniger über
die Währungsreform, sondern mehr über die scharfe Trennung von
Ost und West erschüttert, die sich jetzt abzeichnet. Hoffentlich kann
man die Ostzone noch irgendwann einmal verlassen!
    Als sehr lästig empfindet Erdmut die vielen Russen, die jetzt
in den Wäldern um Polkau hausen. Über Felder und Wege sind
Leitungen gespannt, und aus dem Rochauer Wald tönt ein Laut-
sprecher mit russischer Musik bis ins Dorf!
    Volker macht mal wieder Kummer. Was wir heute mit einem
Schmunzeln quittieren, erfüllte die Erwachsenen mit Sorgen: Er
klaut Rhabarber aus dem Nachbarsgarten, hat wohl genügend
Hunger für eine derartige Untat! In der Schule muss er schon öfters
wegen Unaufmerksamkeit oder Rumalberns am Ofen stehen! Und

dann begeht Volker auch noch dies Verbrechen:

„...Gestern Vormittag war Volker ewig weg. ¾1 kam er endlich. Er geht oft dem Milchwagen, den K. Simon fährt, entgegen. Der kam so spät, da war Volker bis Ballerstedt zur Molkerei gegangen, wo er sogar Buttermilch bekam. In der Molkerei musste Volker etwas vorsingen... Volker hat hier erstmal eine dolle Abreibung bekommen für sein langes Wegbleiben, aber böse konnte man wirklich nicht über ihn sein. Er erzählte so ehrlich. So ist's oft. Ein Vater wäre vielleicht härter gewesen, oder?..." (9. Juni)

Die nahende Wiedervereinigung mit ihrem Mann erfüllt Erdmut nicht nur mit ungetrübtem Frohsinn. Zwar freut sie sich über die Nachricht im Radio, dass in der britischen Zone eine Amnestie für alle SS-Leute bis zum Rottenführer und für Angehörige der Waffen-SS bis hinauf zum Unterscharführer erlassen worden ist. (Ausgenommen sind nur die Wachen in den Konzentrationslagern). Ein bisschen Unmut erfüllt sie allerdings bei dem Gedanken, dass ihr Mann bei seiner Heimkehr erst einmal zu seiner Mutter und seinen Brüdern kommt, bevor er seiner Frau um den Hals fallen kann. Schöner wäre es gewesen, wenn sie Johannes an der französischen Grenze in in Empfang hätte nehmen können.

„...Obgleich es ja jetzt auch völlig unmöglich ist, dass ich bei Deiner Heimkehr Dich sehen kann, so müsstest Du doch telegrafisch die Nachricht zukommen lassen, die wird für mich... ein Freudentag. Welches Glück für Dich, dass Du zu Mutter und Bruder und einem väterlichen Freund gehen kannst. Vielleicht kannst Du Dir's vorstellen, dass ich jedesmal mein Herz richtig fest in die Hände nehmen muss, wenn ich daran denke, dass ich nicht die erste sein darf, die Dir Liebkosungen, die lang entbehrten, schenken darf, die Dich pflegen darf und Dir das Gefühl von „Heimat" geben kann. Dass nach all dem Schweren der letzten Jahre mir das auch mein Herz traurig machen muss! Doch auch diese Demütigung für mich schickt mir der Herr. Aber verstehen kann man es nur schlecht und schwer..." (13. Juni)

Johannes muss sich im Juni auf einen weiteren Umzug vorbereiten. Die Überlebenden verabschieden sich am Friedhof von ihren toten Kameraden – ein letztes Mal klingt in den Zeilen Sentimentales der Wehrmachts-Gemeinschaft an! Dann wird gepackt,

Becher, Topf und Kochgeschirr geschnürt, Schuhe gewichst, damit er die Fahrt auch besteht. Aus dem neuen Lager werden unangenehme Parolen verbreitet: Die Unterbringung sei katastrophal, es wimmele nur so von Wanzen. Den ganzen Monat zieht sich die Vorbereitung hin; endlich startet der Transport am 20. Juni. Das Ziel ist „Lagernummer 172, Camp du Vernet (Ariége)". Am 22. Juni finden wir Johannes in einem primitiven Zwischenlager ohne Möbel. Er schreibt seiner Frau auf den Knien einen Geburtstagsgruß. Er wartet mit seinen Offizierskollegen auf einen Güterzug, der sie zum endgültigen Bestimmungsort bringen soll. Aus seinem neuen Lager berichtet er am 29. Juni:

„...Gestern nach 30-stündiger Fahrt hier... Vor Wanzen schlief ich die letzte Nacht draußen, bis mich der Regen nachts um ½3 vertrieb. Die Viecher halten sich immer an mich. Haben ja auch 2 Jahre hungern müssen. 30 Mann im Stall. Die umdrahtete Fläche 100x80 m. Darauf 12 Baracken und 2 Latrinen. Tolle Unterbringung, das Schlimmste seit 1945. Verpflegung soll gut sein. Hab grad starken Schnupfen.- Keine Zeitung mehr! Hier verboten! Schärfste Zensur. Ja, ja. Bald mehr!..."

Juli

Der Juli geht ins Land. Erdmut bindet täglich Getreidegarben, wird zur Fachfrau in landwirtschaftlichen Erntefragen. Später kommt die Bohnenernte hinzu, die Kirschen müssen gepflückt werden. In ihrer „Freizeit" schwärmt die Familie in den Wäldern umher, wo Himbeeren, später auch Pilze aufs Einsammeln warten. Gegen Abend kocht sie dann ein, schafft regelrechte Sammlungen von Marmeladengläsern. Das klingt alles so nach Überfluss. Trotzdem leiden alle unter der Ernährungssituation. Die folgenden Briefauszüge an Johannes geben einen guten Einblick in die tägliche Mühe im Juli. Auch Volker hilft schon fleißig auf dem Feld und anderswo:

„...Bei Gagelmann konnten wir heute 10 Pfund Möhren bekommen. In den Jahren vorher wurden die Möhren, die über ihr Ablieferungssoll da waren, lieber verfüttert fürs Vieh, aber heute sind sie froh, wenn sie ihr Geld dafür bekommen... Bei uns ist das Geld auch knapp. Ich bekomme keine Unterstützung, Pastor Pohlmann kann jetzt vorläufig auch nichts ausbezahlen, das könnte unter Umständen erst Ende des Jahres sein. Mein

Handarbeitsgeld, das vierteljährlich gezahlt wird, kann ich vorläufig auch nicht bekommen..." (4. Juli)

„...Gestern auf dem toll verunkrauteten Rübenfeld bei Hennings hätte man enorme botanische Studien machen können, die wunderschönsten, von der Natur gebildeten Blumensträusse, leider kann man sich bei der Hackarbeit nicht so darüber freuen. Ich war den ganzen Tag. So konnte Volker frühmorgens auch mit und nachmittags am Dienstag, wo ich bei Hennings Senf band und aufstellte, war er auch mit, da sie keine Schule haben. Er hat dieses harte bratzige Zeug fein mit aufgestellt und dann noch im Wald einen Sack Kienäpfel und Holz gesammelt und ein Netz Kaninchenfutter. Weisst Du, ich bin richtig froh, wenn der Junge bei mir ist, da ist er wenigstens nützlich und kommt nicht auf dumme Gedanken und hat seine Freude daran. Ein so sturer Altmärker, der mit bei Hennings arbeitet, sagte gestern zu mir: „Ihr Junge ist ja wie ein 14-Jähriger." Das ist vielleicht ein bissel übertrieben, aber die Leute unterhalten sich doch gern mit ihm. Als ich sagte, dass er immer Hunger habe und immer ans Essen denke, sagte W. Henning, ich solle Volker mal abends schicken. Da bekam er Sauerkirschen und wohl ¼ Zentner Kartoffeln. Ich hab mich wirklich toll gefreut..." (8. Juli)

Volker strahlt nicht gerade, als seine Mutter ihm eröffnet, dass er von nun an jede Woche an seinen Vater schreiben müsse. Wenigstens kann er aushandeln, dass der Brief ausfallen dürfe, wenn er in der gleichen Woche schon an seine Oma oder an andere Verwandte geschrieben habe. Der Vater stimmt der „Erleichterung" zu.

Tag und Nacht brummen viermotorige Flugzeuge über Polkau hinweg. Sie sind auf dem Wege nach Berlin, zur Unterstützung der dortigen Bevölkerung, die von allem Nachschub abgeschnitten worden ist; die Russen belagern den Westteil der Stadt. Die Luftbrücke wird später als ein großer Erfolg in die Geschichte eingehen!

Vom weiteren Verlauf des Monats sind mir keine Briefe mehr aus Erdmuts Feder erhalten. Doch Johannes schreibt fleißig, kontempliert über seine baldige Entlassung.

„...Mir geht es gut, besonders angesichts einer möglichen Entlassung bis Oktober, vielleicht sogar September. Der französische Offizier, der uns betreut, ist korrekt, ja, was man so selten erlebt, wohlwollend. Er äußerte sich vorgestern zu meinem sozialen Fall, ich hätte eine Chance. Hoffe also in 6-8 Wochen die Entlassung in der Tasche zu haben, wenn Gott nicht anderes vorsieht..." (14. Juli)

Am 23. Juli schreibt er voller Inbrunst:

„...Es soll dieser Brief einer der für Dich gewichtigsten aber auch glücklichsten werden. Er soll Dir sagen, daß Gott in Seiner Barmherzigkeit unsere große Bedrängnis gewendet und all unser Flehen um meine Befreiung aus tiefer Gefangenschaft gehört und nun, da er Seiner Zeit mit uns war, auch erhört hat. Mit dem gestrigen Tage ist diese Wendung eingetreten, nicht zufällig, sondern gefügt. Mir wurde offiziell von einem französischen Offizier eröffnet, daß Paris Eure und meine Situation als „cas douloureux" ansehe und mich für den nächsten Transport, der Anfang September geht, freigibt, da ich keiner Verbrechen gegen die Menschlichkeit und die internationalen Kriegsgesetze bezichtigt werden kann. Der äußere Gang, der zu dieser Entwicklung führte, ist folgender: Am 8.7. wurde mein Gesuch als sozialer Schwerstfall nach Paris eingereicht. Beigefügt war ein Brief von Dir, in dem Du verzweifelt über Volkers Betragen (Pfingsten) und die besondere Augenblickslage schriebst. Der erschien mir in den von mir rot unterstrichenen Sätzen meinem Gesuch den kräftigen und notwendigen Nachdruck zu verleihen. Liefen sonst Gesuche Monate, ja ¼ – ½ Jahre, so war es mir ein Wunder, so rasch den ersehnten Bescheid zu erhalten. Ja, mein Weiberle, das ist der erste aber wichtigste Schritt in unserm Leben seit März 1945..."

Kurios: Ein zweites Gesuch, das er vor langer Zeit in Paris gestellt hat, kommt am 28. September mit dem positiven Bescheid zurück, dass er mit dem ersten September-Transport zu entlassen sei: *„Capt. Joh. Schröter figure irreguliement sur la liste de la SS."* Das freut ihn ungemein und tröstet ihn auch über die täglichen Kämpfe mit den Wanzen, die ihn sogar bei strömendem Regen nachts aus der Wohnbaracke ins Freie flüchten lassen.

August

Das Tagebuch ist gefüllt mit allerlei Details über Erdmuts Tagesarbeit. Die Roggenernte, Pilze und Holz stehen im Vordergrund, später kommt die Kartoffelernte hinzu. Jeder freie Moment wird genutzt, um auf den abgeernteten Feldern die spärlichen Reste zu stoppeln.

„...Ich habe in den letzten Tagen die Arbeit bei Hennings abgesagt, weil ich für uns stoppeln muss. Sie geben mir doch kein Korn. Da muss man mal etwas rigoros sein und auch an sich denken. Obgleich bestimmt in der schrecklichen Hitze das Stoppeln bei dem kärglichen Essen anstrengender ist als das Arbeiten beim Bauern. Ich bin nur gespannt, wie es morgen sein wird, denn Knut stiess mich heute so an meiner empfindlichen Stelle am rechten Bein, das ich, ehe Tia geboren war, schon immer gewickelt hatte. Und das schmerzt nun bei jedem Schritt, dazu kommt eine gewisse Überanstrengung schon durch die ganzen Tage. Und Bettina hat etwas Fieber. Also bei uns ist alles los und dran wieder mal. Möchte der Herr baldige, gute Besserung schenken.- Du musst meine Schrift entschuldigen, ich sitze nämlich vorm Haus auf der Bank, das kranke Bein hochgelegt ohne Tisch... Wie nötig brauchte ich etwas an die Füsse. Das Barfussgehen vertrage ich so schlecht, habe wohl Platt- oder Senkfuss, und da zieht´s mir immer schmerzhaft das ganze Bein hinauf, wenn ich ohne Schuhe gehe. Die kleine Krampfaderstelle ist wieder besser... Gestern waren wir Weizen stoppeln. Du kannst dir nicht denken, wie geizig die Bauern sind, sie harken immer wieder die Felder, wohl damit für uns nicht viel bleibt, dabei ist die Ernte gut. Dinge kann man da erleben und hören, das kann man gar nicht alles schreiben..." (1. und 3. August)

„...Aber wie soll man heute Brot essen, das Brot ist schrecklich... Auf Nährmittelmarken nur bitteres Hafermehl, für Fleisch gibt´s Käse, der in paar Tagen schon immer „lebt", für Fett bekommen wir Erwachsenen sogenannten „Fettkäse" usw. Wie leben sie dagegen drüben im Westen jetzt, ich weiss es durch Cord... Ich bin manchmal all dieses Getriebes hier so müde, wenn man körperlich auch noch fertig ist, dann geht´s schon überhaupt nicht..." (8. August)

Doch verbringt Erdmut jetzt immer mehr Zeit mit der Planung ihrer Flucht, ihrer Übersiedlung in den Westen. Sie fragt herum, informiert sich über Mittel und Wege, um durch diese vermaledeiten Zonengrenzen zu gelangen. Ganz ausgeschlossen ist eine Rückkehr von Johannes in die Ostzone. Das hat sie jetzt schwarz auf weiß: Eine Bekannte erzählt ihr von ihrem Neffen, der entlassen war und als ehemaliger SS-Mann ganz gut im Westen lebte. Aber vor kurzem baten ihn seine alten Eltern dringend, die Bäckerei in Tangerhütte, in der Ostzone, zu übernehmen. Er kam. Doch nach kurzer Zeit wurden in dem Ort Prozesse gegen SS-Männer aufgenommen; der Erfolg war, dass er für fast drei Jahre im Zuchthaus verschwand.

Die Chancen, unerkannt die Zone zu wechseln, verschlechtern sich. Die Engländer sollen nun auch schärfer kontrollieren, verlangen englische Ausweise und Kennkarten. Der Fußmarsch über die Grenze ist so lang, dass man kaum etwas mit sich schleppen kann. Zwanzig Kilometer möchten bei Nacht und Nebel erst einmal bewältigt werden. Mit Lebensmittelmarken und Ostgeld kann man ja drüben auch nichts anfangen. Und die Schröters im Spessart nagen doch auch schon am Hungertuch. So braucht man zumindest Proviant. Allmählich kristallisiert sich heraus, dass Volker mitkommen soll. Er wird von Oma Schröter herzlich eingeladen. Noch ein hungriges Maul drüben bei Schröters in Neuengronau! Wir verneigen unser Haupt voller Hochachtung vor diesem Familiensinn in solch schwierigen Zeiten! Im September soll der Coup steigen! Natürlich müssen alle Pläne streng geheim gehalten werden. Die Kinder werden nicht eingeweiht, niemand erhält Kenntnis, alles läuft konspirativ mit „Losung" und „Parole".

Die Briefe, die Johannes in diesem Monat schickt, sind gefüllt mit Informationen und Plänen zu seiner Übersiedlung. Der Leser möge sich in die Spannung versetzen, die den jungen Mann erfüllt, wenn er Erdmut berichtet:

„...Da nun eben der Reiseplan offiziell festgelegt wurde, möchte ich die von Paris gegebenen Daten mitteilen. Am 7.9. verlassen wir das Lager, um von einem Zwischenlager aus am 13. (Montag) nach Deutschland zu fahren, sodaß ich am 16., spätestens am 17.9. in Neuhof eintreffe. Bitte teile das den Neuengronauern so schnell wie möglich mit, da ich mit meinem Briefkontingent nicht auskomme. Das werden noch harte Wochen

voll Unruhe und Ungeduld bei mir werden, doch überstrahlt sie alle das köstliche Ziel: Die Freiheit! Viel, viel hätte ich zu erzählen, was ich brieflich nicht tun kann. 3 Jahre sind keine Kleinigkeit! Neulich war eine bebrillte Quartierfrau hier. Damit rückte für Minuten der Anblick „Frau" wieder in den Vordergrund. Und durch meine bevorstehende Entlassung bleibt er nun dort..." (9. August)

„...Willst also mit Volker, dem ich gleich schreibe, noch im September nach Neuengronau? Wie mags mit der Vorbereitung zu einer solchen Reise stehen? Selbstverständlich bleibt Volker in Neuengronau..." (29. August)

„...In Eile diesen Brief, der mit einem Heimkehrer in die britische Zone mitgehen soll. Also, da ist ein Dir bekannter Freund, der am 7.9. hier abfährt und am 17./18.9. in Neuengronau sein wird mit einer Fülle von Grüßen und einem großen Herzen und noch mehr. Er ist bevollmächtigt, Dich bei Deinem Besuch mit Volker bei Oma zu begrüßen und alles zu tun, Dir schöne Tage zu bereiten. 4 Wochen allerdings stehen ihm nur zu, dann muß er arbeiten, damit er seiner Familie ein Plätzlein erobert, um den Brüdern nicht zur Last zu fallen. Deshalb ist es ratsam, den Absprung bald zu wagen..." (30. August)

Der letzte Brief klingt wie ein pathetisches Manifest. Johannes meint mit diesem „bekannten Freund" natürlich sich selbst. Er übernimmt mit unerbittlicher Konsequenz das Heft, soweit es in seiner Macht steht!

September
Der Schicksalsmonat bricht an. Mit klopfendem Herzen sitzt Erdmut abends da und wartet auf die erlösende Nachricht. Am 12. September, nur wenige Tage vor Johannes' Entlassung schreibt sie an ihn, adressiert den Brief nicht mehr nach Frankreich, sondern schon nach Neuengronau. Sie macht sich Sorgen um ihre Reise:

„...Wenn mir der Grenzübergang jetzt wie ein unüberwindlicher Berg erscheint, so muss er halt auch passiert werden. Wenn es nur mit S. Pohlmann klappen würde. Ich war heute Nachmittag in Erxleben, aber er war wieder nicht da. Er ist vor einem Monat mit seiner Frau ungefähr um

Mitternacht allein rübergegangen! Das kann ich natürlich als Frau nicht allein tun, zumal mir der Weg unbekannt ist. Bei Pretzien, wo man voriges Jahr in Scharen rüberging, kann man jetzt wegen starker Bewachung nicht. Und ausserdem hört man nur von wenigen, die jetzt den Weg gehen. Irgendwie muss und wird es schon gehen... und es ist so, als ob all meine Fasern des Herzens von Dir gezogen würden!..."

Derweil liegt Johannes in den ersten Septembertagen, die ihm doch die Freiheit bringen sollen, mit einer fiebrigen Ruhr im Lazarett. Später wird er ins zivile Krankenhaus von Le Sables bei Toulouse überführt. Er darf sich schon frei fühlen. Wenige Tage später werden die Entlassenen mit dem Zug über Bordeaux nach Deutschland transportiert. Von der weiteren Reise schreibt er seiner Frau am 17. September. In Gemünden am Main sitzt er im Wartesaal des Bahnhofs und hat ein wenig Zeit, seiner Frau zu berichten. Der Anschlusszug lässt auf sich warten. Er empfindet die Bevölkerung als sehr wohlwollend, wenn sie seine armselige Erscheinung betrachten:

„...Heut abend also nach 5km Marsch bin ich in Neuengronau. Da ich als Ostdeutscher keine geldliche Abfindung in Molsheim, dem Entlassungslager, erhielt, hat mir das R.K. in Stuttgart - wo ich übernachtete - 3 Mark geschenkt. Die Leute sehr nett. Eine Württembergerin schenkte mir auf der Fahrt nach Würzburg 1 großes Stück Pflaumen- und Käsetorte, dazu ein Glas heißen Milchtee. Rührend! Beim Aufgeben der Gepäckstücke hier bat ich für 30Pf. das zu tun. Aber man blieb stur auf 50 Pf. Da drückte mir ein unbekannter Herr 1 DM in die Hand! Und da ich 3 Std. Aufenthalt habe, setzte ich mich in ein Restaurant zu 1 Glas Bier. Als ich bezahlen wollte, wurde mir ein zweites kostenlos offeriert. Und auch dieser Brief ist ein Geschenk. Traf auch schon hier eine 40-jährige Schlesierin, die seit 44 nichts mehr von ihrem Gatten hörte (Rußland) aber noch fest an ihn glaubt. Hat sehr unter den Einheimischen zu leiden mit ihren Kindern. Die Fahrt war grausam und anstrengend. Von Tuttlingen aus pferchte uns der Franzose zu 55 in einen Viehwagen. Es war die Abschiedsgeste, die bezeichnende. In seiner Teufelei schrieb er aber mit weißer Kreide an die Waggons: 30 hommes! 3 Tage und Nächte ohne Schlaf. Wirklich war ich, da ich aus dem Hospital heraus die Fahrt antrat, völlig erschöpft, sodaß ich gestern Abend in Stuttgart Pause machen mußte.

Schlief neben Polen und Tschechen wunderbar. Na, alles einmal ausführlich mündlich... "

Von seinem Empfang in Neuengronau ist mir nichts bekannt, allerdings kann ich die freudige Erregung gut nachvollziehen, die sich der Mutter und der Brüder bemächtigt, als sie ihn an der Haustür erblicken (s. Abb. 32)!

Derweil freut sich Erdmut über diese Riesen-Etappe in die Zukunft, sorgt sich aber darüber, wie die weiteren Schritte aussehen mögen. Bis zum 27. September bereitet sie minutiös alles vor. Bettina zuliebe verschiebt sie den Abschied. Die Tochter hat nämlich am 28. Geburtstag. Sie muss nach ihrem Geburtstag die Mutter und den älteren Bruder ziehen lassen, weiß nicht, dass der Vati schon auf sie wartet. Am 29. September setzt sich Erdmut mit Volker schwer bepackt in Bewegung. Omi hütet in der Zwischenzeit die beiden anderen Enkel. Mit der Eisenbahn geht es nach Hötensleben bei Helmstedt. Vom Bahnhof aus marschieren die Beiden zu Fuß über die Grenze, nachts um elf! Mit verschiedenen Zügen gelangen sie bis nach Schlüchtern, wo sie eine ungemütliche zweite Nacht verbringen müssen (s. hinterer Umschlag). Am nächsten Morgen marschieren die beiden nach Neuengronau, wo Johannes und der Rest der Schröters sie überschwänglich willkommen heißen. Endlich können sich die seit fast zehn Jahren „Jungvermählten" mal wieder für ein paar Tage in die Augen schauen...

Oktober/November

Einen ganzen Monat sieht Erdmut für ihren Besuch im Westen vor. Sie möchte ihren Mann genießen, sich mit ihm austauschen. Vieles gibt es zu bereden und zu planen. Volker muss „abgewickelt", wieder an ein neues Zuhause gewöhnt werden. Neben der Oma gibt es da noch die Onkels und selbstverständlich den Vati! Der Junge ist glückselig, saugt begierig die vielen Eindrücke auf, die ihm die Männer verschaffen können.

Selbstverständlich werden während dieser Zeit keine Briefe geschrieben, höchstens mal einer nach Polkau, an Omi! Auch das Tagebuch leidet sichtbar. Für den Autor dieses Buches ist dies eine

Saure-Gurken-Zeit; er muss sich Manches zusammen reimen. So viel ist klar: Johannes schaut, wie er zu Geld kommt. Er geht zum Arbeitsamt und meldet sich arbeitslos. Die finanzielle Situation von Volker ist vertrackt: Der Junge ist in Ostdeutschland gemeldet, hat kein Anrecht auf Unterstützung im Westen. Die Ummeldung stellt sich als zeitraubend heraus.

Immerhin besucht am 16. Oktober Bruder Borngräber, der seine Hände schützend über der Familie hält, die Schröters in Neuengronau. Zu einem Gegenbesuch bricht das Ehepaar am 29. nach Neuhof bei Fulda auf. Hier verabschiedet sich Erdmut von ihren Liebsten, fährt ganz allein wieder auf abenteuerlichen Wegen ihrer alten Heimat entgegen. Sie nimmt einen Umweg, um ihren verbliebenen Bruder Cord-Berend in Bielefeld zu besuchen. In Briefen an Johannes schildert sie ihre abenteuerliche Reise:

„...In Kassel, fünf Minuten vor Abfahrt des Zuges, ich saß so gemütlich in der Ecke, kommt Bahnpolizei und kontrolliert Personalausweise. Du kennst ja meinen! Da mußte ich eben aus dem Zug raus, wurde bei der Polizei verhört, nicht mal das Schreiben des Bürgermeisters nützte, sieben Stunden wurde ich festgehalten, ich hatte genug Leidensgefährten und -innen. Aber angenehm war es bestimmt <u>nicht</u>! Die Tränen waren mir näher als das Lachen! Vor allem wußte man nicht, was wird! Man transportierte uns im Auto dann nach Eichenberg, der Drei-Zonenecke. Wer keine D-Mark mehr hatte, mußte nach Rußland, und wer noch die Weiterfahrt bezahlen konnte, konnte ins Englische reisen. Ich tat's, obgleich ich dadurch 6,80 DM Umweggeld bezahlen mußte, was mir sehr bitter war. Und Cord war am Nachmittag drei Mal, sogar mit dem Auto, um mich auf dem Bahnhof abzuholen. Aber ich kam erst nachts um zwei Uhr in Bielefeld an und blieb bis morgens im Wartesaal... Und um halb acht am Sonntag Morgen rief ich dann Cord aus seiner Sonntagsruhe. Er freute sich so, daß ich doch noch kam. Ich legte mich nach einigem Erzählen in sein Bett und schlief, bis ich um zehn Uhr von Glockenläuten geweckt wurde. Cord hatte inzwischen einen üppigen Frühstückstisch zurechtgemacht... Ich kochte sogar ein nettes Mittagessen, alles elektrisch, Nudeln und Gulasch und Pudding... Zum Abend hatte er sogar Kinokarten besorgt, wir sahen einen englischen Film, gar nicht unrecht... Ich bin richtig überwältigt über diese Schaufensterauslagen. Wenn nicht überall

die Trümmer wären, Bielefeld ist doch recht zerstört, könnte man wirklich
an die Vorkriegszustände glauben. Und die Leute kaufen auch, die Restau-
rants sind voll, die Kinos ausverkauft. Wie wird mir der Osten dagegen
wieder vorkommen. Ein Trost, daß mich dort die beiden Kleinen sehnlichst
erwarten, die mich auch noch brauchen... Daß ich mit der Polizeiaffäre in
Kassel mit noch mehr Herzklopfen an meinen Grenzübertritt denke,
kannst Du Dir vielleicht vorstellen. Aber ich bin nur froh, daß ich auf der
Fahrt zu Dir Kassel umging, denn man hätte mich ja wieder in die engli-
sche Zone zurückgeschickt... Und wenn ich an die vergangenen Wochen
denke, dann kann ich nur sagen, daß sie aller Mühen, Strapazen und
Ängste wert waren. Es waren die schönsten Wochen, die ich je mit Dir
verbrachte... Ach Liebster, hole uns doch bald alle zu Dir!... Ich mußte
Cord viel von Euch erzählen. Er hat so Lust, Euch mal zu besuchen..."
(1. November)

Am 7. November folgt der erste Brief nach ihrer Rückkehr
aus Polkau an Johannes:

"...Glaub mir, das Einleben hier fällt mir sehr schwer. Es bleibt in 6
Wochen an Arbeit ja für eine Hausfrau viel liegen, und so viele graue All-
täglichkeiten hier können mich richtig bedrücken. Und um 12 steige ich
bei Simons in die Zuckerrüben. Nach 6 ruhigen Wochen wird das ja auch
erst ein bißchen Überwindung kosten, und das bei der wieder eingetrete-
nen Kälte und Feuchtigkeit... Ich mußte mit Bedauern feststellen, daß mir
das Geld fehlte, um in Bielefeld manches zu kaufen, was wir hier nicht
bekommen können. Ich staunte nur, was die Grenzgänger in ihren Ruck-
säcken mit nach dem Osten schleppten. Bis auf einen Herren, der sehr viel
Kaffee und Butter hatte, ist auch bei der Grenzkontrolle niemandem etwas
weggenommen worden. Ich staunte nur... Hätte ich nicht die beiden
Lütten hier, ich wäre bei Dir geblieben. Aber sie sind ja so selig, daß ich
wieder da bin. Bettina sagte gestern: „Wie schön, daß ich wieder Mutti
sagen kann!" Als wir drei in der ersten Nacht mal wach waren, guckten
sie mich beide ganz verklärt aus ihren verschlafenen Äugelein an und sag-
ten nur: „Mutti!" Das ist mir schon viel Trost und Sonnenschein.- Heim-
weh nach mir haben sie nie gehabt, sie lieben Omi sehr. Und Omi hat sie
gut gepflegt, sie sehen prima aus...
Eigentlich müßte ich ja noch von meinem Grenzübertritt ein wenig
erzählen, der nicht so glatt ging wie auf dem Hinweg.- Von Bielefeld aus

fuhr ich schon mit zwei Damen, die denselben Weg hatten wie ich. Wir fuhren bis Schöningen, tadellos und glatt. Dort war eine nette Frau, die für unsere letzten D-Mark-Groschen unser Gepäck bis an den englischen Schlagbaum fahren wollte, sie wäre gerade von dort gekommen und wir könnten ruhig auf der Straße auch durch den russischen Schlagbaum gehen, es wäre alles dort ganz ruhig. Der Weg auf der Chaussee war tadellos, nicht mal schmutzige Schuhe hatte man bekommen. Aber natürlich nahm uns die englische Polizei in Empfang und versah unsere Ausweise mit einem Stempel, und dann einige Meter weiter wehte uns der Schnapsgeruch der Russen an. Wir mußten am russischen Schlagbaum warten, bis 20 Menschen versammelt waren, dann wurden wir in den geheizten Keller in der Kommandantur geführt, bis ungefähr 50 Menschen da saßen. Wir warteten auf die Registration, die ein sehr sympathischer Russe vornahm. Die Nacht war bestimmt nicht so ganz ohne. Man hatte immer das Gefühl: Was kommt nu!? Besonders erstarrte ich natürlich, als der Russe mir nicht glauben wollte, daß ich schon 33 Jahre alt und 3 Kinder habe. Doch hatte ich alle Augenblicke das Gefühl des Geborgenseins, daß mir nichts geschehen kann… Andere erlebten mehr, die auf Schleichwegen durch Morast und Schächte in der stockdunklen Nacht noch geschnappt wurden. In dem übervollen Bach sind sogar zwei Kinder ertrunken. Mütter schrien nach ihren Kindern, die sie im Dunkeln verloren hatten. Ein Kinderspiel ist's nicht. Eine junge Frau und ein junges Mädchen, die allerdings sehr keß und herausfordernd den russischen Wachtposten gegenüber waren, mußten mitgehen und draußen im Freien erlebten sie dann das Schrecklichste, was einer Frau widerfahren kann. In Oschersleben auf dem Bahnhof erzählten sie es weinend und noch ganz blaß. Aber sie haben durch ihr Verhalten auch etwas Schuld daran. Und zwei junge Mädchen wurden zum Abwaschen in die Küche geholt, ich habe sie auf dem Bahnhof nicht wieder gesehen. Wir kamen dann noch zur Registrierung und Gepäckdurchsichtung zur deutschen Polizei. Und so um 24 Uhr waren wir frei und konnten auf dem Bahnhof in den wartenden Zug einsteigen, der uns um 6 Uhr weiter nach Oschersleben brachte. Ich hatte immer schön Anschluß, sodaß ich um 15 Uhr in Düsedau war, von da hatte ich bis Polkau Wagengelegenheit. Die Freude, als ich hier ankam, war sehr groß…"

Bis zum Mai 1949 bleiben die Eheleute getrennt, lebt Volker ein weiteres Mal ohne Mutter. Es bleibt ihr nichts anderes übrig, als in Polkau weiter ihre Frau zu stehen.Sie macht sich große Sorgen, ob die vielen Personen in Neuengronau auch satt werden, spart sich alles vom Munde ab und schickt es in den Westen:

„...Zucker schicke ich, will sehen auch mal Marmelade, Kunsthonig zu bekommen, den kann man am besten schicken. Den stinkenden Käse, den wir auf Fleisch- und Fettmarken bekommen, kann ich ja nicht schicken, ebenso werdet ihr auch auf das bittere Hafermehl, auf die Nährmittelabschnitte verzichten. Wenn ich in dieser Dekade Fett oder Margarine bekomme, schicke ich es.- Hoffentlich bekommt Volker bald den Zuzug. Wenn er doch wenigstens eine Aufenthaltsgenehmigung hätte, dann bekäme er wenigstens die Marken. Brot kann ich doch auch nicht schicken..." (21. November)

Das alltägliche Elend füllt wieder die Briefe. Die Rübenernte läuft, der Winter naht, das Geld wird noch knapper. Einzig die Kinder sorgen dazwischen für einen Sonnenstrahl:

„...Im übrigen vergaß ich ganz für die vier Bonbons zu danken, die jedem von uns eine herrlich süße Mittagsnachspeise waren. Knut freute sich ganz ehrlich über Deinen Gruß... Bettina fragte mich, ob ich mit Dir eingehakt gegangen bin. Als ich bejahte, sagte sie ganz altklug: „Das muß doch schön sein, wenn man wieder einen Mann hat." Ich konnte es nur lachend bestätigen... Ich will aber meinen Weg weiter tapfer gehen, auch wenn´s mir sehr, sehr schwer ist. Mein Guter, denke an mich und bete für uns. Daß Du Volker bei Dir hast, ist mir bestimmt ein Trost und eine große Erleichterung, auch wenn ich mich wirklich nach dem Dicken sehne. Aber für ihn ist es ja so das Beste, und so gut könnte er es <u>hier</u> nicht haben..." (24. November)

„...Was quäle und schleppe ich mich ab mit dem Holzholen, anderen Frauen schafften es die Männer ran, die auch die Erlaubnis hatten, Stubben zu roden. Ich müßte fast täglich in den Wald gehen, wenn ich die Zeit hätte, damit´s reicht. Über 12-13 Grad hab ich´s jetzt nie abends im Zimmer. Daß ich da mit kalten Füßen ins Bett gehe, kannst Du Dir denken. Manchmal lege ich mir dann das leicht angewärmte Bügeleisen an die Füße, weil sie mir ja sonst niemand warm macht. Übrigens schlafe ich

jetzt immer auf der Couch, Omi in meinem Bett. Tia in Volkers Bett... Der Adventskranz, den Omi machte, steht in der Mitte des Tisches. Ein Licht- stummelchen (hoffentlich gibt es dann zum Christfest noch welche) zünde- ten wir erst abends zur Andacht an, wo wir auch eine ganze Reihe von Adventsliedern sangen... Übrigens wegen Volkers Abmeldung: Ich be- komme sie erst für den 1.12., da ich im November noch Karten bezog. Hoffentlich kommst Du in dieser Angelegenheit dann klar. Eure große Geldnot bedrückt mich sehr. Doch ich kann ja da auch nicht helfen, leider. Wenn´s aber gar nicht abzusehen ist, daß du zu Geld kommst, dann müß- te eben Volker wieder irgendwie herkommen. Ich hatte gedacht, Du wür- dest vom Stempeln bald etwas bekommen. Die 150 DM für die Heimkeh- rer bekamst Du auch noch nicht?...“ (28. November)

Dezember

In dieser Atmosphäre feiert die gespaltene Familie den Ad- vent 1948. Omi plant nun aus Polkau zu ihrem Sohn Cord-Berend in den Westen zu ziehen. Er lebt dort relativ einsam und entwur- zelt, kränkelt auch. Er braucht seine Mutter! Für Aufmunterung wird ein Besuch sorgen. Erdmut bittet die Schröters in Neuen- gronau, Cord für ein paar Tage über Weihnachten zu sich zu neh- men. Eine gute Idee, wie sich herausstellt. Alles funktioniert blen- dend. In der kleinsten, ärmsten Hütte im Spessart ist noch ein Platz frei, der Besuch ist mit großer Freude und Ausgelassenheit verbun- den. Von allen am stärksten überrascht ist Volker, der seinen Onkel doch so vergöttert!

Erdmut schildert ihrem Mann in der unerreichbaren Ferne, wie die Familie das Christfest 1948 in Polkau verlebt hat:

„....Als dann Omi und ich die Gaben aufgebaut hatten und Omi die Lichter am Bäumchen, das wir schon am Abend vorher <u>sehr</u> hübsch ge- putzt hatten, entzündet hatte, zogen wir alle mit „Ihr Kinderlein kommet“ in die Stube. Die größte Aufmerksamkeit der Kinder galt zunächst den großen Pfefferkuchenherzen mit ihren Namen verziert, die ich in Oster- burg hatte machen lassen. Als dann Bettina ihre große Puppe auf dem Kinderstühlchen erblickte, war sie nicht mehr zu halten. Diese Glückselig- keit überwältigte mich fast. Am nächsten Morgen, sie hatte die Augen noch nicht mal richtig auf, sagte sie schon: „Ach Mutti, ich freu mich so auf meine Puppe.“ <u>Sehr</u> groß war ja auch ihre Begeisterung, als Omi ihr

einen neuen Schulranzen (zwar nur Pappe, aber für Polkau wird er noch reichen, und ich war glücklich, als ich ihn in Osterburg erwischte) umhängte, den sie ihr schenkte... Knut freute sich auch sehr über sein Auto, Pferdchen mit Wagen, aber das Schönste sind halt alle Bücher, seine und die von den Mädels. Wie ein Alter setzt er sich dann hin und blättert. Bücher sind sein A und O. Maya ist überhaupt begeistert von ihrem kleinen Patenjungen. Knut ist auch wirklich sonnig, so voller Einfälle, allerdings auch oft jungenhaft frech.- Gestern früh, es war noch dämmrig, Bettina und Kordula schliefen noch und ich tat so, *erzählte er in seinem Bettchen leise vor sich hin wörtlich: „Und die Priester sagten zum Geist, komm doch rein, denn draußen ist's so kalt. Mein Geist freuet sich und du Tochter Gerusalem jauchze Dein König kommt." Ein lustiges Durcheinander von Gehörtem und Gelerntem. In diesem Stil ging es noch lange weiter. Nun, um acht Uhr aßen wir dann Bratwurst mit Grünkohl und Kartoffeln. Dann gingen die Kinder zu Bett, wir saßen noch länger auf mit nettem Unterhalten und viel Erinnern... Morgen wollen Maya und ich mit den Kindern Puppen spielen und vor allem auch richtig kochen. Bettina war so selig bei der Ankündigung, fragte dann aber ganz ungläubig: „Mutti, hast du dann auch einen ganzen Nachmittag Zeit für uns?" - Diese Woche mache ich auch mal ein bißchen Ferien. Heute Abend tranken wir ein ausgezeichnetes Kirschlikörchen, den Maya spendiert hatte. So ein Zeug ist bei uns wahnsinnig teuer, sodaß ich mir Derartiges nicht leisten kann. - So nun hast Du einiges von uns gehört, und ich freue mich nur, wenn ich Deinen und Volkers Bericht in den Händen halte. Lies nur Volker auch aus dem Brief vor. Hamanns lassen ihn auch herzlich grüßen, sie erzählen zu gern von Volkers netter Stimme und seinem Singen bei ihnen und seinem freien hemmungslosen Erzählen und Antworten..."* (26. Dezember)

Wie geht es nun mit Johannes weiter? Es gilt viele bürokratische Hürden zu überwinden. Mitte des Monats besucht tatsächlich die Schulrätin des Kreises die Schröters in Neuengronau. Sie nimmt den Spruchkammer-Bescheid von Johannes entgegen (s. Abb. 30). (Inzwischen war er nach einem Entnazifizierungs-Verfahren als „Mitläufer" eingestuft worden.) Mit diesem Papier und vielen weiteren Unterlagen, die sie mittlerweile erhalten hat, kämpft die Dame bei dem Lehrerausschuss in Gelnhausen den Fall Johannes

Schröter durch, erreicht eine vorläufige Arbeitserlaubnis. Allerdings werden erst im folgenden April Stellen frei. Die Papiere werden in die hessische Landeshauptstadt Wiesbaden transferiert. Für 30 DM kann Johannes einen Unterrichts-Erlaubnisschein erwerben, mit dem er berechtigt ist, Kindern Nachhilfeunterricht zu geben, damit ein wenig Geld zu verdienen. Am 23. Dezember fährt er mit Volker umher, um bei wohlmeinenden Bekannten Lebensmittel „abzustauben". Der Herr Hauptmann auf Almosen-Tour – welch eine Vorstellung! Er erhält Mehl, Küchengrieß, Weihnachtsgebäck und Äpfel. Bei einem Baptisten kann er sogar zwei Hosen für Volker „erben", dazu zwei Jacketts für sich, einen Hut und ein Hemd. Reich beschenkt kehrt er abends aus Gersfeld zurück. Der Heiligabend verläuft traditionell. Johannes schildert alles seiner Frau auf der anderen Seite der Zonengrenze:

„...Um 17.30 der Weihnachtsschmaus mit Würstchen, Bratkartoffeln und Tee. Dann nach dem Großabwasch Abzittern der Gesellschaft. Und als die Christnacht aus war, waren wir, schlapp in den Knien, auch grad fertig. 3mal ertönte das Weinglas und Volker stand überwältigt von all den Kostbarkeiten. Was ihm beschert wurde, wird er Dir selbst berichten. U.a. erhielt ich von Marga eine fabelhafte braune Lederbrieftasche und Lederzigarettenetui. Wolle für 1 Paar Handschuhe für Volker, für ihn einen Tuschkasten, 1 Malbuch und Gebäck… Dann erhielt ich von allen eine kleine Schweizer Wanduhr, ein nettes Ding, und ein Bücherregal, nach meinen Angaben gebaut…

...Von der bayrischen Bruderhilfe erhielt ich eine Einladung zu einem kostenfreien, 6-wöchigen Erholungsaufenthalt im Westerwald, den ich aber nicht annehmen kann, weil die Schulrätin in einem sehr lieben Brief - ich füge ihn bei - mir einen einstweiligen Arbeitsbereich zugewiesen hat. Werde also übermorgen bei ihr sein, um notwendige Anleitungen mir geben zu lassen. Vor allem ist ein gutes Rad vonnöten, ein mir sehr am Herzen liegendes Anliegen. Leicht wird mir diese Arbeit allein körperlich nicht werden. Doch will ich mit Fleiß alles tun…" (26. Dezember)

Dem Brief liegt ein Schreiben der Schulrätin bei, in dem sie Johannes je sechs Stunden in der Berufsschule in Altengronau, Weichersbach und Oberzell anbietet. Jede Stunde wird mit drei DM vergütet, was bei 18 Stunden 216 DM monatlich ausmacht. Er müsse allerdings die weiten Wege auf sich nehmen. Fahrtkosten werden erstattet. Majoß und Uttrichshausen, weitere Dörfer, kämen auch in Betracht. Das wären dann 30 Stunden. Sie fragt ihn aber auch, ob er imstande sei, „auch landwirtschaftliche Belehrungen zu erteilen"? Im anderen Falle könne sie ihm „nur theoretische Stunden in Deutsch und Rechnen, sowie Gemeinschaftskunde und Religion geben." Der Rückzieher erfolgt postwendend. Am 28. Dezember schon schreibt er an Erdmut:

„...Leider hat sich der Arzt, der mir für die Schulrätin ein ärztliches Gutachten ausstellte, gegen das Radfahren ausgesprochen, sodaß ich also die Berufsschularbeit, mir so freundlich von Frl. Welker zugedacht, nicht leisten kann. Sie jedoch sieht darin einen Fingerzeig und meint, daß es richtig ist, nüchtern und nicht nur begeistert, schon im Blick auf einen gesunden Vati, das Angebot zu betrachten. Und auch ich bin selbst davon restlos überzeugt, daß dieser Weg recht ist, zumal sich die unangenehmen Herztöne verloren und der Herzfehler stabilisiert hat. Nun, wenn es Gottes Wille ist, werde ich der Einladung zu einem 6-wöchigen Erholungsaufenthalt im Westerwald Folge leisten. Täglich 3000 Kal. kostenlos! Bald wieder mehr, Geliebte!..." (28. Dezember)

Die Enttäuschung wandelt sich wie durch ein Wunder in eine zauberhafte Chance: Johannes geht in Kur, sammelt Kräfte, um die Zukunft mit Tatendrang anzugehen. So endet das Jahr. Die Träume Aller sind auf das kommende Jahr gerichtet!

Abb. 27: Bild für den Ehemann in
der Gefangenschaft, 1948;
„In herzlichem Gedenken"

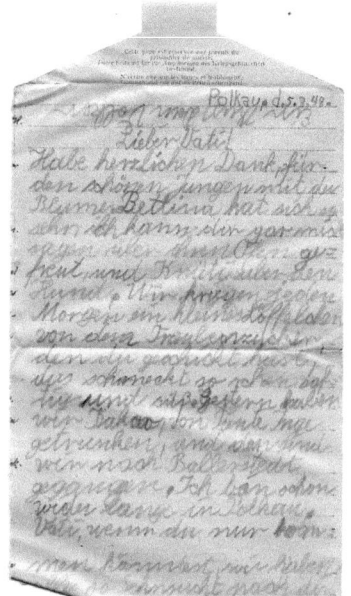

Abb. 28: Brief von Volker in die
Gefangenschaft I, 5. März 1948

Abb. 29: Brief von Volker in die
Gefangenschaft II, 8. Juli 1948

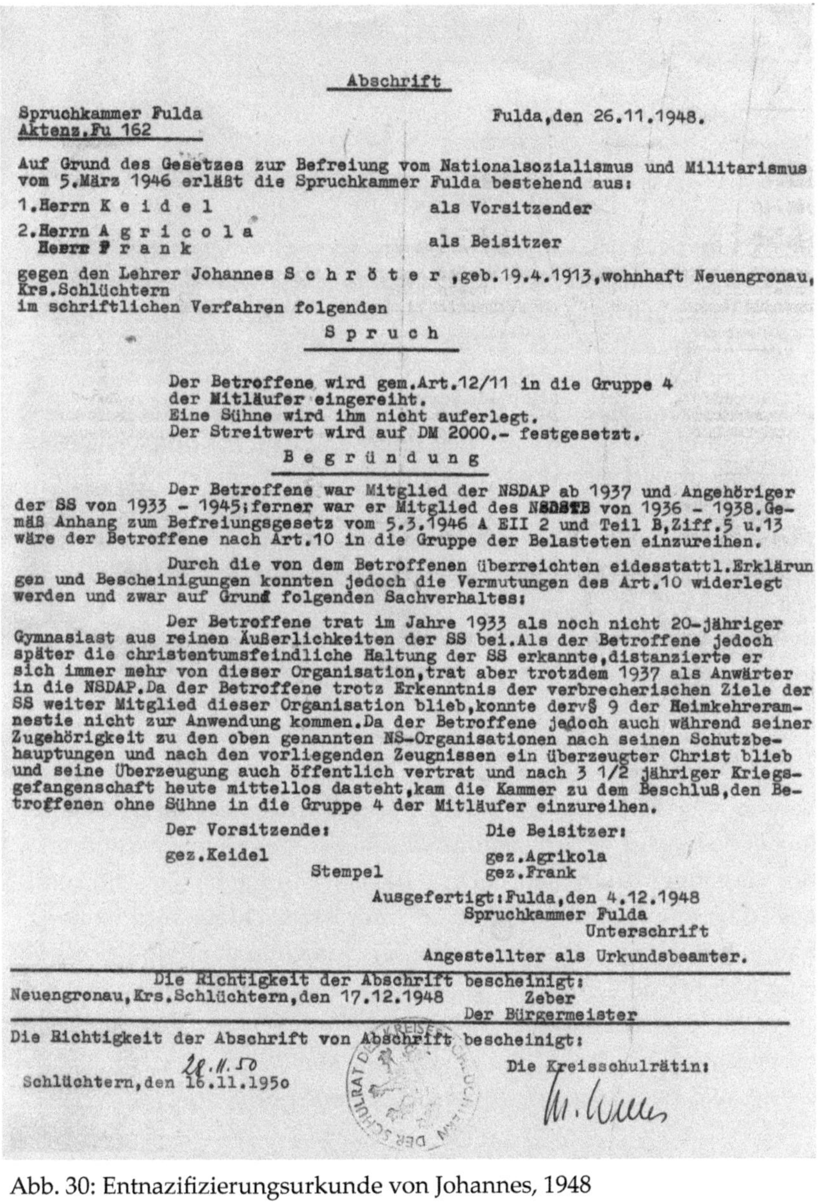

Spruchkammer Fulda   Fulda,den 26.11.1948.
Aktenz.Fu 162

Auf Grund des Gesetzes zur Befreiung vom Nationalsozialismus und Militarismus
vom 5.März 1946 erläßt die Spruchkammer Fulda bestehend aus:

1.Herrn K e i d e l   als Vorsitzender

2.Herrn A g r i c o l a
  Herrn F r a n k   als Beisitzer

gegen den Lehrer Johannes S c h r ö t e r ,geb.19.4.1913,wohnhaft Neuengronau,
Krs.Schlüchtern
im schriftlichen Verfahren folgenden

S p r u c h

Der Betroffene wird gem.Art.12/11 in die Gruppe 4
der Mitläufer eingereiht.
Eine Sühne wird ihm nicht auferlegt.
Der Streitwert wird auf DM 2000.- festgesetzt.

B e g r ü n d u n g

Der Betroffene war Mitglied der NSDAP ab 1937 und Angehöriger
der SS von 1933 - 1945;ferner war er Mitglied des NSDStB von 1936 - 1938.Ge-
mäß Anhang zum Befreiungsgesetz vom 5.3.1946 A EII 2 und Teil B,Ziff.5 u.13
wäre der Betroffene nach Art.10 in die Gruppe der Belasteten einzureihen.

Durch die von dem Betroffenen überreichten eidesstattl.Erklärun
gen und Bescheinigungen konnten jedoch die Vermutungen des Art.10 widerlegt
werden und zwar auf Grund folgenden Sachverhaltes:

Der Betroffene trat im Jahre 1933 als noch nicht 20-jähriger
Gymnasiast aus reinen Äußerlichkeiten der SS bei.Als der Betroffene jedoch
später die christentumsfeindliche Haltung der SS erkannte,distanzierte er
sich immer mehr von dieser Organisation,trat aber trotzdem 1937 als Anwärter
in die NSDAP.Da der Betroffene trotz Erkenntnis der verbrecherischen Ziele der
SS weiter Mitglied dieser Organisation blieb,konnte der§ 9 der Heimkehreram-
nestie nicht zur Anwendung kommen.Da der Betroffene jedoch auch während seiner
Zugehörigkeit zu den oben genannten NS-Organisationen nach seinen Schutzbe-
hauptungen und nach den vorliegenden Zeugnissen ein überzeugter Christ blieb
und seine Überzeugung auch öffentlich vertrat und nach 3 1/2 jähriger Kriegsgefangenschaft heute mittellos dasteht,kam die Kammer zu dem Beschluß,den Betroffenen ohne Sühne in die Gruppe 4 der Mitläufer einzureihen.

Der Vorsitzende: Die Beisitzer:

gez.Keidel   gez.Agrikola
           Stempel   gez.Frank

Ausgefertigt:Fulda,den 4.12.1948
Spruchkammer Fulda
Unterschrift

Angestellter als Urkundsbeamter.

Die Richtigkeit der Abschrift bescheinigt:
Neuengronau,Krs.Schlüchtern,den 17.12.1948   Zeber
Der Bürgermeister

Die Richtigkeit der Abschrift von Abschrift bescheinigt:

Schlüchtern,den 16.11.1950   Die Kreisschulrätin:

Abb. 30: Entnazifizierungsurkunde von Johannes, 1948

10. Kapitel: Keine Ruhe: 1949

Was 1949 geschah: Die Berlin-Blockade wird aufgehoben. Der „Deutsche Volksrat" in Ostdeutschland ruft eine „Nationale Front" ins Leben. Die deutsche Spaltung vertieft sich. Die Westdeutsche Bundesrepublik mit elf Ländern und der Hauptstadt Bonn wird ins Leben gerufen. Das Grundgesetz wird verabschiedet (außer von Bayern!). Der Bundestag mit Bundeskanzler Konrad Adenauer und Bundespräsident Theodor Heuß tritt zusammen. Wilhelm Pieck wird erster Präsident der DDR. Von über fünf Millionen deutschen Schulkindern leben 52% nicht bei beiden Eltern. In Deutschland verbreiten sich astrologische Weltuntergangs-Psychosen. Tito sucht Beziehungen mit den USA. Die UdSSR erklärt Jugoslawien zum Feindesland. Stalin lehnt eine Einladung Trumans ab. Die Sowjetunion startet den ersten Atombomben-Test. Die NATO wird gegründet. Die Volksrepublik China wird proklamiert, Mao Tse-tung wird in der Sowjetunion empfangen. Die Vereinigten Staaten von Indonesien werden gegründet.

Das Jahr 1949 wird endlich die Wende im Familienleben der Schröters bringen. Doch der Weg dorthin bietet noch einige Schlaglöcher. Zunächst einmal beginnt das Jahr in der gleichen Routine der vergangenen drei Jahre. Doch die ersten Tage haben schon einiges zu bieten: Erdmut erkrankt an einer hartnäckigen und schmerzhaften Bindehautentzündung, mit der sie sich in der Folge monatelang herum quält.

„...Es ist den Tag über gar nicht mehr schlimm mit den Augen, nur früh bekomme ich sie ohne Auswaschen mit Kamille gar nicht auf, und abends sind die Lider so schwer und dann tränen sie in der Luft so viel..."

In vielen Briefen macht Johannes seinen Sorgen um die Augen seiner Frau und dem damit verbundenen Ärger Luft. Er kann eine Brille an seiner Frau überhaupt nicht leiden, empfindet ein solches Hilfsmittel als Behinderung, ja, sogar als Beeinträchtigung der Attraktivität. Am 13. Januar schreibt er ihr:

„...Doch muß ich Dir bei aller Liebe doch sagen, daß mich Dein
zugezogenes Augenleiden <u>sehr</u> beunruhigt. Es ist nicht die Tatsache allein.
Sie erscheint mir, nach Rücksprache mit einem Arzt und einer älteren
Frau, die das gleiche Leiden (Brille) wie Du hast, nur als natürliche Folge
von Zumutungen, denen Du Deine Augen fahrlässig ausgesetzt hast.
Nicht ausschließlich die geringe Lampen- oder Kerzenlichtstärke tragen
Schuld an der Bindehautentzündung, sondern das Tragen ein und dersel-
ben Brille für <u>alle</u> Sichtweiten. Erd, vergiß nicht, daß ich damals sehr oft
und inständig bat, doch beim Lesen oder Handarbeiten die Brille abzule-
gen. Damals hättest Du es noch tun <u>können</u>; heute ist das leider zu
spät..."

Über eine Seite lang schwadroniert er über ihre Verantwor-
tungslosigkeit. Mit ihrem schlechten Gewissen fühlt sie sich noch
am 24. Februar gedrängt ihn zu beschwichtigen:
„...Durch die Wege jetzt im Winde haben sich meine Augen nicht
gerade gebessert. Ich wollte nun morgen zum Augenarzt fahren, aber ich
fühle mich gerade die Tage nicht gut, sodaß ich keinen Schwung habe,
mich den ganzen Tag in Stendal herum zu drücken und die weiten Bahn-
hofswege zu machen. Eh ich zu dir komme, will ich aber doch gesunde
Augen haben. Bei allen Handarbeiten und Schreiben trage ich keine Brille,
das ist für meine Augen, die dann oft so tränen und brennen, angenehmer.
Nach Bettina darf ich mich ja nicht richten, die immer sagt, daß ich mit
der Brille am allerschönsten aussehe..."

Noch im März tropft Bettina als Omis Nachfolgerin, die inzwischen in den Westen gezogen ist, ihr regelmäßig die Augen.
Endlich verzeichnet sie eine Besserung.

Das Geld wird langsam knapp. Johannes beklagt am 2. Januar, dass das Landratsamt in Schlüchtern einen Markenbezug für
Volker ablehnt. Man müsse den Nachweis erbringen, dass er in
Polkau keine Lebensmittel mehr beziehe. Erdmut soll diese Bescheinigung möglichst schnell beschaffen. Auch sollen alle Vermö-
genswerte, die bei der Einnahme Herrnhuts verbrannt seien, aufge-
listet werden, damit eventuell ein Härteausgleich beantragt werden
könne. Oma Schröter erhält keine Witwen-Pension mehr. Da müsse
das Regierungs-Finanzamt in Wiesbaden neu entscheiden, da sie ja

aus dem Osten weggezogen sei. Eine Unmenge an Bescheinigungen müssen hierfür noch aus dem Osten beigeschafft werden.- Die Bürgermeisterin von Polkau teilt Erdmut mit, dass sie ab März keinerlei Unterstützung mehr beziehen könne. Alle Frauen, deren Männer im Westen wohnen, sind davon betroffen. Die Vorsteherin habe versucht, wenigstens für die Kinder noch etwas zu bekommen, doch auch dies sei gestrichen worden. Erdmut fügt bitter hinzu: *„Wenn sie mir dann wenigstens beim Über-Die-Grenze-Gehen behilflich wären und ich mit Sack und Pack fort könnte!"*

Das Kreissozialamt in Osterburg fordert Johannes in einem Schreiben vom 4. Januar 1949 auf, für seine Familie selbst zu sorgen:

„In der Fürsorgeangelegenheit für Ihre Ehefrau Erdmut Schröter und Ihre Kinder Volker, Bettina und Knut, wohnhaft in Polkau

Ihre Ehefrau und Kinder beziehen von hier infolge eingetretener Hilfsbedürftigkeit seit dem 1.9.45 öffentliche Fürsorgeunterstützung. Ab 1.10.47 betragen die Zahlungen monatlich 82.50. Als Ehemann der Frau Sch. sind Sie für den Unterhalt Ihrer Familie gesetzlich verpflichtet.

Bestimmungsgemäß setzen wir Sie hiermit von der Tatsache, daß Ihre Ehefrau hier öffentliche Fürsorgeunterstützung erhält, in Kenntnis und bitten Sie um baldige Herreichung einer kurzen Erklärung, in der Sie sich verpflichten, sobald Sie dazu in der Lage sind, für den Unterhalt Ihrer Familie zu sorgen und uns die entstehenden Fürsorgekosten zu erstatten. Die Kosten erstrecken sich auf die Fürsorgekosten, die nach Ihrer Entlassung aus der Gefangenschaft entstanden sind.

Im Auftrag"

Johannes musste ein Polit-Spielchen der besonderen Art erdulden, als er seiner Frau einen Brief schickte. Jemand, der die Frankierungs-Bestimmungen der Ostzone nicht kannte, meinte es wohl gut mit ihm und klebte die kleine blaue 2-Pfennig-Steuermarke zugunsten der Berlinhilfe auf den Umschlag. Das wirkte provokativ auf die Ostbehörde. Und siehe da, beim Erreichen der Zonengrenze fing man den Brief ab, ließ ihn erst einmal genüsslich für ein paar Tage liegen und schickte ihn dann wieder an den Absender zurück.

Die Übersiedlung stellt noch immer das größte Problem dar. Bis Mitte März hat Erdmut insgesamt mindestens 20 große Pakete gepackt und über Siegfried Bayer in West-Berlin in den Westen geschafft. Irgendwann wird dieser Kanal von den Behörden verstopft. Nun muss Erdmut in Ostberlin eine Adresse finden, einen netten Menschen, der die Pakete weiter schickt. Schritt für Schritt löst sie ihren Hausstand auf, versucht möglichst für West-Geld ihre Möbel zu verhökern. Meist spricht sie die Preise mit Johannes per Brief ab, bevor sie einen Schrank oder ein Bett abgibt. Die Federbetten, das restliche Tafelsilber kommen in den Westen. Auch Glühlampen bitte nicht vergessen! Die sind zur Zeit im Westen rar. Über die vielen Bücher mit zweifelhaftem Inhalt rätselt sie am 29. März – ihr Unbehagen spürt man zwischen den Zeilen:

„...Gestern Nachmittag hackte ich Holz und abends packte ich ein Bücherpaket, nachdem ich erst gründlich sichtete. Sag, brauchst Du alle Geschichtsbücher, da doch schließlich Geschichte heute anders gelehrt wird, und 2. astronomische und -logische, und 3. psychologische Bücher? Alles ausgesprochen nazistische verbrenne ich. Ach, wenn Du doch selber Durchsicht halten könntest! Abends, anstatt etwas Nützliches zu tun, durchstöberte ich stundenlang alte Briefe, verbrannte und verbrenne noch die Briefe aus der traurigen und traurigsten Zeit unserer Verlobungszeit. In einem Brief, das muß ich richtig mal schreiben, schriebst Du u.a.: „Ich lese jetzt Kriegsbücher. Sie sind hart und realistisch. Sie entzünden mich. Ich möchte auch hinein ins Unheimliche um zu vergehen. Soll die Liebe zur Heimat das Höchste bleiben? Denn was man suchte, fand man nicht, und was man glaubte, trog..."- Ja, damals dachtest Du noch nicht, daß Du in Bälde ins Unheimliche untertauchen müsstest, aber nicht um zu verglühen..."

Zu Beginn des Jahres kündigt Johannes seiner Frau an, dass er ab dem 15. für sechs Wochen im Westerwald einen kostenlosen Erholungsurlaub für Heimkehrer antreten werde. Da der Amtsarzt ihn noch nicht als diensttauglich eingestuft hat, bietet diese Option ein bequeme Alternative. Volker bleibt solange bei Oma in   Neuengronau. Ab Ostern, dem neuen Schuljahr, werde der Vater dann seine erste Stelle antreten können. Mit dem Zug fährt er   erwartungsfroh nach Rehe, einem kleinen Dorf im hohen Westerwald. Im Vorfeld muss er noch eine Unklarheit ausräumen.

„...Handelt es sich doch um eine Erholungsstätte, die den Baptisten
gehört und die mich gleich nach Weihnachten einluden, in der begründeten
Annahme, ich gehöre zu ihrem Bunde. Ich habe nun über das Jahresende
eine klärenden Brief geschrieben u.a. auch darin gefragt, daß, auch wenn
die dortigen Brüder nach Lesen meiner Zeilen „menschlich anders befin-
den", ich das dann als den vom Herrn gewiesenen Weg hinnähme. Kann
ich es ihnen doch trotz aller treuen Weggemeinschaft nicht verübeln, wenn
sie nicht gern Fremde in ihr Heim und ihre Gepflogenheiten blicken lassen.
Sind doch alle Spenden in 1. Linie von ihren Freunden für ihre Mitglieder
vorgesehen. Umsomehr erfreute mich beigefügter Brief, und wir wollen
Gott herzlich danken für dies Gewähren..."

Die tägliche Kalorienmenge während der Kur beträgt 3000
Kcal. Die Heimkehrer sollen richtig aufgepäppelt werden: Täglich
stehen Milch, Kakao, „gute" Butter, Fleisch und Marmelade auf dem
Tisch. Wegen seiner wackligen Zähne erhält Johannes Weißbrot. In
den nächsten Wochen wird er auch medizinisch betreut. Leider werden ihm fast alle Zähne gezogen, sie sind durch die jahrelange Entbehrung und den Mangel nicht mehr zu gebrauchen. Er fühlt sich
pudelwohl, genießt auch das tägliche Programm, übernimmt sogar
den „Heimchor".

In eine Anekdote der besonderen Art verstrickt sich das Ehepaar. Davon berichtet Johannes am 16. Januar:

„...Ja, das ist eine rechte Tragödie mit meinem Versuch, Dich auf
telefonischem Wege einmal zu grüßen... Nun am Sonntag Abend sagte
Hermann Beuh, der reichste Mann von Rehe und gläubiger Christ: Komm
noch ein bissel zu mir!- Er ist Besitzer zweier Autobuslinien, hat eine wun-
derschöne Villa, eine liebe rührige Frau... Also bei einer Tasse Kaffee ergab
sich, dass Du im Mittelpunkt standest. Sie waren so bewegt, daß Hermann
versuchte eine Verbindung mit Dir zu erhalten. Ja, am Sonntag Abend
waren wir gegen 18.30 bei Dir, aber Ihr wart nicht da. Am Montag sagte
uns nach stundenlangen Versuchen die Telefon-Zentrale in Osterburg, daß
- es war 22.35 - Polkau schon geschlossen habe; sie wollte aber Dich für
Dienstag 20.oo zu Schmidt (Polkau) bestellen. Gestern Abend nun verhält-
nismäßig zeitig schon hatten wir Osterburg ziemlich deutlich. Und dann
vernahm ich wie aus weiter Ferne mehrere Male Deine Stimme. „Ja?"
Eine Verständigung blieb leider unmöglich, und auf eine Vermittlung

meiner Herzensgedanken legte ich absolut keinen Wert. Noch 3x ver-
suchten wirs, hörten aber, Du seist bereits gegangen. Man wollte Dir
schon mitteilen, daß Du heute abend ab 20.oo in der Gastwirtschaft von
Erxleben sein möchtest. So werden wir also noch einmal zum letzten
Versuch ausholen. Hab mir so gedacht, daß es Dir unangenehm ist, so bei
fremden Leuten mit mir zu reden. Hoffentlich hast Du keine Unannehm-
lichkeiten. Wollten Dir halt nur ein bissel Freude machen..."

Erdmuts Version dieses Abenteuers entnehme ich ihren
Briefen vom 20. und 24. Februar:
„...Ich habe mich so gefreut, daß es so klappte. Und wenn´s von
uns aus nicht so mühsam wäre, hätte ich dich auch mal angerufen. Omi
begleitete mich nach Erxleben, die Ärmste stieß auf dem stockdunklen
Rückweg, den wir nur tastend zurücklegen konnten, mit ihrem rheuma-
tischen Arm an einen Baum. Übrigens für Polkau ist dein Anruf, unser
Gespräch, fast Sensation geworden. Das macht mir Spaß..."
„...Ja gelt, es war doch schön, daß wir, wenn auch hauptsächlich
durch Vermittlung, miteinander reden konnten. Ich habe Dich doch
scheint´s noch besser verstanden, als Du mich. 1. Hast Du die Ferngе-
spräche im Krieg sicher in langsamer Sprache besser üben können, und 2.
war ich zum ruhigen Sprechen sicher zu aufgeregt. Ich kann Dir nur
sagen, nach dem Gespräch schwitzte ich richtig. Ich höre noch das: Gu-
ten Abend, Frauchen - im Ohr..."

In Rehe erhält Johannes auch wertvolle Informationen über
die Möglichkeit, die Übersiedlung über Berlin zu versuchen. Dazu
schreibt er seiner Frau:
„...Hier traf jetzt ein Bruder aus der Ostzone ein, der über Berlin
mit dem Flugzeug nach hier gekommen ist. Mit ihm habe ich mich
ausführlich unterhalten. Also er schlägt vor: Nach Berlin zu fahren, dort
im US-Sektor oder brit. Sektor unter Vorlage von Zuzugs- bzw. Aufent-
halts-Genehmigung, Gesundheitsattest und evtl. Bescheinigung über
meine Beschäftigung in den Westgebieten 1 Flugplatz für Euch zu bean-
tragen. In 2 Tagen ist das genehmigt. Da die Flugzeuge leer zurückflie-
gen, kostet der Flug nur 17 DM. So kam auch Bruder Brockhaus. das ist
also auch ein Weg. Nur weiß ich nicht, ob Du von der Polizei ungeschoren
mit Sack und Pack passieren kannst..."

Auch in Neuengronau verändert sich die Zusammensetzung der Bewohnerschaft. Hanna, die Schwester von Johannes, zieht im Februar vorübergehend mit den beiden kleinen Kindern Sieghart und Cornelia ein. Ihr Mann Felix hat eine Stelle in München erhalten. Nun muss er noch für eine Bleibe sorgen. Groß-Familie Schröter führt ein lustiges, aber äußerst beengtes Leben im Haus von Gottfried, dem jüngsten der Brüder: Mutter Schröter, Tochter Hanna mit zwei kleinen Kindern, Tochter Christa, die Söhne Gerhard und Siegfried, als Hauptmieter firmiert Gottfried. Und ab 4. März kehrt Johannes von seiner Kur zurück. In diese Fülle wird dann noch ein paar Wochen später Erdmut mit zwei Kindern dazustoßen! (s. Abb. 34)

Da macht sich Erleichterung breit, als Johannes ein Angebot erhält, ab April in Hintersteinau eine Lehrerstelle anzutreten. Am 7.März schreibt er von seiner Heimreise aus dem Westerwald:

„...Merkwürdig, da ich großes Reisegepäck hatte und deshalb in ein großes Abteil für „Traglasten" einstieg, saß plötzlich die Schulrätin neben mir. Als sollte es so sein! Bis St. hatte ich heraus bekommen, daß ich am 8.3. vereidigt, am 10.3. dem Amtsträger vorgestellt werden soll. Sie rechnet bereits mit meiner Anstellung zum 1.4., und zwar in Hintersteinau, dem entferntesten und abgelegensten, aber großen Bauerndorf in der Nordwestecke des Kreises Schlüchtern. Täglich Omnibusverkehr nach Schlüchtern. Z. Zt. sind noch 3 Lehrer dort. Es hängt davon ab, daß der dritte Lehrer eine Wohnung in dem ihm zugewiesenen neuen Ort erhält. Die Schulrätin meint, daß evtl. 2 vielleicht sogar 3 Räume zur Verfügung stehen werden. Nun, ich habe das sichere Gefühl, daß darüber bald Klarheit herrschen wird, sodaß ich stark damit rechne, schon in der nächsten Woche eine Aufenthalts- , vielleicht auch eine Zuzugsgenehmigung zu erwirken..."

Nach erfolgreicher Vereidigung und dem dem Besuch beim Amtsarzt bleibt noch ein lästiges Problem, das nur mit Geduld gelöst werden kann: die Wohnsituation. Am 18.März schreibt er:

„...Falls ich am 1.4. bereits in Hintersteinau anfangen muß, werde ich zunächst im Gasthof wohnen müssen. Dem Wohnungsamt habe ich nun für alle Fälle folgenden Vorschlag unterbreitet. Da ich hier in Kürze

meinen Wohnplatz durch Fortzug aufgebe, würde Oma diesen Dir,
d.h.Euch zur Verfügung stellen, d.h. ich halte eine vorläufige Aufenthalts-
genehmigung für Euch nach hier, ohne Inanspruchnahme zusätzlichen
Wohnraums für zunächst ausreichend. Ein Zimmer im Gasthof könnte
immer noch belegt werden. Das Wichtigste ist eben, daß ihr erst einmal
hier seid. Alles Weitere wird sich ergeben. Wie das Wohnungsamt auf
diesen 2. Lösungsvorschlag reagieren wird, bleibt abzuwarten..."

Erdmuts Pläne werden konkreter. Im Idealfall möchte sie vor
dem 19. April, dem Geburtstag von Johannes, drüben sein. Erdmut
beschließt, die Übersiedlung über Berlin zu versuchen. Doch ohne
Zuzugsgenehmigung wird sie keinen Erfolg haben. Ein zähes Ringen um den richtigen Weg und die richtigen Bescheinigungen beginnt. Das zehrt an den Nerven! Inzwischen hat ihre Mutter es geschafft! Mit einem Spezial-Permit ist sie mit der Eisenbahn in den
Westen gereist, ist bei ihrem Sohn Cord in Bielefeld eingetroffen.
Seit dem 16. März fehlt die Betreuung der Kinder. Eile ist angesagt.
Doch verzögern sich die Pläne immer wieder:

„...Heute morgen um 5.45 fuhr Omi in Düsedau ab. Horst Gebaur
brachte sie mit 2 Fahrrädern zum Bahnhof, so nahmen Omi und ich schon
hier bewegten Abschied. Als ich dann so allein zurückblieb, kam ich mir so
unendlich verlassen vor und weinte herzzerbrechend. Aber merkwürdig
gerade heute kamen so viele Leute her, das kam mir wie ein Trost vor..."

Die Probleme drohen Erdmut über den Kopf zu wachsen.
Die tägliche Quälerei bleibt, der Mangel muss weiterhin verwaltet
werden. Es geht nicht recht voran. Anfang April, als ihr langsam
klar wird, dass sie ihrem Mann noch nicht mit einer Umarmung
gratulieren kann, sondern höchstens in Briefform, schreibt sie:

„...Aber bald ist meine Geduld auch zu Ende, des Wartens und Al-
leinseins ist´s bald genug. Möchten die Herren Beamten in Wiesbaden
doch ein Einsehen mit uns haben!- Du schreibst: Wie hilflos wird mein
Anfang in Hintersteinau ohne Frau sein!... Ich denke darüber schon gar
nicht nach, daß ich alles hier lassen muß. Aber es geht nicht anders. Ein
Möbeltransport ist jetzt nicht mehr möglich, es sei denn, daß man viel
Geld hat und gute Beziehungen und mir hilft ja niemand oder weist mir
einen Weg. Der junge Pohlmann ist z. Zt. auf Urlaub hier, der managed

jetzt den Umzug seiner Frau und Schwiegereltern nach Hannover... Da diese Art von Umzug derart gefährlich ist, haben sie über den Weg <u>nichts</u> verraten, das könnten sie nicht... Beinahe könnte man etwas bitter werden. Uns fehlen ja auch jegliche geldliche Mittel dazu... Maya kann nur die letzten Tage zum Packen herkommen. An manchen Tagen erscheint einem alles so schwer... Auch möchte ich Pakete packen noch und noch, doch habe ich jedes Mal Beklemmungen, die Berliner damit zu belästigen... Die Fleischerfrau sagte mir am Sonnabend, daß wir zu Ostern endlich mal wieder Fleisch bekommen, seit Februar das 1. Mal wieder... Vom Sonnabend muß ich dir noch erzählen. Ich hatte 20 Pfund Hafer und Knut auf den Sportwagen gepackt. Tia und ich tippelten nun früh um ½ 8 nach Osterburg, um ihn in Haferflocken tauschen zu lassen. Als wir bei Hamanns vorbei kamen, stand ihr Auto gerade startbereit zur Fahrt nach Osterburg. Wir konnten samt unserm Hafer einsteigen und wurden in Osterburg bis zur Wassermühle gefahren. Am 20. kann ich mir übrigens die Haferflocken abholen. Ißt du gerne Haferflocken?..."

Und später, am 8. April:

"...Eigentlich muß ich erst mal sagen, daß mich dein gestriger Brief <u>sehr</u> bedrückt hatte und er mich aufs Neue auf eine harte Geduldsprobe stellte. Als Bettina in der Pause raufkam, sagte sie gleich: „Mutti du bist ja so traurig." Sie bemerkte sogar, daß ich geweint hatte. In manchen Tagen ist das Ziel wieder so ferne und ich sehe mich tatsächlich <u>nicht</u> mit den Kindern drüben. Bettina und Knut sind aber sehr hartnäckig: „Da gehen wir eben schwarz über die Grenze. Wir wollen aber zum Vati." Ja, ja wir werdens schon schaffen. Jedenfalls umarmte mich Bettina nachher unter Tränen in den Augen. Sie ist doch schon recht meine kleine Vertraute... Heute früh sang man im Radio schon: „...In der Nacht ist der Mensch nicht gern alleine..." Toll, gelt? Da werden am frühen Morgen schon die Sehnsüchte und Gefühle wach gerufen. Ich gehe bestimmt mit größerer Sehnsucht in unser 11. Ehejahr, als eine Braut in ihr erstes.- Doch Stop!- wieder nüchtern werden. Schrecklich, wenn in Neuengronau jemand diesen Brief in die Hände bekäme außer Dir..."

Den weiteren Verlauf des Abenteuers entnehme ich Erdmuts Briefen. Am 11. April kann sie schon mit konkreten Details aufwarten:

„...Herr Döring gab mir Auskunft wegen des Fliegens. Es kostet pro Person 16,- und 30kg kann man mitnehmen, also wir drei zusammen immerhin 180 Pfund. Und so teuer ist's auch nicht. Er schreibt nur, ich brauche <u>deine</u> Papiere über Anstellung und Wohnverhältnisse und eine Entnazifizierungsbescheinigung. Schicke sie nur ruhig, und ich will mir bescheinigen lassen, daß ich nichts war. Bitte alle Papiere <u>umgehend</u>, da ich damit dann gleich nach Berlin will. Denn er schrieb, acht Wochen vorher müßte ich mich in Berlin persönlich melden. Nun will ich aber nicht mehr acht Wochen warten müssen, ich kann es nicht. - Ich muß dann wirklich das letzte versuchen, andern gelingt es doch auch, die stöhnten schon, wenn sie 2 Jahre nicht zusammen waren. Ich hörte heute Nachmittag gerade wieder von einer Frau, die mit ihren beiden Kindern im Januar innerhalb von 10 Tagen die Fluggenehmigung bekam.- In 52 Minuten, allerdings bei Nacht, war sie von Berlin bis in Celle..."

Und tatsächlich erhält sie alle wesentlichen Bescheinigungen und kann am 27. April bereits ihrem Mann aus Berlin berichten (s. Abb. 33):

„...Br. Bayer wies mich zu einer Schwester Wittstock, die für jemanden anderes die Angelegenheit nach Westen managed und über <u>alles</u> orientiert ist. Sie sagte mir, daß ich <u>Dir</u> folgendes schreiben soll: <u>Ich</u> bin jetzt <u>hier</u> polizeilich gemeldet, <u>Berlin, Frohnauufer 53</u> bei Frl. Alscher. Aufgrund eines Übereinkommens zwischen den Westsektoren und Berlin stellen die Behörden in der Bizone eine Aufenthaltsgenehmigung für <u>6</u> Monate aus (bitte nicht drunter). Nun gehe bitte zum Bürgermeister und erwirke die Aufenthaltsgenehmigung für 6 Monate, sie muß mit einem Stempel des Bürgermeisters versehen sein. Wenn Du sie hast, dann schicke sie bitte per <u>Flugpost</u> (Flugpost geht nicht durch die Ostzone!) an Frl. Findeklee, nicht an mich.- Denk nur, wenn ich die Zuzugsgenehmigung oder Aufenthaltsgenehmigung gehabt hätte, hätte ich mir auf der Berliner Polizei sogar einen Berliner Personalausweis geben lassen können und in einer Woche bei Dir sein können. Aber so Gott will und alles programmgemäß weiter verläuft, bin ich in acht Wochen bei Dir, ist das überhaupt auszudenken, mein Lieb? Der Gedanke könnte mich rasend machen.- Also Dir ist klar, daß wir nun Berliner sind, kann aber weiter in Polkau wohnen und bleiben dort angemeldet. Die Verhältnisse sind für einen Außenstehenden kaum zu verstehen. Kannst Du Dir denken, daß es mir graut,

morgen in die Zone zurück zu fahren? Hier atmete man doch schon West-
luft…"

Am 28. April, schon wieder zurück in Polkau bei ihren Kindern, die sie für die Dauer ihrer Abwesenheit bei dem befreundeten
Ehepaar Hanebuth untergebracht hat, erzählt sie:

„…Meine Berliner Fahrt, die natürlich eine gewisse Strapaze und
auch kostspielig war, war doch nicht umsonst, da ich nun so ziemlich um
alle Formalitäten weiß. Schwester Wittstock, zu der mich S. Bayer ver-
wies, ist mir da sehr hilfsbereit. Es stellte sich auch heraus, daß sie und
ihre Schwester sehr für meinen Vater geschwärmt hatten, als er in Niesky
Vikar war. Es ist ja doch zu nett, daß in der Brüdergemeine immer wieder
Beziehungen sind, selbst in so einer Weltstadt.

Jetzt brauche ich außer den Papieren, die Du mir ja schon schick-
test, noch eine Seuchenbescheinigung, die mir ein Arzt, den Schwester
Wittstock kennt, ausfüllt. Und auf dem Landesgesundheitsamt am Lehrter
Bahnhof muß ich noch ca. 150 Fragen eines Fragebogens ausfüllen. Alles,
alles will ich tun, wenn ich zu Dir kommen kann. Wenn die Zuzugsge-
nehmigung da ist, fahre ich wieder nach Berlin und hoffe, daß es dann
nicht noch acht Wochen dauern wird… Eigentlich müßte ich Dir noch ein
wenig von Berlin erzählen. Bei Findeklees wurde ich so lieb aufgenommen,
sodaß ich´s gut als Abstiegsquartier benutzen darf. Ich gab ihnen Brot,
Kartoffeln, Haferflocken, Zucker, Malzkaffee, da sie mit ihrem Bohnen-
kaffee gar nicht ausreichen können, sie freuten sich sehr darüber. Der viele
Kaffee und Tee, den ich trank, war ja herrlich, er hat mich immer wieder
aufgemöbelt. Bayers brachte ich eine Schachtel Fondants, 2 Eier, Kuchen,
Mehl, Zucker, Mohrrüben und Kartoffeln mit. Du kannst Dir denken, daß
mein Rucksack schön schwer war, außerdem hatte ich noch einen schwe-
ren Koffer, den ich nun schon in Berlin ließ, und mit dem ganzen Gepäck
mußte ich, wie der ganze Zug, in Döbritz ein gutes Ende zur Polizei lau-
fen, um kontrolliert zu werden. Gut, daß ich die Bescheinigung von Frau
Meyer habe, so habe ich alles gerettet. Heute dagegen hatte ich mit der
Tasche ein leichtes Reisen.- Was bin ich in Berlin nur rumgefahren, hab
mich aber kein Mal verfahren, mit der doppelten Währung in Süd- und
Nordbahn ist alles so kompliziert für einen Provinzler… Frau Bayer und
ihre Schwester bewundern mich fast, daß ich die Landarbeit so kann und
aushalte. Aber ich kann Dir nur sagen, daß ich <u>sehr</u> glücklich bin, daß sie

nun, so Gott will, für mich ein Ende hat… Übrigens Bruder Bayer hat ja so viel zu tun, da bin ich richtig froh, ihn nicht weiter belästigen zu müssen. Er sieht sehr schlecht aus. Er sagt selbst, daß er seit der Gefangenschaft einfach nicht lange hintereinander arbeiten kann. Er fragte, ob Dir's auch so ginge. Ja, Du fängst ja jetzt auch mit intensivem Arbeiten an, strengt's Dich auch so an?…"

Und dann endlich erhält sie am 30. April endlich von ihrem Mann das ersehnte Telegramm mit der Parole überzusiedeln, dazu ein Einschreiben mit der Zuzugsgenehmigung (s. Abb. 33). Mutter und Tochter liegen sich vor Freude bewegt minutenlang in den Armen. Als sie sich ein wenig gefasst haben, falten sie ihre Hände und danken dem Herrn für die freundliche Erhörung. Am 9. Mai fährt sie zur Klärung noch einmal kurz nach Berlin. Sie entscheidet sich dann für das Flug-Abenteuer, gegen eine Eisenbahnfahrt, die ihr eigentlich sympathischer wäre. Die Vorzüge überwiegen! Vor ihrer Abreise kann sie mit ein wenig Glück noch für gutes Westgeld eine Couch und einen Schrank verkaufen.

Am 16. Mai 1949 ist es endlich so weit: Erdmut dreht der ungeliebten Ostzone den Rücken und wendet sich nach Westen. Mit ihren beiden Sprösslingen fährt sie in der Nacht nach Berlin, liefert sie an der Unterkunft ab und erwirbt Flugkarten nach Lübeck. Sie schreibt keine Briefe, führt kein Tagebuch. So kann ich nur den weiteren Verlauf aus dem Bericht meiner Schwester Bettina erschließen. Mit dem Zug fahren die drei dann – ziemlich reibungslos – nach Bielefeld, wo Bettina ihrer Großmutter übergeben wird. Dort bleibt sie erst einmal, bis sich eine Wohnung für die Schröters am neuen Arbeitsort gefunden hat. Auch Erdmut freut sich, ihre Mutter und ihren Bruder wieder zu sehen. Für einige Tage genießen alle die neu erworbene Freiheit miteinander.

Erdmut setzt mit Knut ihre Reise nach Neuengronau fort, wo sie mit großem Hallo begrüßt wird. Auch die beiden Brüder, Volker und Knut, haben sich schon sehr aufeinander gefreut und sind ein Herz und eine Seele (s. Abb. 35).

Für den Juni finden wir keinerlei Eintragungen, können uns nur zusammen reimen, dass Johannes unter der Woche seiner Arbeit als Volksschullehrer in Hintersteinau nachging, während Erdmut neben ihren Pflichten als Mutter zumeist ihrer Schwiegermutter zur Hand ging, um den chaotischen Haushalt mit vielen Junggesellen zu bewältigen.

Der Umzug nach Hintersteinau zieht sich leider in die Länge. Die Wohnungen werden erst einmal nicht frei. In diesen Zeiten gibt niemand gern seinen wertvollen Wohnraum her – er ist durch den Krieg verknappt! So müssen die Eheleute nach langen Jahren der Trennung noch immer ausharren: Johannes arbeitet unter der Woche in Hintersteinau, wohnt in einem Gastzimmer, seine Frau haust mit zwei Kindern in Neuengronau in beengten Verhältnissen. Und Bettina genießt in Bielefeld ihre Omi. Doch allmählich kommt Bewegung in die Sache: Omi schreibt, sie müsse umziehen. Zuvor solle Bettina bitte wieder zu ihrer Familie stoßen. Johannes, der schon fleißig den Schulgarten bestellt hat, erhält endlich grünes Licht zum Umzug der Familie ins Lehrerhaus:

„...noch einiges zu userm Garten. Er sah in der letzten Woche meinen Grosseinsatz, oft 5 Std. hintereinander. Jeder Spatenstich war tief verunkrautet (Brennnesseln, Meerrettich, Winden mit ihren langen, zerbrechlichen Wurzeln u.s.w.), jeder Zoll musste sauer erkämpft werden. Nun stehen 20 Beete. 4 Rhabarberstöcke, gute Petersilie warten auf euch. Rotkohl, Weisskraut u.s.w. sind gepflanzt, 5 grosse, schon blühende Tomatenpflanzen kommen am 17.5. in die Erde, d.h. nach den Eisheiligen. 1 Beet Erbsen ist schon mit Reisern besteckt, das 2. wurde leider gründlich von Tauben heimgesucht, die immer wieder einfallen. Ein Teil Radieschen wurde Opfer von Blattläusen, der andere steht gut. Auch Spinat, Volkers „Leibgericht!" wartet. Und 1½ Zentner Kartoffeln sind zwei kleinen Äckerlein anvertraut. Was also möglich war, ist getan worden. Und alles geschah in der Begeisterung Eures baldigen Eintreffens..." (8. Mai)

Im August, während der Sommerferien, findet die Familie zusammen, zieht in Hintersteinau ein. Am 18. August holen die Eltern ihre Tochter Bettina in Fulda vom Bahnhof ab. Ganz allein musste das siebenjährige Kind die Zugfahrt von Bielefeld bewältigen. Wie froh sind alle über die endgültige Wiedervereinigung. In ihrem Tagebuch schreibt sie von endlosem Glück.

Ach wäre das ein Traum, wenn das Glück andauern würde. Leider umwölkt sich die Stirn des Chronisten: Schon bald gibt es erste unangenehme Erlebnisse, die sogar im Tagebuch Platz finden. Sie haben in der Regel mit dem neu zu bewältigenden Zusammenleben der Eheleute zu tun. Während Erdmut in den vergangenen Jahren gelernt hat, das Leben allein in die Hand zu nehmen, Entscheidungen zu treffen, unter schwierigsten Verhältnissen eine Familie durchzufüttern, lebte ihr Mann viele Jahre als Kommandeur, später als vollkommen auf sein eigenes Schicksal fixierter Mensch. Sicher hätten beide ein anderes Leben vorgezogen: Erdmut als Mutter und in einer konservativen Hausfrauenrolle verhaftet; Johannes als großer Bewahrer und Lenker einer Familie. Diese Rollen müssen nun mühsam neu erlernt werden. Das geht jedoch nicht ohne Rückschläge. Am 4. September 1949 vertraut Erdmut ihrem Tagebuch an: „Warum hängte ich nur das hübsche Buntfoto der Kinder in die Küche! Diese Reaktion! Muß man denn alles Persönliche aufgeben, was einem lieb ist?" Das zeigt schon ihr Herzeleid, das in Zukunft nicht abnehmen wird: Die fatale Eifersucht, die Johannes entwickelt, steigert sich später zu meinen Lebzeiten in krankhafter Weise. Während der Gefangenschaft spürte sie nur hin und wieder an Formulierungen, wie leicht sich ihr Ehemann zurückgesetzt fühlte. Jetzt, in der physischen Nähe, entsteht ein chronisches Problem, das in der Zukunft einen immer größeren Raum im Leben der Familie einnehmen wird.

Siegfried, Johannes' jüngerer Bruder, erzählt Erdmut bei Gelegenheit im Vertrauen, dass er im Krankenhaus mit einem Buben aus Hintersteinau gesprochen habe. Der habe ihm berichtet, dass er nicht gern zur Schule gehe. Der dortige Lehrer schlüge die Kinder mit der Faust auf den Kopf. Das ist ihr ausgesprochen unangenehm: *„Möchte Johannes doch etwas vorsichtiger sein, nicht so scharf! Es bewegt mich sehr!"* (Tagebuch, 2. August)

Mit großer Freude unterrichtet der Vater seine beiden großen Kinder im Schulhaus, das jetzt der stattlichen Familie auch als Wohnung dient. Und als Krönung der Wiedervereinigung wird mein Bruder Rainer nach den Sommerferien gezeugt.

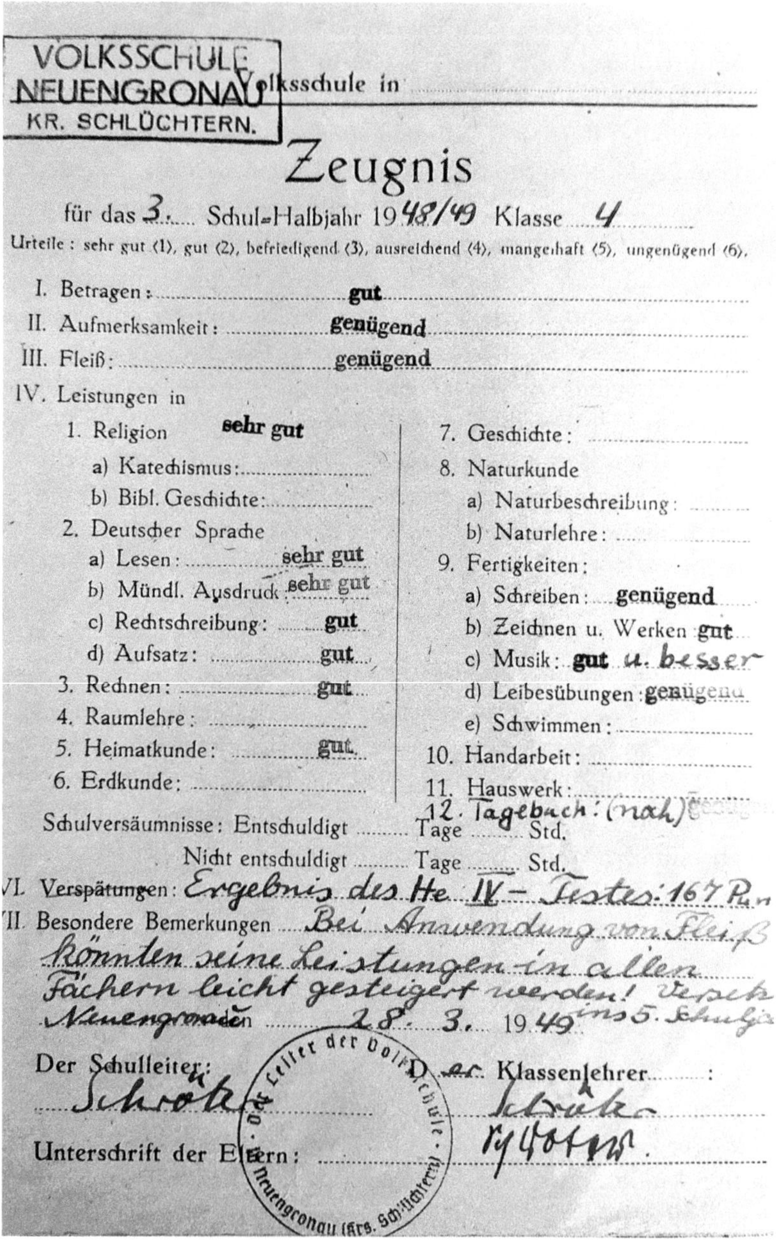

VOLKSSCHULE
NEUENGRONAU
KR. SCHLÜCHTERN.

...lksschule in ....

Zeugnis

für das **3.** Schul-Halbjahr 19**48/49** Klasse **4**

Urteile : sehr gut (1), gut (2), befriedigend (3), ausreichend (4), mangelhaft (5), ungenügend (6),

I. Betragen : .... **gut** ....

II. Aufmerksamkeit : .... **genügend** ....

III. Fleiß : .... **genügend** ....

IV. Leistungen in

1. Religion **sehr gut**	7. Geschichte :
a) Katechismus :	8. Naturkunde
b) Bibl. Geschichte :	a) Naturbeschreibung :
2. Deutscher Sprache	b) Naturlehre :
a) Lesen : **sehr gut**	9. Fertigkeiten :
b) Mündl. Ausdruck **sehr gut**	a) Schreiben : **genügend**
c) Rechtschreibung : **gut**	b) Zeichnen u. Werken **gut**
d) Aufsatz : **gut**	c) Musik : **gut** *u. besser*
3. Rechnen : **gut**	d) Leibesübungen : **genügend**
4. Raumlehre :	e) Schwimmen :
5. Heimatkunde : **gut**	10. Handarbeit :
6. Erdkunde :	11. Hauswerk :
	12. Tagebuch : (nah)

Schulversäumnisse : Entschuldigt .... Tage .... Std.

Nicht entschuldigt .... Tage .... Std.

VI. Verspätungen : *Ergebnis des He. IV – Festes : 167 P...*

VII. Besondere Bemerkungen *Bei Anwendung von Fleiß könnten seine Leistungen in allen Fächern leicht gesteigert werden!* Versetzt Neuengronau, 28. 3. 19 49 ins 5. Schulj.

Der Schulleiter : *Schröter*   D. er. Klassenlehrer : *Schröter*

Unterschrift der Eltern :

Abb. 31: Volkers Zeugnis 1949;
Es unterschreiben Onkel Gottfried (Klassenleiter und Schulleiter)
und Vater Johannes

Abb. 32: Die Geschwisterschar Schröter in Neuengronau, 1949;
v.l.: Siegfried, Christa, Johannes, Mutter, Gottfried, Hanna,
Gerhard

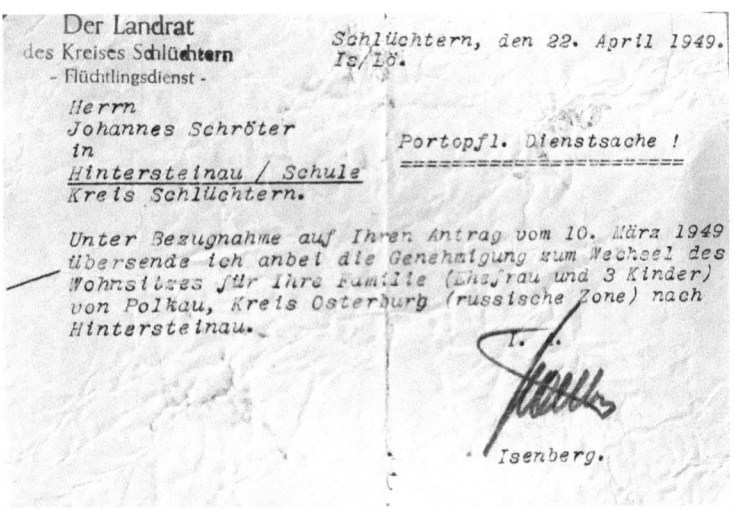

Abb. 33: Zuzugsgenehmigung für Erdmut, 1949

Abb. 34: Wieder vereint! 1949

Abb. 35: Rainers Taufe, 1950; mit Paten

11. Kapitel: Konsolidierung: Die 50er Jahre

Nun ist es an der Zeit, eine Bestandsaufnahme des ersten Ehe-Jahrzehnts durchzuführen. Dabei ergibt sich folgendes Bild: Das Ehepaar Schröter legte in dieser Zeit einen Lebensabschnitt zurück, den man als entscheidend für die weitere Entwicklung betrachten muss: Die ersten zehn Jahre einer Ehe beinhalten die gemeinsame Suche nach Glück, größtmögliche Fruchtbarkeit, Gestaltung einer Koexistenz und Konsolidierung in einer Familie. Betrachtet man die beiden, Erdmut und Johannes, und ihre „gemeinsamen" ersten Ehejahre, bleibt von den genannten Faktoren vor allem die Fruchtbarkeit: Obwohl die Trennung ständiger Begleiter der beiden war, konnten sie in dieser Zeit doch vier Kinder in die Welt setzen - Kinder, die man als Wunschkinder bezeichnen muss. Bruder Rainer, der, September 1949 gezeugt, Ende Mai 1950 das Licht der Welt erblickte, kann getrost als Frucht der Wiedervereinigung der Eheleute bezeichnet werden. Erst mich, das fünfte Kind, bezeichnete meine Mutter später – unter Tränen gestand sie es mir! – als ungewollt, ja unerwünscht!

Leider ist zu Beginn der 50er Jahre das Tal der Tränen für die beiden noch keinesfalls durchschritten. Bis die Familie endgültig zusammen wohnt, vergehen noch zwei harte Jahre. (Für mich als Chronisten bedeutet es einen Glücksfall, weil bis ins Jahr 1952 hinein einige Briefe erhalten blieben. Später konnte die Kommunikation dann doch im wesentlichen mündlich geführt werden. Ehepartner, die zusammen leben, schreiben in der Regel eher wenige Briefe an den Partner!)

Meine Eltern können zu Beginn des Jahres 1950 folgendermaßen skizziert werden: Johannes, ein Held ohne Fortune, voller enttäuschter Träume, der Lüge seines Lebens aufgesessen: blamiert, erniedrigt vor seiner Frau und der Welt!

Erdmut, die Frau, die von ihren Eltern dazu erzogen war, einem Mann zu folgen, ihn zu verwöhnen, sich bei ihm geborgen zu fühlen. Dafür unterwirft sie sich gern, verzichtet auf geistige Weiterbildung, gar Studium. Sie gebiert Kinder, hält den Haushalt in Ordnung und bringt dem Ehemann abends die Pantoffeln!

Das Ehepaar hatte in dem vergangenen Jahrzehnt völlige Fremdbestimmtheit erfahren. Und nun befinden sich die beiden Menschen im Versuchslabor der Nachkriegszeit. Wie kann unter diesen Umständen eine gemeinsame Ehe angeschoben werden? Was in unserer Familie passierte, liest sich fast deckungsgleich in vielen Memoiren und Erzählungen aus dieser Zeit!

Erdmut ist enttäuscht, kaum einer ihrer Träume ist bis dahin realisiert. Die Kinder bieten die einzige Konstante, eine verlässliche psychische Stütze, sind Überlebensgaranten! Der Mann war und ist es jedenfalls nicht.

Johannes, seiner patriarchalen Struktur beraubt, allein, verspottet, krank, kommt als Eindringling aus der Kriegs-Gefangenschaft nach Hause. Der Versuch eines Neuanfangs geht fast über seine Kräfte. Noch schwimmen soldatische Strukturen im Unterbewussten, die er nicht ausleben kann. Seine „Kompanie" besteht aus der Ehefrau und seinen Kindern. Dem Rest der Welt gegenüber muss er sich neu aufstellen. Mit kaum ausreichenden Mitteln und einer Unzahl an Rückschlägen im Gepäck baut er sich und seiner Familie eine neue Heimat. Bis 1951 hat er es irgendwie geschafft: Die Familie bleibt zum ersten Mal zusammen. Man kann endlich beginnen ein Leben zu führen, wie vor unvordenklichen Zeiten erträumt und kaum mehr erhofft! Allerdings wirkt ein Umstand immer gravierender in die vermeintliche Idylle hinein: Der Vater bleibt ein Eindringling! Erdmut hat gelernt autark zu werden, sie hat ohne Ehemann unvorstellbare Situationen gemeistert. Sie lässt sich - das gilt auch im Umgang mit ihrer eigenen Mutter - nicht mehr ständig bevormunden. In zehn Jahren der Entbehrung hat sie auch ihr Weltbild ziemlich unabhängig von ihrem Mann weiter entwickelt. Unschwer lässt sich erahnen, dass das Zusammenleben in den nächsten Jahren zunehmend von inneren Spannungen geprägt sein wird. Auch die Kinderschar entwickelt ein ambivalentes Verhältnis zum Vater. Ihr Bezugspunkt war bis dahin einzig und allein die Mutter. Der jetzt eindringende Vater mit seiner Dominanz, seinen Überzeugungen und pädagogischen Vorstellungen wird vorwiegend negativ empfunden; zusätzlich nimmt er den Kindern auch noch die Mutter weg. So entwickelt sich die typische deutsche Nachkriegsfamilie. Siegmund Freud hätte seinen Spaß an diesen Schilderungen. Sicherlich würde auch Ödipus eine Rolle spielen…

Was in den 1950er Jahren geschah: 1950 werden noch immer 1,5 Millionen Deutsche vermisst. Die ostdeutsche Regierung lehnt gesamtdeutsche Wahlen ab. Die Alliierten beschließen in Berlin zu bleiben. In Westdeutschland werden fast eine Million Witwen gezählt. Fast vier Millionen versorgungsbedürftige Opfer der beiden Weltkriege gibt es in Deutschland.

Schwere Kämpfe in Indochina; die Republik Indonesien wird ausgerufen; die Chinesen marschieren in Tibet ein; der Koreakrieg beginnt.

Der erste Achttausender, die Annapurna im Himalaya, wird erstiegen.

Adenauer reist 1951 nach Paris, London und nach Italien. Churchill gewinnt erneut die Wahlen. Der Vier-Mächte-Plan scheitert an der Bedingung, freie Wahlen abzuhalten.

Ab 1952 wird es immer schwieriger, die Zonengrenze zu überwinden. Helgoland kommt wieder unter deutsche Verwaltung. Im Saarland finden Landtagswahlen statt, ohne deutsche Parteien; die Wahlen werden auch nicht von der BRD anerkannt. Deutsch-französische Verhandlungen zum Saarland. Bundespräsident Heuss erhebt die dritte Strophe des Deutschlandliedes zur Nationalhymne.

Der Vertrag über die europäische Verteidigungsgemeinschaft (EVG) wird unterzeichnet; die Sowjetunion protestiert dagegen. Mit Israel wird das Wiedergutmachungs-Abkommen geschlossen; die arabische Staaten protestieren scharf dagegen.

Das erste deutsche Nachkriegs-Fernsehprogramm des NWDR erscheint. Blue Jeans verbreiten sich in Europa mit großer Geschwindigkeit. Emil Zatopek gewinnt bei der Olympiade in Helsinki drei Goldmedaillen (5000m, 10.000m und Marathon-Lauf).

Der Arbeiter-Aufstand in Ost-Berlin am 17. Juni 1953 wird blutig niedergeschlagen. Der Besatzungs-Status in der DDR wird aufgehoben, Volkseigene Betriebe entstehen.

Königin Elisabeth II. wird gekrönt. Stalin stirbt. In Korea ruhen die Waffen.

Hillary ersteigt den Mt. Everest, Buhl im Alleingang den Nanga Parbat. Der UNESCO-Bericht veröffentlicht: Von 2,3 Milliarden Menschen weltweit tragen 700 Millionen Gürtel oder Lendenschurz, 310 Millionen leben nackt; 710 Millionen leben in Hütten und 310 Millionen ohne festes Obdach!

Die Pariser Verträge sehen 1954 eine Wiederbewaffnung Deutschlands vor. Der Leiter des Verfassungsschutzes der BRD, Otto John, geht am Abend des 20. Juli in die DDR, um von dort gegen die „neonazistische Gefahr" zu kämpfen. (Allerdings flieht er 1955 in die BRD zurück, wird verhaftet und verurteilt.) Das französische Parlament verwirft den EVG-Vertrag, was vielfach als Rückschlag für die europäische Integration gewertet wird.

Aufstände in Algerien stürzen Frankreich in eine schwere Krise. Frankreich führt seinen Indochina-Krieg. In den USA arbeitet der McCarthy-Ausschuss über „unamerikanische Umtriebe".

Die Pariser Verträge beenden den Besatzer-Status in der BRD. Der Warschauer Pakt entsteht. Staatsbesuche Adenauers in Washington und Moskau. 1955 ist ein Jahr der Streiks in Deutschland. Die Bevölkerung lehnt das Saarstatut ab (das Saarland soll einen europäischen Status erhalten!).

Das Wehrpflichtgesetz sieht 1956 zwölf Monate Grundwehrdienst vor. Die KPD wird verboten. Die Nationale Volksarmee in der DDR beschlossen. Briten entführen Erzbischof Makarius auf Zypern. Suez-Krise. Israel besetzt die Halbinsel Sinai. Arbeiteraufstand in Polen, Aufstand in Ungarn, beide werden niedergeschlagen. Die Weltkriegsgefahr wächst.

Das Saarland wird 1957 das zehnte Bundesland. Die ersten Soldaten werden eingezogen. Zum dritten Mal finden Bundestagswahlen statt. Die Fünftagewoche wird eingeführt mit einer Verkürzung der Wochenarbeitszeit auf 45 Stunden in verschiedenen Gewerbezweigen. In der DDR wird das Passgesetz beschlossen (mit Strafen für Mithilfe zur „Republikflucht"). Die „Jugendweihe" wird propagiert.

Der zweite Indochinakrieg beginnt. Israel übergibt die besetzten Gebiete (die Halbinsel Sinai, Gaza-Streifen) an die UN.
Der Bundestag beschließt 1958 die Ausrüstung der Bundeswehr mit modernsten Waffen. Prozesse gegen antisemitische Ausschreitungen und KZ-Verbrechen beginnen. Zweite Berlinkrise: Chruschtschow stellt ein Ultimatum: Binnen sechs Monaten sollen alle Truppen aus Berlin abziehen, eine „Freie Stadt West-Berlin" gebildet werden. Andernfalls sollen die Zufahrtskontrollen an die DDR übergeben werden. Moskau lenkt dann später ein.
In Algier wird geputscht, de Gaulle kommt wieder an die Macht. Krisen im Nahen Osten: Libanon-Krise, Putsch im Irak.

Bei Schlüchtern, am Ostrand des Vogelsberges, liegt Hintersteinau, ein gottverlassenes Dorf mit 700 Einwohnern und einer Schule. Seit August 1949 wohnen die Schröters zusammen, in recht beengten Verhältnissen (s. hinterer Umschlag). Aber was kann man auch anderes erwarten – vier Jahre nach einem verlorenen Krieg. Zur neuerlichen Geburt bittet Erdmut ihre Mutter um Beistand. Die leistet gern Folge und besucht die fünfköpfige Familie für ganze zwei Monate. Sie unterstützt ihre Tochter während der Zeit von Rainers Geburt, übernimmt den Haushalt. Johannes, der schon seit Anbeginn in seiner selbstbewussten Schwiegermutter eine schwierige Konkurrenz sieht, erträgt die Zeit nur schwer. Etliche Spannungen entstehen zwischen den Beiden. Erdmut muss als Puffer herhalten - die Paraderolle ihres Lebens, die sie in den nächsten Jahren perfektionieren wird. Der Leser spürt: Schon jetzt, nur wenige Monate nach dem erfüllten Traum der Wiedervereinigung, entstehen erste Verwerfungen.
Am 23. Mai 1950 erblickt Rainer, ein kräftiger Bengel, das Licht der Welt. Aus dieser Zeit sind natürlich weder Briefe noch Tagebuch-Eintragungen erhalten (s. Abb. 35). Schon bald wird Johannes klar, dass Hintersteinau keine Zukunft für ihn bietet. Er möchte nur zu gerne seine Karriere verfolgen.Schon im Februar des folgenden Jahres erhält er ein Angebot, nach Linter bei Limburg zu ziehen, um dort eine kleine Schule zu leiten (s. hinterer Umschlag). Im Juli 1951 hält er die Versetzungs-Urkunde in Händen. Für die Familie bedeutet dies eine erneute Trennung. Denn in Linter steht dem Lehrer noch keine Wohnung zur Verfügung. Für weitere neun

Monate lebt und wohnt Johannes getrennt von seiner Familie. In diese Zeit fallen wichtige Entscheidungen: Knut wird eingeschult, Volker wechselt aufs Gymnasium nach Schlüchtern. Alles dies, wie auch das Aufpäppeln des kleinen Rainer muss von Erdmut gemanagt werden. Johannes wohnt derweil in Linter, seinem neuen Betätigungsfeld, als Pensionsgast bei Frau Stotz. Er muss erst einmal „seinen Acker" bearbeiten, eckt zu Beginn an. Sein Vorgänger macht es ihm nicht leicht, schwärzt ihn bei den Eltern an. So muss er der Dorfbevölkerung seine Qualitäten erst beweisen. Außerdem liegt er mit dem hessischen Kultusministerium in einem Ringkampf: Er verlangt akzeptable Wohnverhältnisse, damit seine Familie schleunigst nachziehen kann. Das kostet Geld, das die Herren in Wiesbaden nur ungern preisgeben. Am 3. Februar 1952 schreibt Johannes seiner Frau:

„...Nun also das Neuste: Am 31.1. zogen K. (der Vorgänger) ab. Es schneite und regnete. Zwei Mädchen weinten beim Abschied des Herrn K. in der Klasse. Frau K. deutete den Mädchen an, ich würde bei der 1. Elternversammlung schon was erleben. Und ich erlebte es, denn gestern Abend stieg sie. 30 Eltern, und wie sich am Schluß herausstellte, fast nur Gemeindetreue, d.h. K.s Partei war nur sporadenhaft vertreten. Daß ich mit Beklemmung den Sonnabend zubrachte, kannst Du Dir denken. Mit Film beganns. Und dann eine meisterhafte und sehr vorsichtig gewählte, alles Aufwühlen vermeidende Rede, wie man mir heute versicherte. Jeder gab mir die Hand. Um ½ 11 Uhr Ende... Also vier Fenster werden zugemauert. Wirst Dich freuen: Gardinen eingespart! Haben jetzt noch sechs Fenster. Und Deine Speisekammer ist im Flur vorgesehen. Diese Woche fahre ich vielleicht nach Wiesbaden als Reisebegleiter des Bürgermeisters. Thema: Neue Wohnung..."

Insgesamt fühlt sich Johannes recht wohl. Er behält unter der Woche seine Freiheit, als Junggeselle auf Zeit. Und an Wochenenden genießt er eine angenehme Dosis Familie. Er übt schon jetzt seine Rolle als Familienoberhaupt ein, die er Zeit seines Lebens behalten wird. Immer, wenn er allein ist, kann er über sein Leben selbst entscheiden. Als Schulleiter erfreut er sich der Hochachtung der Bürger, wird eingeladen, sein Selbstwertgefühl bestätigt. Sobald er jedoch zuhause ist, muss er sich mit Menschen arrangieren, die ihm nicht immer wohlgesonnen sind, ja, im Laufe der kommenden Jahre zunehmend ihre eigenen Ideen und Vorstellungen von der Welt entwickeln: Konflikte zuhause – Frieden außerhalb!

Ab März 1952 packen die Eheleute und ziehen mit einem Möbelwagen in die neue Heimat. Frau Stotz empfängt die Familie mit rührendem Charme. In ein paar Jahren wird sie zu meiner Patentante ernannt werden! Bald wird den Beteiligten klar, dass Linter nur eine Zwischenstation bleiben wird. Für Johannes ist Größeres geplant. Schon ein Jahr später erhält er vom Schulrat die Mitteilung, dass er für eine Rektorenstelle in der Kreisstadt Limburg vorgesehen sei.

Während dieser unruhigen Zeit praktiziert Erdmut als Backup für ihren Mann, hält ihm den Rücken frei, versorgt die Kinder. Der Spaß, weiteren Nachwuchs groß zu ziehen, ist ihr inzwischen vergangen: Sie hat genug mit der vierköpfigen Kinderschar zu tun, die ihr doch große Aufmerksamkeit und Kraft abverlangt: Volker besucht das Gymnasium, Bettina die Marienschule im benachbarten Limburg; Knut erleidet als sogenanntes „Middlechild" das Schicksal, ein besonders schwieriges Verhältnis zu seinem Vater zu entwickeln: Ein Problemkind mit Verweigerungs-Tendenzen wächst heran. Rainer mit seinen weißblonden Locken entwickelt sich glücklicherweise als „Sonnenschein", dazu ist er problemlos zu haben.

Leider trübt ein weiterer Schicksalsschlag Erdmuts Horizont: Ihr einziger verbliebener Bruder Cord-Berend, infolge seiner Arbeit im Krieg schon seit Ende 1951 schwer erkrankt, liegt im November 1952 nur 27-jährig im Sterben (s. Abb. 36). Es zerreißt Cords Mutter schier das Herz; und auch Erdmut ist voller Trauer. Sie reist zu ihrer Mutter nach Bielefeld, um sie bei der Pflege zu unterstützen. Von dort schreibt sie an ihren Mann am 1. November 1952:

„...es ist mir sehr schwer, Omi mit dieser Sorge allein zu lassen. Wenn sie nur durchhält. Nachmittags sind wir bei Cord. Als ich das erste Mal kam, war ich so dankbar, daß der Gute noch schlief, natürlich nur durch Spritzen, sodaß ich mich allmählich an den Anblick gewöhnen konnte. Ich schrieb auch schon den Schwestern, sie sollen froh sein, daß sie den Bruder nicht mehr so sehen, sondern ihn in anderer Erinnerung ha-

ben. Was nur durch Krankheit aus einem Menschen werden kann! Erspa-
re mir jede weitere Beschreibung. Ich will jetzt vor Omi nicht weinen...
Sie sagen ja, auch die Schwestern, mit denen ich sprach, daß es hoffnungs-
los ist, da sie das Krankheitsbild kennen. Es ist genauso, wie Dr. Fiedler es
uns beschrieb... Er kann aber nichts mehr sehen und ist meist ganz un-
klar. Er redet und fantasiert viel, spricht mehr als in seinem ganzen Leben,
jetzt spielt der Krieg, Kommiß und Flugzeuge, auch ein Oberstabsarzt bei
ihm eine große Rolle. Er hat aber doch ganz Notiz genommen, daß ich da
bin. Da sagte er plötzlich mal: „Mensch Emma, umarm mich mal und gib
mir einen Kuß!"... Du Guter, hoffentlich hast Du an Deinem Opfer nicht
zu viel zu tragen. Wir sind hier aber sehr dankbar dafür.- Ist Rainerlein
artig?- Ich bin bald wieder bei Euch Lieben.- Omi tischt gerade das Essen
auf: Schlesische Kalbsbrust mit Sauerkraut..."

Und am 4. November schreibt sie:
„...am Bett des geliebten Cordels grüsse ich Dich. In den nächsten
Tagen wird von Schwestern und Ärzten mit seinem Ende gerechnet.
Schwester Else meinte eben, sie glaubt, daß er einfach ganz ruhig hinüber-
schlummern wird. Er ist heute Nachmittag ganz ruhig und schwach,
nimmt von nichts Notiz. Heute Mittag hatte er oftmals gerufen, sodaß er
eine Spritze bekam.- Ihm kann ich ja durch mein Hiersein nichts mehr
sein, nachdem er sich doch zuerst so freute. Aber Omi will ich doch jetzt
zur Seite stehen. Ich glaube, Du verstehst mich ganz.
Daß ihr mich auch braucht, Ihr Guten, weiß ich wohl... Vielleicht
geht´s auch mit Frau Stotzens und Ellis Hilfe, auch wenn Du Sonntag
fährst. Oberhemden hast Du ja wohl genug im Schrank. Laß Dir von Elli
noch die neuen Kniestrümpfe waschen. Nimm nur außer den neuen Samt-
hosen noch den grauen Anzug mit. Wenn Du nicht den zweiteiligen
Schlafanzug mitnehmen willst, so liegt (falls ich es selbst nicht mehr bü-
gelte) im Wäschekorb im Kinderzimmer ein Nachthemd, was Dir vielleicht
Frau Stotz noch bügelt. Unterwäsche ist ja wohl noch im Schrank.- Denk
an Zahnpasta und -bürste. Es ist mir schwer, Dir nicht selbst alles packen
zu können.- Jetzt schlägt Cord seine blinden Augen auf, nimmt aber nichts
wahr. Es zerreißt einem schier das Herz. Möchte ihn der Herr ohne großen
Kampf heimholen! Denkt vorm Herrn an ihn, aber auch an uns! Kinder-
lein, seid lieb und denkt an den guten Onkel Cord, den der Herr bald zu

sich nehmen wird. Wenn ich komme, komm ich mit dem Zug um 18.30
von Gießen, weil es die beste Verbindung ist. Da kommt Volker mich am
besten mit dem Fahrrad abholen für den Koffer, denn den letzten Bus wer-
den wir wohl nicht erreichen.
  Bis dahin Gott befohlen, Ihr Lieben."

Am 6.11. 1952 stirbt Cord nach dreijährigem Siechtum! Erdmuts Mutter hat im Alter von 66 Jahren nun schon ihren Mann, drei
ihrer Kinder (darunter alle Söhne) und einen Schwiegersohn verloren! Als dann 1953 allmählich durchsickert, dass die geliebte Tochter Erdmut schon wieder schwanger ist - unerwünscht diesmal! -
mischen sich trübe Gedanken in die Freude um ein neues Enkel-
chen. Am 11. September 1953 schreibt Omi Klinkert:

...Ich kann nicht darüber fertig werden, dass Du mir gar nichts
sagtest, wie hätte ich Dir doch ein wenig alles erleichtern können durch
mein Mittragen! Und nun sollst Du dieses Mal den ganzen Weg ohne
mich gehen, wie es scheint. Möge Gott Dir beistehen! Du weißt, wie von
Herzen ich mich jedesmal ganz hineinstellte in Deine Mutterlasten und
doch wieder -freuden, von Volker an bis zum Rainerlein. Ich kenne doch
Deine Natur wie wohl niemand sonst, und wenn mir meine persönliche
Fürsorge für Dich auch als übertrieben wohl ausgelegt wurde, kommt sie
immer der ganzen Familie zugute. Nun möge Gott Dir helfen, wenn du
aus dem Wochenbett aus einem warmen Heim in euer kaltes Haus zurück-
kehrst, so bete ich schon jetzt unter Tränen. Gar nicht daran denken darf
ich. Wenn doch wenigstens Maya frei wäre! Ich dachte auch schon an Beni
(Tochter von Erdmuts Schwester Ruth Haugk). *Aber das müssten*
Haugks erlauben und dann natürlich auch eingeweiht sein. Eins müsst ihr
beide ganz klar sehen, dass die heutige Müttergeneration nicht verglichen
werden kann, was die Leistungsfähigkeit angeht, mit den Müttern wie
Mutter Schröter und ich, die wir ohne Hilfen und Nebenämtern überlastet
waren und so wie nebenbei unsere Kinder kriegten und alles überstanden,
denn wir kamen noch aus den Vorkriegsjahren hervor, während ihr alle
heute in Mangeljahrern zur Welt kamt, das macht sich bei allen von euch
bemerkbar, die ihr dann auch noch eure ersten Kinder in Mangeljahren
zur Welt brachtet. Ich hatte jetzt Gelegenheit Jungmütterbriefe zu lesen.
Eine drückte es in folgenden Worten aus: „Was sollen die Ärzte auch groß

noch mit uns abgeschafften Müttern anfangen!" Ich war erschüttert über diese und ähnliche Äußerungen und bitte, dass ihr dieser Tatsache ganz klar ins Auge seht und für nötige Hilfe sorgt, ehe es zu spät ist. Bis das Kindchen da ist, wird ja alles gut gehen, aber dann, wenn Du geschwächt zurückkehrst mitten im kalten Winter in euer kaltes Haus und hoffentlich ohne Infektion im Krankenhaus, das gebe Gott, dann musst du wie ein rohes Ei behandelt werden und Dich selber so ansehen!..."

Am 2. Februar 1954 erblickte ich als letzter Nachwuchs der Familie Schröter das Licht der Welt. Tatsächlich musste Johannes seine Frau mit Geburtswehen auf dem Motorrad bei Schnee und Eis neun Kilometer nach Kirberg ins Krankenhaus schaffen, wo sie mich dann entband. Die Befürchtungen meiner Großmutter bewahrheiteten sich zum Teil. Meine gesamte Kindheit über litt ich an teilweise lebensbedrohenden Infektionen, die ihren Anfang in den zugigen Gängen des Krankenhauses von Kirberg nahmen. In meinem Buch „Aufbruch", der Schilderung meiner Jugend, habe ich dies alles beschrieben. Meine Eltern rechneten fest mit einer Tochter, hatten für sie den Namen Selma schon im Visier. Es wurde überraschend ein Junge. Aus Selma wurde Anselm.

Abb. 36: Der dahinsiechende Bruder Cord, 1951

Abb. 37 Die glückliche Familie, 1951

Abb. 38: Familienbild, 1957;
komplett, mit dem Verfasser

Abb. 39: Gemütliches Beisammensein, 1958

Abb. 40: Beim Rätselraten, Fernsehen gab es
noch nicht, 1958

Epilog

Im Sommer 1954 zog die Familie Schröter, nunmehr zu siebt, in die Kreisstadt Limburg. Hier verbrachte Erdmut ihr restliches Leben, immer im Kreis ihrer Familie. Erst als die berufliche Laufbahn ihres Mannes altersbedingt zu einem Ende kam, konnte unsere Mutter ihre Fähigkeiten in diversen Ehrenämtern weiter entwickeln und sich in gewisser Weise emanzipieren (s. Abb. 38 bis 40).

Für dreizehn Jahre bezog die Familie ein Stockwerk eines Mehrfamilienhauses. Nach heutigem Maßstab wohnten wir in primitiven Verhältnissen. Nur ein Zimmer konnte geheizt werden. Später ersetzte ein (stinkender) Ölofen den Kohleofen. Brennstoff musste – von den Kindern – aus dem Keller heraufgeschleppt werden. Die zugig-kalte Toilette war erst im Nachhinein in die Wohnung eingebaut worden. Das gleiche galt für das Badezimmer. Eine dünne Pappwand trennte die gusseiserne Badewanne vom Schlafzimmer meiner Schwester ab. In der Badewanne wurde selbstverständlich auch die Wäsche gewaschen. Als brandneue Errungenschaft präsentierte unser Vater meiner Mutter irgendwann eine Wäscheschleuder, die in Betrieb sich gern selbständig machte und durchs Zimmer flitzte. Nur ein Dompteur beherrschte sie. Selbstverständlich gab es kein fließend-warmes Wasser in der Wohnung. Das musste stets auf dem Gasherd in der Küche erhitzt werden. So war es einfacher, die Kinder samstags in einem großen Zinkzuber auf dem Küchentisch zu waschen, als extra für diesen Zweck die Badewanne zu nutzen. Zu Beginn schliefen die drei großen Jungs im „Bubenzimmer", während ich noch im Kinderbettchen bei den Eltern, am Fußende ihres Doppelbettes schlief. Erst als Volker, der älteste Bruder, zur Bundeswehr einrückte, wurde im Bubenzimmer ein Bett für mich frei.

Ein Umstand machte das Leben in der Wiesenstraße jedoch zunehmend unerträglich: Das war die Nähe zu unserer Vermieterin, die direkt über uns wohnte und jeden Krach, rührte er von den Lausbuben oder von den Ehepartnern her, hautnah miterlebte. Mit Argusaugen beobachtete sie aber auch die kleinsten Verfehlungen gegen die Hausordnung und reagierte unmittelbar mit Beschwerden. Die Konflikte gipfelten in offenen Auseinandersetzungen und gerichtlichen Verfügungen. 1967, nach der Kündigung, zog die inzwischen auf vier Personen geschrumpfte Restfamilie endlich in eine freundlichere Umgebung. Erdmut mit ihrer Familie kam hier für die nächsten Jahrzehnte zur Ruhe. 1972 verließ ich, der letzte Sprössling, die Familie. Fortan lebte das Ehepaar allein. Ein friedliches Leben war allerdings weiterhin nicht in Sicht. Die besonders enge Zuneigung zwischen Mutter und Kindern blieb der entscheidende Garant für Spannungen zwischen den Ehepartnern. Immer wieder besuchte die Mutter ihre Kinder, hütete die Enkel, die ab 1974 in regelmäßigen Abständen auftauchten. Dazu bestärkte meine intensive Reisetätigkeit Erdmut, endlich für eine gewisse Autonomie zu leben, ohne ständig bohrende Gewissensbisse (s. Abb. 43 bis 45). Ab 1980 zeigte ich meiner Mutter die Welt, zuerst Israel, später besuchte sie mich in vielen Teilen der Erde. Selbstverständlich gingen die meisten Besuche nicht ohne Reibungen mit dem – auf eigenen Wunsch – daheim verbliebenen Ehemann ab. Schilderungen zu dieser Zeit kann man der Autobiographie des Verfassers entnehmen (Anselm Schröter, 2020, Aufbruch, Norderstedt).

Während Johannes nach seiner Pensionierung seine Kräfte und den Schwung sichtbar verlor und sich eine Lebensmüdigkeit breit machte, entwickelte Erdmut einen ungeahnten Elan. Wir Kinder spürten, wie sie ihre Selbstbestimmtheit stärker auskostete. Zu Beginn des Jahres 1994 starb Johannes. In den Jahren seines Siechtums hatte er seiner Frau noch einmal intensive Zuwendung abverlangt. Nach einer geduldigen Trauerzeit spürten wir, wie Erdmut noch einmal aufblühte, als Prädikantin in der Kirche, in der Frauenhilfe, dem Fahrdienst „Essen auf Rädern" aktiv wurde. Nur das Alter mit seinen Einschränkungen konnte sie bremsen, bis sie zu Neujahr 2008 im Alter von 92 Jahren friedlich entschlief.

Abb. 41: Die stolzen Eltern mit dem Rekruten Volker, 1960

Abb. 42: Anselms Konfirmation 1969
v.l: Knut, Onkel Gerhard, Rainer, Bettina, Ehemann von
Patentante Renate, Anselm, Volker, Ursel, die Ehefrau von
Gerhard, Tante Renate, vorne Erdmut und meine Großtante Grete

Abb. 43: Erdmut mit dem
Verfasser auf dem Sinai, damals
israelisch besetzt, 1980

Abb. 44: Erdmut in Xochimilco,
Mexiko, 1997; anlässlich eines
Besuchs beim Verfasser

Abb. 45: Wildcampen in den Drakensbergen, RSA, 1983;
anlässlich eines Besuchs in Lesotho, Afrika

Abb. 46: Erdmut, 2004

Abb. 47: Erdmuts 92. Geburtstag, 2007;
ein halbes Jahr vor ihrem Tod, mit dem Verfasser und seiner Frau

Danksagung

Allen, die mich unterstützt und bestärkt haben, das vorliegende Buch fertig zu stellen, vor allem meinen Geschwistern, danke ich an dieser Stelle. Einmal mehr musste Christel herhalten, um an Formulierungen zu feilen, die nicht immer auf dem letzten Stand waren. Nachmittage hindurch diskutierten wir beide, formulierten neu, kürzten, ergänzten.

Dazu kam die unerwartete und bereitwillige Hilfe von Philipp Heintz, meinem Freund und Kunst-Kollegen aus der gemeinsamen Tätigkeit in Annweiler, der mir wichtige Tipps gab und sich darüber hinaus als Gestalter betätigte. Ohne ihn, der sich durch mein Manuskript wühlte und es in die perfekte Form brachte, die Abbildungen „polierte" und an die richtigen Passagen im Buch stellte, wäre das Buch nicht so schön gelungen.

Wie schon in meinen früheren Büchern gestaltete Markus Hopfinger den Umschlag sehr geschmackvoll, ging auf meine Wünsche ein.